人工知能の哲学入門

鈴木貴之

keiso shobo

はじめに

人工知能：1958 年、1972 年、そして現在

　初期の人工知能研究における中心的人物であったハーバート・サイモンとア
ラン・ニューウェルは、1958 年に、10 年以内に以下のようなことが実現する
だろうという予測を立てた（Simon and Newell, 1958, pp. 7-8）。

- ・デジタルコンピュータがチェスの世界王者になる。
- ・デジタルコンピュータが数学の重要な定理を発見し、証明する。
- ・デジタルコンピュータが、高い美的価値をもつと批評家が認めるような音
  楽を作曲する。
- ・心理学理論の大半は、コンピュータプログラムという形をとるようになる。

　しかし、その 10 年後にあたる 1968 年の時点では、いずれの予測も実現には
ほど遠い状態にあった。人工知能研究のこのような状況について、アメリカの
哲学者ヒューバート・ドレイファスは、1972 年に出版された『コンピュータに
は何ができないか』の初版において、つぎのように述べている。

　　伝統哲学の先入見を去って記述的あるいは現象学的な証拠に頼れば、どんな
　　形の知的振舞いにもプログラム不可能な人間の能力が含まれている、という
　　示唆が得られる。……人工知能が可能であるか否かという問いが経験的問い
　　であるかぎり、認知のシミュレーションまたは人工知能において、これ以上
　　の重要な前進はほとんど見込まれないという答えになると思われる。
　　（Dreyfus, 1992, p. 285; 邦訳 pp. 487-488）

ドレイファスは、人工知能研究に対して一貫して否定的な立場をとり続けていたことで知られている。彼は、1970 年代前半の段階で、人工知能研究にはこれ以上の重要な進展は見られないだろうという評価を下していたのである。

　ドレイファスの評価に反して、人工知能研究は、その後も紆余曲折を経ながら発展を続けてきた。上に挙げたドレイファスの文章は、いわゆる第 1 次人工知能ブームが行き詰まりを迎えた時期に書かれたものである。その後、1970 年代後半から 80 年代にかけて、エキスパートシステムなどの研究が活発に進められ、第 2 次人工知能ブームが到来した。1990 年代になるとそのような研究も停滞期を迎えるが、その後の第 3 次人工知能ブームにつながる機械学習とニューラルネットワークの研究は、着々と進められた。1997 年には、IBM の Deep Blue が当時のチェスの世界チャンピオン、ガルリ・カスパロフに勝利した。サイモンとニューウェルの予測は、30 年遅れで現実のものとなったのである。2012 年には、画像認識に関するコンテストで、深層学習を用いた画像認識システムが、従来の手法を圧倒的に上回る成績を挙げて注目を集めた。第 3 次人工知能ブームの到来である。その後の人工知能研究の急速な進展は、われわれが日々目にする通りである。Google 社の AlphaGo は、2016 年に囲碁の世界トップ棋士だったイ・セドルに勝利した。2023 年には、ChatGPT をはじめとする大規模言語モデルが日々のニュースを賑わせている。このような現状をふまえれば、サイモンとニューウェルの見立てはやや楽観的すぎたにせよ、それほど的外れなものではなかったようにも思われる。

　今日では、人工知能研究の見通しに関して、ドレイファスとは対照的な評価を目にすることも珍しくない。たとえば、東京大学の人工知能研究者である松尾豊は、一般向けの著書でつぎのように述べている。

　ディープラーニングは特徴表現学習の一種であり、その意義の評価については、専門家の間でも大きく 2 つの意見に分かれている。1 つは、機械学習の発明のひとつにすぎず、一時的な流行にとどまる可能性が高いという立場である。これは機械学習の専門家に多い考え方だ。もう 1 つは、特徴表現を獲得できることは、本質的な人工知能の限界を突破している可能性があるとす

る立場である。こちらは機械学習よりも、もう少し広い範囲を扱う人工知能の専門家に多いとらえ方である。本書は、後者の立場に立つ。(松尾, 2015, p. 180)

別の本で、松尾はつぎのようにも述べている。

私は、知能には鳥が飛ぶことと同じように原理があり、それを工学的に利用することもできるはずだと思っています。すでにディープラーニングで最大の難所が突破されたいま、あとは身体性や記号操作の仕組みを獲得できれば、知能の原理の大方は説明がつくのではないか──それが私の考えです。(松尾, 2019, pp. 152-153)

さらにその先を見据えている人々もいる。たとえば、物理学者スティーヴン・ホーキングやテスラ社のイーロン・マスクは、近い将来、人間を上回る知能をもつ人工超知能（artificial superintelligence）が誕生し、人類は制御不能となった人工超知能によって滅ぼされる可能性があると考え、人工超知能の開発やその実現につながる研究には制約が必要だと主張している[1]。

　過去50年ほどのあいだに、なぜ人工知能に対する評価はこれほどまでに変化したのだろうか。もちろん、その理由は、この間に人工知能研究が飛躍的な進展を遂げたということである。では、なぜそのような飛躍的な進展が生じたのだろうか。一つの答えは、深層学習がその鍵だ、というものだろう。では、深層学習が登場する以前の人工知能とそれ以後の人工知能には、どのような違いがあるのだろうか。従来の人工知能研究が直面した困難は、深層学習によってすべて克服されたのだろうか。松尾が言うように、人工知能研究は最大の難所をすでに突破したのであり、人間のような知能をもつコンピュータの登場は、時間の問題なのだろうか。

---

1) たとえば以下の報道を参照。
https://www.bbc.com/news/technology-30290540
https://www.nikkei.com/article/DGXMZO41827570X20C19A2000000/（2024年1月7日確認）

人工知能の哲学 2.0

　知能は、人間の重要な特徴の一つである。それゆえ、デジタルコンピュータのような機械は知能をもつことができるかという問いは、知能とは何か、人間とはどのような存在かといった問いとも密接に関連する。このような理由から、人工知能研究の初期から、哲学者は人工知能研究に強い関心を抱いてきた。そして、人工知能研究には原理的な限界があり、コンピュータが人間のような知能をもつことは原理的に不可能であると哲学者が主張することも、珍しくなかった。その結果、人工知能の可能性と限界をめぐって、人工知能研究者と哲学者のあいだでは、活発な論争が交わされてきた。ところが、1990 年代に入り人工知能研究そのものが停滞期を迎えると、このような論争は次第に下火になってしまった。

　21 世紀に入り、人工知能研究はふたたび爆発的な進展を見せている。では、哲学者がこれまで展開してきた批判は、すでに乗り越えられたのだろうか。汎用人工知能や人工超知能の誕生は時間の問題だという松尾やホーキングの見立ては、正しいのだろうか。これらの問いに答えるためには、人工知能研究の現状をふまえて、かつて行われていた人工知能をめぐる哲学的考察をアップデートする必要がある。具体的には、以下のような問いを検討する必要があるだろう。

・従来の人工知能研究はどのような基本的発想に基づいているのか。
・従来の人工知能にはどのような原理的問題があったのか。
・従来の人工知能と現在の人工知能には、どのような違いがあるのか。
・現在の人工知能は、従来の人工知能の原理的問題を克服したのか。
・現在の人工知能にも課題や限界があるとすれば、それは何か。
・現在の人工知能は、人間の知能を理解する上でどのような手がかりを与えてくれるのか。

　本書は、これらの問題の検討を通じて、人工知能の哲学をバージョン 2.0 にアップデートしようという試みである。人工知能には何ができて何ができないのかという問いを主たる問いとする点で、人工知能の哲学 2.0 は、従来の人工

知能の哲学（「人工知能の哲学 1.0」）と共通の問題意識に立脚している。しかし、この問題を論じる文脈には、両者のあいだで大きな違いがある。1972 年にドレイファスが『コンピュータには何ができないか』の初版を出版したとき、人工知能研究は、当初期待されたような成果を挙げることができていなかった。それゆえ、ドレイファスの問題意識は、なぜ人工知能研究は期待された成果を挙げることができないのか、そこにはたんなる技術的課題を超える原理的な困難があるのではないか、ということにあった。人工知能研究の現状は、これとは対照的である。過去 10 年ほどのあいだに、人工知能研究は予想を上回る勢いで進展を見せている。人工知能にできないことはない、汎用人工知能や人工超知能の実現も時間の問題だと考える人も少なくない。本当にそうなのだろうか、ということをあらためて検討してみようというのが、本書の問題意識である。

*

　本書は 4 つのパートからなる。第 I 部では、古典的な人工知能の基本的発想とその原理的な問題を検討する。第 I 部は、いわば人工知能の哲学 1.0 のおさらいである。第 II 部と第 III 部では、深層学習を中心に、現在の人工知能研究の基本的な手法を確認した上で、古典的な人工知能と現在の人工知能の違いや、現在の人工知能の課題と限界について考察する。第 IV 部では、現在の人工知能の課題と限界についてあらためて考察するとともに、人間の心や知能を考える上で、人工知能はどのような手がかりを与えてくれるのかを考察する。

　本論に入る前に、注意点をいくつか述べておこう。

・人工知能について論じる際には、当然のことながら、人工知能とは何か、知能とは何かといったことが問題になる。この点に関して、本書ではさしあたり、人工知能研究を、知能をもつ人工物を作る試みと理解し、知能を、環境に対して適切な行動を生み出す能力と理解しておくことにする。そして、とくに区別が必要な場合を除いて、知能、知性、思考、認知といった語を、上のような意味での知能を表す語として区別なく用いることにする。
・本書では、artificial intelligence を基本的に「人工知能」と表記する。「ゲ

ーム AI」のように表現が定着している場合には「AI」という表記を用いることもあるが、意味上の区別はない。

・本書は人工知能そのものの教科書ではないが、必要に応じて、人工知能のさまざまな手法をある程度くわしく紹介している。それは、「私が考えるところの人工知能」ではなく、現実に存在する人工知能について意味のある考察を行うためには、考察の対象そのものについて学ぶことが不可欠だからである。（物理学を一切学ばずに物理学の哲学ができるだろうか？）

・特定の話題についてややくわしく論じている箇所や、やや脇道的な話題に触れている箇所には、見出しに＊をつけた。これらは読み飛ばしても本文の理解に支障はないが、本文からそのまま読み続けられるように配置してある。

・本書は 12 章構成だが、各章の分量にはばらつきがあるので、授業などで利用する際にはこの点に配慮する必要があるだろう。たとえば、哲学的な検討をおもに行っている第 3 章と第 10 章は複数回に分けたり、現在の人工知能の基本的な手法を紹介している第Ⅱ部を扱う際には別のテキストを用いて説明を補足するなどするとよいだろう。

読書案内

第 2 次人工知能ブーム期までは、人工知能の哲学に関するさまざまな論文や書籍が出版されていた。人工知能の哲学の概説書としては、つぎの 2 冊が代表的である。本書、とくに第Ⅰ部を執筆する上でも、これらの本はおおいに参考にしている。

・Haugeland, J. (1985). *Artificial intelligence: The very idea*. MIT Press.
・Copeland, J. (1993). *Artificial intelligence: A philosophical introduction*. Blackwell.

また、この時期の人工知能の哲学に関する代表的な論文を収録した論文集としては、つぎのものがある。

・Boden, M.（ed.）（1990）. *The philosophy of artificial intelligence*. Oxford University Press.

　より新しい概説書としては、つぎの本がある。ただし、内容的には第2次ブーム期までに論じられてきた話題が中心である。

・Boden, M.（2018）. *Artificial intelligence: A very short introduction*. Oxford University Press.

　ヒューバート・ドレイファスは、人工知能研究に対する批判者としてもっとも影響力のある哲学者である。人工知能の哲学に関する彼の主著はつぎの本である。

・ヒューバート・ドレイファス『コンピュータには何ができないか──哲学的人工知能批判』黒崎政男・村若修訳、産業図書、1992年

　この訳書は1979年に出版された第2版の邦訳だが、じつは訳書が出版された1992年に原書第3版が出版されている。第3版には新たな序文が追加されており、そこでも興味深い考察が展開されている。

・Dreyfus, H.（1992）. *What computers* still *can't do: A critique of artificial reason*. MIT Press.

　人工知能そのものに関する教科書にはさまざまなものがあるが、もっとも有名なものは次のものである。

・Russell, S. & Norvig, P.（2020）. *Artificial intelligence: A modern approach* (4th ed.). Pearson.

　この本は、ロボティクスも含めた人工知能研究の主要領域を網羅する教科書だが、1000 ページを超える分厚い本である。それぞれの手法の背景にある発想が丁寧に説明されている点で優れた本である反面、数学的な説明が不親切な部分も多い。したがって、この教科書でカバーされている主題をよりコンパクトに紹介した本として、まずはつぎの本などを読むのがよいだろう。

・谷口忠大『イラストで学ぶ人工知能概論（改訂第 2 版）』講談社、2020 年

　第 2 次ブーム期までの研究を中心とした教科書としては、つぎのものが手頃である。

・J・フィンレー、A・ディックス『人工知能入門——歴史、哲学、基礎・応用技術』新田克己・片上大輔訳、サイエンス社、2006 年

　より一般向けの書籍としては、内容的に信頼でき、人工知能研究の現状を冷静に評価しているという点で、つぎの本がおすすめである。

・メラニー・ミッチェル『教養としての AI 講義——ビジネスパーソンも知っておくべき「人工知能」の基礎知識』尼丁千津子訳、日経 BP、2021 年

　つぎの本は、AI 研究の歴史を概説した一般書だが、理論的な考察も多く展開されており、哲学的な観点からも興味深い。

・マイケル・ウルドリッジ『AI 技術史——考える機械への道とディープラーニング』神林靖訳、インプレス、2022 年

人工知能の哲学入門

目　次

Ⅱ　古典的人工知能から現在の人工知能へ

Ⅳ　現在の人工知能：哲学的考察

I　古典的人工知能

第1章 | 古典的人工知能：基本的発想

　人工知能とは、おおまかに言えば、知能をもつ人工物である。そして、人工知能研究とは、そのような人工物を作る営みである。人工知能研究が興味深い営みである理由は、人工知能が有用だということだけではない。この営みは、知能とは何かという問題に関してさまざまな示唆を与えてくれるがゆえに、理論的・哲学的にも、きわめて興味深い営みなのである。

　人工知能研究が理論的な観点からも興味深い営みである理由の一つは、それがいかにして実現可能であるかが、一見したところ明らかではないからである。それどころか、知能をもつ人工物を作り出すことは、原理的に不可能であるようにさえ思える。一方で、人工物（具体的には機械）があることを実行できるためには、それは、文字通り機械的に実行できることでなければならない。他方で、ある人工物が人工知能と呼ぶに値するものであるためには、その人工物は、真に知能を必要とするような作業、すなわち、機械的には実行できない作業を実行できなければならない。このように考えるならば、機械であることと知能をもつことは、両立不可能であるように思われるのである[1]。

　このような考えは、歴史上の哲学者にも見られる。たとえばデカルトは、人間だけが理性や思考能力、言葉の意味を理解する能力をもつと考えた。そして、人間に理性や思考能力を与えているのは、人間の身体ではなく、精神だと考え

---

1) これは、米国の哲学者ジョン・ホーグランド（Haugeland, 1985）が、機械的理性のパラドックスと呼ぶものである。機械に実行できる記号操作が理性的なものであるためには、記号の意味がその操作に反映されていなければならない。しかし、機械が実行できるのは、記号の意味を考慮しない形式的な操作だけである。それゆえ、機械であることと理性的であることは、両立不可能であるように思われるのである。

た。デカルトによれば、人間以外の動物や機械は、精神を有しておらず、それゆえ理性や思考能力をもちえないのである。

　他方で、過去の哲学者には、これとは対照的な考えも見出す事ができる。たとえばホッブズやライプニッツによれば、思考は一種の計算にほかならない。そして、計算とは、一定の規則に従って記号を機械的に操作することにほかならない。このような考え方によれば、機械が思考能力をもつことも不可能ではないことになる[2]。

　20世紀半ばに始まった人工知能研究（および19世紀半ばに始まったその源流となる一連の研究）は、このような考え方にもとづいて思考する機械を実際に作ろうという営みにほかならない。その基本的な発想は、以下のようにまとめることができる。

1．知的過程はアルゴリズムとして理解できる。
2．複雑なアルゴリズムは、より単純なアルゴリズムを用いて解析できる。
3．きわめて単純なアルゴリズムは、機械（たとえば電気回路）によって実行可能である。

これら3つの前提から、一定の条件を満たす知的過程は機械によって実行可能であるという結論が導き出されることになる。複雑な知的過程をより単純な過程に分解するというトップダウンの過程と、機械によって実行可能な過程を単純なものからより複雑なものに拡張していくというボトムアップの過程が出会うことによって、複雑な知的過程が機械によって実行可能であることが明らかになるのである。以下では、この基本的発想の内実について、くわしく見ていこう。

1.1 ｜ 基本的発想①：ボトムアップの過程*

　まず、この節ではボトムアップの過程について見ていこう。（注意：本節は、

2）思考と計算に関するライプニッツの考えについては、たとえばDavis（2011）の第1章を参照。

計算機科学の教科書で最初に論じられる内容の大雑把な要約である。本書を読み進める上で押さえるべきポイントは、二進数の足し算は電気回路で実行可能であることと、これが今日のデジタルコンピュータの基礎となっていることである。これらの点だけ確認しておけば、本節は読み飛ばしてもらっても構わない[3]。）

電気回路による演算

　ボトムアップの過程の出発点は、電気回路によってブール代数の演算が実行可能だという事実にある。

　以下の**図 1-1** と**図 1-2** は、それぞれ AND 回路と OR 回路と呼ばれる回路を示している。その名のとおり、AND 回路は 2 つの入力いずれにも電流が流れ

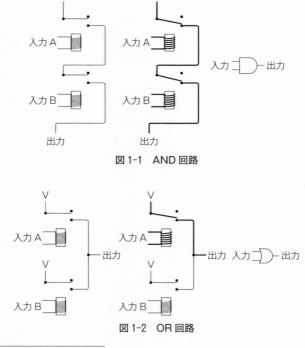

図 1-1　AND 回路

図 1-2　OR 回路

---

3) 本節の内容に関しては、ペゾルドの『CODE』（Petzold, 2000）にわかりやすく、よりくわしい説明がある。

表 1-1	AND 回路の 入出力		

入力 A	入力 B	出力
1	1	1
1	0	0
0	1	0
0	0	0

表 1-2	OR 回路の 入出力		

入力 A	入力 B	出力
1	1	1
1	0	1
0	1	1
0	0	0

表 1-3	NOT 回路の 入出力	

入力	出力
1	0
0	1

るときにのみ出力に電流が流れ、OR 回路は入力の少なくとも一方に電流が流れるときに出力に電流が流れるという回路である。**図 1-1** の左は、入力に電流が流れていないときの AND 回路の状態を表している。（V は電源、太線は電流が流れている状態を表す。）2 つの入力はコイルとなっており、電流が流れると磁気が発生し、スイッチがコイルに引き寄せられる。そしてその結果、出力に電流が流れたり止まったりする。真ん中の図は、いずれの入力にも電流が流れた結果、出力にも電流が流れるようになった状態を表している。同様に、**図 1-2** の真ん中は、入力 A だけに電流が流れ、出力にも電流が流れるようになった状態を表している。それぞれの図の右にあるのは、回路図における AND 回路と OR 回路の表記である。

　電流が流れている状態を 1（オン）、流れていない状態を 0（オフ）と表せば、それぞれの回路における入出力の関係は**表 1-1** と**表 1-2** のようになる。（これは命題論理における AND と OR の真理値表にほかならない。）

　図 1-3 は NOT 回路で、入力に電流が流れていないときには出力に電流が流れ、入力に電流が流れると出力には電流が流れなくなる。入出力の関係は**表 1-3** の通りである。

　さらに、NOR 回路、NAND 回路、XOR 回路を構成することもできる。NOR（not OR）回路は入力がどちらもオフの時にのみ出力がオンとなり、

図 1-3　NOT 回路

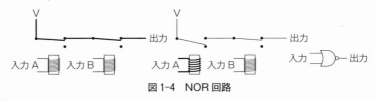

図 1-4 NOR 回路

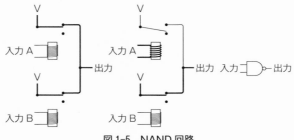

図 1-5 NAND 回路

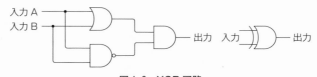

図 1-6 XOR 回路
（黒丸のない交差は接続がない）

NAND（not AND）回路は入力のすくなくとも一方がオフの時にのみ出力がオンとなる。XOR（exclusive OR）回路は、一方のスイッチだけがオンのときにのみ出力がオンとなる。**図 1-4** から**図 1-6** は、それぞれの回路の構成と回路図における表記であり（XOR 回路のみ他の回路による構成を示している）、**表 1-4** から**表 1-6** はその入出力の関係である。

　ボトムアップの過程にはもう一つ重要な要素がある。それは二進法による数の表現である。二進法では、十進法の 1 は 1、2 は 10、3 は 11 というように、あらゆる数が 1 と 0 で表現される。ここで、それぞれの桁のあり方（0 または 1）は、電気回路に電流が流れている状態と流れていない状態に対応すると考えることができる。複数の回路に電流が流れているかどうかによって、さまざまな数を二進数で電気的に表現できるのである。

表 1-4　NOR 回路の入出力		
入力 A	入力 B	出力
1	1	0
1	0	0
0	1	0
0	0	1

表 1-5　NAND 回路の入出力		
入力 A	入力 B	出力
1	1	0
1	0	1
0	1	1
0	0	1

表 1-6　XOR 回路の入出力		
入力 A	入力 B	出力
1	1	0
1	0	1
0	1	1
0	0	0

　ここで、AND 回路と XOR 回路を用いると、半加算器と呼ばれる回路を構成できる。これは**図 1-7** のような回路で、1 桁の二進数 2 つを入力として、それらを足し合わせたときの桁上がりの有無（carry out: CO）と、元の桁の値（sum out: S）を出力とする（**表 1-7**）。

　半加算器と OR 回路を用いると、**図 1-8** に示した全加算器と呼ばれる回路を構成できる。これは、ある桁に入力された 2 つの二進数と下の桁からの桁上がり（carry in: CI）を入力として、その桁の値（S）と上の桁への桁上がりの有無（CO）を出力とする回路である（**表 1-8**）。この回路を複数連結すれば、任意の桁の二進数の加算器を構成することができる。

　加算器は単純な回路だが、人工知能について考える上では重要な意味をもつ。第一の理由は、2 つの二進数の足し算は、ごく単純な過程であるとはいえ、知的な過程だからである。加算器は、足し算という知的過程を電気回路という純粋に機械的な仕組みで実行できることを示しているのである。

図 1-7　半加算器

図 1-8　1 桁分の全加算器

表1-7　半加算器の入出力

入力A	入力B	桁上がり出力	元の桁の出力
1	1	1	0
1	0	0	1
0	1	0	1
0	0	0	0

表1-8　全加算器の入出力

入力A	入力B	桁上がり入力	桁上がり出力	元の桁の出力
1	1	1	1	1
1	1	0	1	0
1	0	1	1	0
1	0	0	0	1
0	1	1	1	0
0	1	0	0	1
0	0	1	0	1
0	0	0	0	0

　もう一つの理由は、加算器を含むいくつかの回路を用いてデジタルコンピュータを構成することができるということにある。その最初の数ステップを見てみよう。まず、2つのNOR回路を用いると、図1-9に示したフリップフロップと呼ばれる回路を構成できる。これは、入力RとSのうち一方（たとえばR）にのみ電流が流れると、出力Q=0および$\bar{\mathrm{Q}}$=1という状態で安定し（Sにのみ電流が流れるときにはQ=1および$\bar{\mathrm{Q}}$=0で安定する）、RとSがともに0のときにはその前と同じ値をとり続けるという回路である（表1-9）。（フリップフロップではRとSが同時に1になることはないと想定されている。）

　フリップフロップとAND回路、NOT回路を組み合わせると、図1-10に示したラッチが構成できる。これは、書き込みを制御する入力（クロック入力）に電流が流れると、そのときの入力（データ入力）の値がQの値となり、クロック入力が0であるかぎりその値が保持されるという回路である（表1-10）。つまり、これは1または0という情報（1ビットの情報）を記憶することので

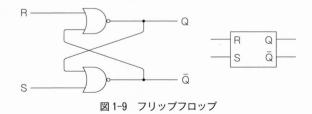

図1-9　フリップフロップ

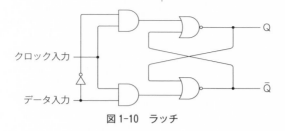

図 1-10　ラッチ

表 1-9　フリップフロップの入出力

入力 R	入力 S	出力 Q	出力 $\bar{Q}$
1	1	–	–
1	0	0	1
0	1	1	0
0	0	Q	$\bar{Q}$

表 1-10　ラッチの入出力

クロック入力	データ入力	出力 Q	出力 $\bar{Q}$
1	1	1	0
1	0	0	1
0	1	Q	$\bar{Q}$
0	0	Q	$\bar{Q}$

（最終行の Q および $\bar{Q}$ は、Q と $\bar{Q}$ がその前と同じ値をとり続けることを示している。）

きる、もっとも単純なメモリ回路なのである。

　ラッチを連結すれば、複数桁の二進数を記憶できるメモリが構成できる。そして、加算器とメモリを組み合わせれば、累積加算器が構成できる。これは、その名の通り、3つ以上の数の足し算を実行できる回路である。累積加算器が構成できるということは、電気回路によって乗算を実行できることにほかならない。7掛ける8を計算するということは、7を8回足し合わせることであり、それは、7足す7を計算し、その結果を記憶し、それに7を足し、その結果をまた記憶する、という操作を繰り返すことだからである。二進法による数の表現を工夫することで、減算と除算も可能となる。

デジタルコンピュータ

　二進数の四則演算が実行可能な演算装置とメモリをもとに、デジタルコンピュータを作ることができる。その基本的な構成は**図 1-11** のようになっている。デジタルコンピュータは、大きく分けると制御部、演算装置、主記憶という3つの要素からなる。演算装置は、加算器（あるいはそれをより高度にしたもの）

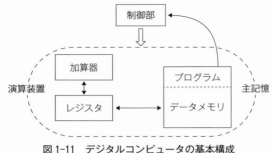

図 1-11　デジタルコンピュータの基本構成

と、演算のためのデータを一時的に記憶するレジスタからなる。主記憶は、プログラムを記憶する部分とデータを記憶する部分に分かれる。プログラムは、それ自体が二進数で表現されており、1 つの命令は「操作コード＋データのアドレス（番地）指定」の二進数表現からなる。たとえば、「1000 0001」という命令は「データメモリのアドレス 0001 にあるデータをレジスタ A に記録せよ」という内容を表す、というようになっている。

　制御部は、主記憶に記録されたプログラムを順に読み出し、それに従ってデータメモリに含まれるデータに対する演算を実行する。プログラムの内容は、たとえば次のようなものである。

　　・データメモリのアドレス 0001 にあるデータをレジスタ A に記録せよ
　　・データメモリのアドレス 0010 にあるデータをレジスタ B に記録せよ
　　・レジスタ A の数とレジスタ B の数を加えた結果をレジスタ C に記録せよ
　　・レジスタ C の数をデータメモリのアドレス 0011 に記録せよ

このような命令を順番に実行することで、主記憶のアドレス 0001 と 0010 に記憶されている数の和を求めるという作業が実行できるのである。

　二進数によるデータ表現を工夫することで、デジタルコンピュータ上ではさらにさまざまな情報処理が可能となる。たとえば、アルファベットのそれぞれに何らかの二進数を対応づければ、人名を二進数で表現することができる。これによって、データメモリ上にさまざまな人名を記憶することが可能になる。

さらに、データメモリ上に特定の人名が記憶されているかどうかを判定することも可能である。これは、その人名を表す二進数がメモリ上に記憶されているかどうかを判定するという作業であり、この作業は、データメモリ上に記憶されている二進数から問題の人名を表す二進数を引き算して、答えが0になるかどうかを判定することによって実行できるからである。

　ここで、もう少し複雑な作業、たとえば、ある人名が顧客名簿に含まれていなければそれを名簿に追加するという作業を考えてみよう。この作業は、ある人名が顧客名簿に含まれているかどうかをチェックし、含まれていなければその人名（を表す二進数）をデータメモリに書き込む、という2つのステップからなると考えることができる。そして、第1のステップがデジタルコンピュータで実行できることは、上で確認済みである。第2のステップも明らかにデジタルコンピュータで実行可能なので、この作業自体もデジタルコンピュータで実行可能だということになる。

　このような例からわかることは、デジタルコンピュータで実行可能であることがわかっている作業の組み合わせとして理解できる作業は、それ自体もデジタルコンピュータで実行可能だということである。このようなやり方で機械に実行できることの範囲を拡張していくのが、ボトムアップの過程である。

チューリングマシンとデジタルコンピュータ

　ここで、チューリングマシンについて聞いたことがある人は、デジタルコンピュータとチューリングマシンはどのような関係にあるのだろうか、という疑問をもつかもしれない。

　まず、チューリングマシンについて簡単に説明しておこう。これは、英国の数学者アラン・チューリングが考えた仮想的な機械で、マス目で仕切られたテープ、テープ上の記号を読み書きするヘッド、ヘッドの内部状態という3つの要素からなる。チューリングマシンは、現在のヘッドの内部状態と、現在ヘッドがあるマス目に書かれた記号を入力として、新しい内部状態、マス目に新たに書き込む記号、1マス分のヘッドの移動を出力とする。たとえば、内部状態がAであるときに1という記号を読み取ったならば、内部状態をBに変化させ、マス目の記号を0に書き換え、1マス右に移動する、といった具合である

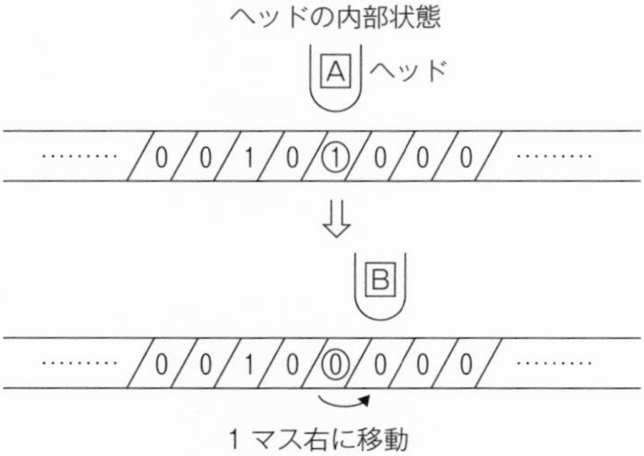

ヘッドの内部状態

図1-12　チューリングマシン

（図1-12）。マシンには、内部状態と記号の組に対して次の内部状態と記号とヘッドの動きを規定した表が与えられており、マシンはこれに従って動作する。チューリングマシンは、テープのある位置から動作を開始する。ヘッドはマス目に書かれた記号を書き換えながら（書き換えないこともある）テープ上を左右に移動し、一定の条件を満たしたときに停止する。しかるべき仕方で表とテープを設定すれば、二進数の足し算のような過程をチューリングマシンで実行できる。

　チューリングマシンは規則に従って記号を操作する機械であり、本章で問題となっている意味で計算を行う機械にほかならない。では、チューリングマシンとデジタルコンピュータはどのような関係にあるのだろうか。結論だけを述べれば、両者は等価であることが知られている。いわゆるデジタルコンピュータ、すなわちフォン・ノイマン型のデジタルコンピュータとチューリングマシンは、相互にシミュレート可能であり、一方で実行可能な計算は、他方でも実行可能なのである。（くわしくは計算理論の教科書、たとえばホップクロフトら（2003）を参照。）

1.2 │ 基本的発想②：トップダウンの過程

　つぎに、トップダウンの過程について見てみよう。これは、ある知的過程をアルゴリズムとして記述し、それをより単純なアルゴリズムを用いて分析して

いくという過程である。

アルゴリズムと問題の解析

アルゴリズムとは、おおまかには、有限回の機械的な操作によって確実に終了する手続きのことである。この手続きにおいては、一度に1つのステップが実行される。そして、各ステップは機械的に実行可能なものでなければならない。また、各ステップの後には、次のステップが明確に決定されていなければならない。アルゴリズムとは何かを直観的に述べれば、機械的に実行可能で、つねにうまくいく操作のことである。わかりやすい具体例は、足し算や掛け算の筆算である[4]。

単純なアルゴリズムを実行するために必要な能力は、各ステップで指示される単純な命令に従う能力、その結果に関する単純な判定を行う能力、次のステップに移行する能力である。掛け算の筆算で言えば、一桁の数同士の掛け算をする能力、複数の一桁の数の足し算をする能力、桁上がりの有無を判定する能力、次の桁に移行する能力ということになる。

アルゴリズムは入れ子構造をとることができる。つまり、ある過程をアルゴリズムとして理解できることがわかったならば、その過程を、より複雑なアルゴリズムを構成する1つの要素とみなすことができる。たとえば、データの平均を求めるアルゴリズムにおいては、掛け算や割り算の作業が必要となる。ここで、足し算や割り算がアルゴリズムとして実行可能であることがすでにわかっていれば、「データの総和を求める」や「データの総和をデータ数で割る」という作業を単純な命令として扱うことができる。それを具体的にどう実行するかを、平均を求めるアルゴリズムを考える際にあらためて考える必要はないのである[5]。

---

4) 上で紹介したチューリングマシンの動作は、この特徴づけを満たしている。実際のところ、アルゴリズム（より正確には実効的計算可能性）の1つの定義は、チューリングマシンによって実行可能な過程というものである。

5) これはプログラミングにおけるサブルーチンにほかならない。たとえば、データベースにおいて特定の文字列を検索することは、さまざまな課題において頻繁に生じる作業である。このような作業を実行するためのプログラムであるサブルーチンをあらかじめ用意しておき、より大きなプログラムの中で文字列を検索する必要が生じたときには、そのつどこのサブルーチンを実行することにすれば、新しいプログラムを書くたびに文字列検索のためのプログラムを書く必要はな

　アルゴリズム同士のこのような関係からは、人工知能を実現するための鍵となる重要な洞察が得られる。ある複雑な知的過程、たとえばある特徴に関する集団Ａと集団Ｂの平均値に統計的に有意な差があるかどうかを検定するという過程について考えてみよう。まず、これがどのような知的過程であるかは、その入出力によって特徴づけることができる。つまり、この過程は、集団Ａと集団Ｂの成員に関するデータを入力として、両者の平均値のあいだに統計的に有意な差があるかどうかを出力する過程として理解できるからである。これは、この知的過程を1つのブラックボックスとみなす捉え方である[6]。

　ひとたびこのような特徴づけが得られれば、具体的にどのような手続きによってこのブラックボックスを構成できるかを考えることができる。この例の場合には、そこで必要となる手続きは、たとえば集団ごとのデータの分散を求めるといった、それ自体が知的な過程ということになる。しかし、この手続き自体もまた、さらに単純な手続きによって分析可能である。たとえば、分散を求めるという手続きは、個々のデータとデータ平均の差を二乗し、その総和を求めるという手続きとして理解できる。そして、そこに含まれるデータ平均を求めるという手続きは、データの総和を求め、それをデータ数で割るという手続きとして理解できる。このような分析を繰り返すことによって、複雑な知的過程をより単純な過程に分解していき、最終的に機械的に実行可能な手続きの組み合わせとして理解できれば、元の複雑な知的過程自体が機械的に実行できることがわかる。このような分析作業は、問題の解析（analysis）と呼ばれる。

　では、問題の解析において、複雑な過程はどのような要素にまで分解すれば

　くなる。さまざまなサブルーチンをあらかじめ用意しておくことによって、複雑なプログラムの作成が容易になるのである。

6）これは、認知科学者デヴィッド・マー（Marr, 1982）が計算レベル（computational level）と呼ぶものである。マーによれば、ある認知過程は、計算レベル、アルゴリズムレベル、実装レベル（implementation level）という3つのレベルで理解することができる。計算レベルはアルゴリズムレベルよりも抽象度が高いため、計算レベルにおいて同一の仕方で記述される2つの過程が、アルゴリズムレベルにおいては異なる仕方で記述されうる。（たとえば、9掛ける8を九九の表を参照して計算するアルゴリズムと、9を8回加えて計算するアルゴリズムは、9掛ける8を求めるという同じ計算を実行している。）アルゴリズムレベルと実装レベルにも同様の関係が成り立つ。マーの言葉遣いで言えば、本節で論じているのは、計算レベルから出発し、アルゴリズムレベルの記述を少しずつ詳細にしていくことによって、最終的に実装レベルのあり方を特定するという作業である。

よいのだろうか。その答えは、前節で見た通りである。二進数の四則演算は機械的に実行可能だということがわかっている。したがって、二進数の四則演算を用いて解析できる過程は、すべて機械的に実行可能なのである。

　実際には、解析の作業はより限定されたもので十分である。Python や C といった高水準プログラム言語における命令がデジタルコンピュータで実行できることはすでにわかっているので、ある知的過程がコンピュータで実行可能であるということを示すためには、その過程を何らかの高水準プログラム言語におけるアルゴリズムとして記述できれば十分なのである。人工知能に関する今日の教科書で論じられるのは、おもに高水準言語で記述されたアルゴリズムである。それはこのような事情によるのである。

　以上のことから、人工知能研究の基本戦略が明らかになる。ある複雑な知的過程をアルゴリズムとして記述し、そのアルゴリズムを、二進数の四則演算から構成可能であることがすでにわかっている、より単純なアルゴリズムを用いて解析する。このような作業によって、その複雑な知的過程がデジタルコンピュータで実行可能であることが明らかになるのである。

問題の解析：チェスアルゴリズム

　問題の解析という戦略を具体的にイメージするために、チェスを例に考えてみよう[7]。ある局面における最善手を選択するという知的過程は、どのように解析できるだろうか。

　この過程は、たとえば、手の候補をリストアップするステップと、候補の中からもっともよい手を選び出すステップからなると考えることができるだろう。前者をアルゴリズムとして記述することはそれほど難しくない。現在盤上にある自分の駒すべてについて、すべてのマスへの移動をさしあたりの候補とし、それがチェスのルールに反していない場合にのみ、手の候補として残せばよいからである。

　これに対して、後者をアルゴリズムとして記述することは簡単ではない。チェスにおける最善手を選択するためのもっとも単純な方法は、ある局面から始

7）この例は Haugeland（1985）の第2章を参考にしたものである。

まるすべての展開を調べて、かならず勝利をもたらす手、あるいはすくなくとも負けない手を選ぶというものだろう。しかし、チェスのある局面における可能な手が 10 通りで、対局が合計 60 手で終了するとすると、対局の可能な展開は 10^{60} 通りもあるということになる。1 秒間に 100 京（10^{18}）の分岐をチェックできるコンピュータを用いても、可能な分岐をすべてチェックするためには 10^{33} 年くらいかかるため、このような手法は、どれだけ高性能なコンピュータでも現実には実行不可能である。このような問題は組み合わせ爆発（combinatorial explosion）と呼ばれ、人工知能研究においてしばしば深刻な問題を引き起こす。このような問題が生じる状況では、すべての可能性をしらみつぶしに探索することは不可能なため、探索を効率化する工夫が必要となる。

　では、具体的にはどうしたらよいだろうか。このような状況で採用される方法は、つねに正解を与えてくれるわけではないがそれなりに信頼できる規則を用いてアルゴリズムを構成する、というものである。たとえばチェスならば、敵の駒を取れない手よりも取れる手の方がよい、敵のポーンを取れる手よりもクイーンを取れる手の方がよい、といったような規則を考えることができるだろう。こういった規則は、多くの場合にはよい結果をもたらすが、つねによい結果をもたらす保証はない。このような性格をもつ規則は、ヒューリスティック（heuristic）と呼ばれる。われわれが現実世界で直面する問題においては、理想的な解決を与えるアルゴリズムを実行することが困難なために、ヒューリスティックを用いたアルゴリズムによる近似的な解決で満足しなければならないことも多いのである[8]。

　しかし、問題がもう 1 つある。ある問題の解決に有効なヒューリスティックをつねに発見できるとはかぎらないということである。じつは、チェスはよいヒューリスティックの発見が難しい問題にほかならない。上で述べたようなヒューリスティックでは、大雑把すぎて、適切な手を選択できないことも多い。

[8) ここで、ヒューリスティックを用いた手の選択はアルゴリズムなのだろうか、という疑問が生じるかもしれない。ヒューリスティックを用いた手の選択自体は、明確な手続きであり、つねに機械的に実行可能である。しかし、ある場面における最善手を選択するという課題に対しては、上で述べたようなヒューリスティックは、つねに正しい出力を生み出すわけではない。つまり、ヒューリスティックを用いた手の選択は、アルゴリズムではあるが、最善手選択アルゴリズムではないのである。

しかし、よりよいヒューリスティックがどのようなものであるかは、明らかではないのである[9]。

　以上のことからは、問題の解析というアプローチの原理的な制約が明らかになる。第一に、ある知的過程をアルゴリズムとして表現できなければ、それは機械には実行不可能である。第二に、ある知的過程をアルゴリズムとして表現できるとしても、それを実行するための計算量が大きすぎれば、そのアルゴリズムは現実世界では実行不可能である。第三に、ヒューリスティックを利用する場合には、近似的な解決しか得られないことになる。第四に、よいヒューリスティックが発見できない場合には、近似的な解決さえできないことになる。以下で見ていくように、古典的な人工知能研究では、これらの制約がしばしば深刻な問題をもたらすことになる。

1.3 物理的記号システムとしての人工知能

構文論と意味論

　ここまで見てきた人工知能研究の基本的発想には、もう1つ重要な特徴がある。

　ふたたびチェスアルゴリズムを例に考えてみよう。このアルゴリズムにおいては、ある時点における盤面の状況をデータとして表現することが不可欠である。たとえば、白のルークが左下隅のマスにあることを「WRa1」のように表現する（コンピュータ内部ではこれが二進数で表現される）としよう[10]。ここで、このようなデータには2つの側面がある。一方で、データは形式上の制約を有する。データは「アルファベットの大文字2つ＋小文字1つ＋数字1つ」という形式でなければならず、最初の大文字はBかWでなければならず（白の駒か黒の駒かを表す）、2番目の大文字はK、Q、R、B、N、Pのいずれかでなけ

---

9) チェスの場合には、ヒューリスティックをどのように評価するかということも問題となる。ある局面における「正解」がそもそも明らかでないため、ヒューリスティックの評価指標自体を別の仕方で設定しなければならないのである。具体的には、一流プレーヤーがある局面における最善手だと考えるものとの一致率や、さまざまなヒューリスティック（群）同士の対戦勝率などを評価指標とすることになる。

10) これはチェスの標準的な棋譜表記法を改変したものである。

ればならない（駒の種類がキング、クイーン、ルーク、ビショップ、ナイト、ポーンのいずれであるかを表す）。また、小文字はaからh、数字は1から8でなければならない（盤上における駒の位置を表す）。チェスアルゴリズムのデータには、形式に関する規則、すなわち構文論（syntax）が定められているのである。他方で、構文論に関する規則を満たすデータは、チェスにおける何らかの事象を表している。たとえば「BRh8」は、黒のルークが右上隅のマスにあることを表している。このように、それぞれのデータには、記号とそれが表すものの関係、すなわち意味論（semantics）が定められている。チェスアルゴリズムのデータは、構文論と意味論の両者を有しているのである。

　さて、チェスアルゴリズムにおいて、ある手が合法かどうかをチェックするときには、どうしたらよいだろうか。候補となる動き（たとえば白のルークがa1からb2に移動する）に、ルークの動きに関する規則（移動前と移動後の行または列の値が同じでなければならず、他の駒を飛び越えてはいけない）を適用し、それが合法かどうかを判定することになる（この場合は合法ではない）。では、これはどのように実行できるだろうか。これまでに見てきたように、アルゴリズムは機械的に実行可能でなければならない。そして、コンピュータに操作できるものは、コンピュータ内部にあるものだけである。したがって、ここでコンピュータに実行可能なのは、データの構文論的な操作だけだということになる。上の例の場合には、「a1」という記号と「b2」というデータを構成する記号が同じか異なるかを判定すれば、この手の合法性を判定できる[11]。記号の種類の比較という構文論的な操作と、手の合法性の判定というチェスにおいて意味のある作業のあいだに対応関係が成り立つことによって、この操作は、手の合法性の判定作業となるのである。機械が知的過程を実行できるためには、構文論と意味論のあいだに対応関係が成り立つ必要がある。このような対応関係が成り立つことによって、記号の形式的操作が、現実世界において意味のある知的過程となるのである[12]。

11）実際には、移動経路上に他の駒がないかどうかを判定する必要もある。

12）じつは、二進数の四則演算においても、1と0という二種類の記号の構文論的な操作と、数の計算という意味のある知的過程のあいだに対応関係が成立している。デジタルコンピュータが二

物理的記号システム仮説

　ある知的過程をアルゴリズムとして記述できるということは、それを機械的な操作の集まりとして分析できるということである。そして、ここで言う機械的操作とは、具体的には、記号の構文論的な操作である。このような観点からは、人工知能研究の基本的発想は、以下のように整理できる。

　　・思考は記号の構文論的な操作である。
　　・記号の構文論的な操作は機械に実行可能である。
　　・それゆえ、機械は思考することができる。

思考は記号の構文論的な操作であるという考えは、物理的記号システム仮説（physical symbol system hypothesis）と呼ばれる。

　物理的記号システム仮説については2つの解釈が可能である。第一に、これは、思考は記号の構文論的な操作によって実現可能である、という主張として理解することができる。このような解釈によれば、記号の構文論的な操作以外の方法によって思考が実現される可能性は排除されないことになる。このような考え方は、弱い物理的記号システム仮説と呼ばれる。第二の解釈によれば、思考は記号の構文論的な操作によってのみ実現可能である、というのがこの仮説の主張となる。言い換えれば、思考とは記号の構文論的な操作にほかならないのである。このような考え方は、強い物理的記号システム仮説と呼ばれる[13]。古典的人工知能研究者の多くは、強い物理的記号システム仮説を支持していると考えられる[14]。

　　進数の計算を実行する際には、それが数の計算であるということは、じつは考慮されていないのである。

13) 弱い物理的記号システム仮説によれば、あるシステムが構文論的操作を行うことは、そのシステムが思考することの十分条件だが、必要条件ではない。これに対して、強い物理的記号システム仮説によれば、あるシステムが構文論的操作を行うことは、そのシステムが思考することの必要十分条件だということになる。

14) 強い物理的記号システム仮説も弱い物理的記号システム仮説も経験的な仮説である、という点に注意が必要である。強い物理的記号システム仮説は誤りであり、ある種の思考（たとえば数の計算）は、記号の構文論的な操作とは異なる方法によっても実現可能なのかもしれない。また、弱い物理的記号システム仮説も誤りであり、ある種の思考（たとえば創造的な思考など）は、記号の構文論的な操作によっては実現できないのかもしれない。このように考えるならば、古典的

　物理的記号システム仮説からはいくつかのことが帰結する。第一に、この仮説によれば、思考にとって重要なことは記号の構文論的な操作であり、その過程がどのような素材によって実装されているかは本質的ではないということになる。同じ記号操作が、神経細胞の興奮伝達によって実装されることも、電気回路上の電流によって実装されることも可能なのである。記号システムは実装に関して中立的であり、それゆえ、デジタルコンピュータのように人間と異なる素材でできているものにも、思考は可能だということになる[15]。

　第二に、この考え方によれば、記号操作を行うコンピュータは、たんに思考をシミュレートしているのではなく、文字通りに思考していることになる。この点で、コンピュータによる記号操作は、コンピュータによる台風のシミュレーションとは根本的に異なるものである。あるものが台風であることにとっては、それが強い風を吹かせたり雨を降らせたりすることが本質的である。したがって、台風のコンピュータシミュレーションは、台風そのものではなく、台風の抽象的な構造をコンピュータ上で表現したものにすぎないということになる。これに対して、物理的記号システム仮説によれば、記号操作をするコンピュータは、それ自体が実際に思考していることになる。コンピュータは、人間の思考をたんにシミュレートしているのではなく、文字通りに思考しているのである。このように考える立場は、人工知能研究においては強いAI（strong AI）と呼ばれる。物理的記号システム仮説は、強いAIは実現可能だという立場にほかならないのである[16]。

　な人工知能研究は、（すくなくとも弱い）物理的記号システム仮説は正しいという作業仮説にもとづくプロジェクトだということになる。

15) このようなあり方は、心の哲学においては多重実現可能性（multiple realizability）と呼ばれる。物理的記号システム仮説によれば、思考の本質は、記号を構文論的に操作するという抽象的なレベルで捉えられるべきものであり、記号操作がどのような素材によって実装されるかということは、思考にとって本質的ではない。それゆえ、異なる素材からなる複数の主体が思考をもつという可能性が認められることになる。じつは、第1節の内容も多重実現可能性を示唆している。第1節で検討したさまざまな回路は、しかるべき仕方で働くかぎり、電気回路以外のもの、たとえば水流を用いた回路であっても構わないからである。（もっとも、動作速度や大きさなどの問題から、水流回路によって実用的なコンピュータを作ることは難しいだろう。）

16) これに対して、人工知能は人間の思考のシミュレーションにすぎないという立場は、弱いAI（weak AI）と呼ばれる。強いAIと弱いAIという言葉は、汎用人工知能と課題特化型の人工知能の対比を表すものとして用いられることもあるが、ここでの用法が本来の用法である。

　第三に、強い記号システム仮説が正しいとすれば、人間の思考の本質もまた記号操作だということになる。そうだとすれば、人間の思考を研究する上で本質的な作業もまた、その根底にあるアルゴリズムを明らかにすることだということになる。人間の思考に関する経験的な研究は認知科学と呼ばれるが、強い記号システム仮説が正しいとすれば、認知科学は人工知能研究と同様の仕方で進められるべきだということになる[17]。

　人工知能研究と認知科学研究は、どちらも 20 世紀中頃に始まった研究領域であり、両者は初期から密接な関係にあった。物理的記号システム仮説にもとづく人工知能は、古典的人工知能（good old fashioned AI: GOFAI）と呼ばれる。人間の認知の基本原理を計算、すなわち規則に従った記号操作だと考える立場は、計算主義（computationalism）と呼ばれる[18]。一方で、人工知能を実現するためのもっとも素直な戦略は、人間の思考の原理を明らかにし、それをコンピュータで再現するというものだろう。他方で、人間のような知能をもつ人工知能がある方法で実現できたとしたら、人間の知能の原理もそれと同じではないかと考えるのも自然だろう。このような事情から、古典的な人工知能研究と計算主義的な認知科学は、相補う形で進展してきたのである。

読書案内

　デジタルコンピュータの基本原理に関しては、つぎの一般向け書籍がわかりやすい。

・チャールズ・ペゾルド『CODE——コードから見たコンピュータのからくり』永山操訳、日経 BP 社、2003 年

17）「はじめに」で紹介した予測において、サイモンとニューウェルは、心理学理論はプログラムの形をとることになるだろうと予測していた。彼らがこのような予測を立てた理由はここにある。強い記号システム仮説が正しいとすれば、人間の思考を記述する理論は、人工知能のプログラムと同様のものとなることが期待されるのである。

18）計算主義は、古典的計算主義（classical computationalism）や記号計算主義（symbolic computationalism）などとも呼ばれる。本書では、計算主義という語をこのような立場を表すものとして用いる。

　計算機科学の教科書には、より本格的な説明がある。2冊目の本は、アルゴリズムに関する説明もわかりやすい。この本には、計算機科学の社会的影響を論じる章もある。20年以上前に書かれたものであるにも関わらず、そこでは現在とほぼ同じような問題が論じられているという点も興味深い。

・馬場敬信『コンピュータのしくみを理解するための10章』技術評論社、2005年
・レス・ゴールドシュレーガー、アンドリュー・リスター『計算機科学入門（第2版）』武市正人・小川貴英・角田博保訳、近代科学社、2000年

　デジタルコンピュータ誕生までの歴史については、つぎの本が手頃である。第1章で紹介されているライプニッツの先見性はとくに興味深い。

・マーティン・デイヴィス『万能コンピュータ──ライプニッツからチューリングへの道すじ（チューリング生誕100周年記念版）』沼田寛訳、近代科学社、2016年

　チューリングマシンについては、たとえばつぎの本の第8章にくわしい説明がある。この章には、チューリングマシンとフォン・ノイマン型デジタルコンピュータの等価性の説明もある。

・ジョン・ホップクロフト、ラジーヴ・モトワニ、ジェフリー・ウルマン『オートマトン 言語理論 計算論II（第2版）』野崎昭弘・高橋正子・町田元・山崎秀記訳、サイエンス社、2003年

第2章 ｜ 古典的人工知能：歴史

　人工知能研究の歴史をあらためて概観しよう。人工知能研究の始まりは、1956 年にアメリカで開催されたダートマス会議だと言われる。この会議において、「人工知能」という語が始めて用いられ、その基本構想が明確化されたのである。もっとも、計算機科学の研究はそれ以前から進められていた。最初期のデジタルコンピュータは、英国のチャールズ・バベッジが製作した階差機関や、彼が構想していたが未完成のままに終わった解析機関である。これらは、今日のコンピュータのように電気回路を用いたものではなく、歯車などの機械的な方法で計算を行う機械だった。20 世紀前半に、英国のコロッサスやマーク I、米国の ENIAC といった、電気回路を用いたデジタルコンピュータが誕生し、その後、現在標準的となっている、プログラム内蔵型のフォン・ノイマン型コンピュータが誕生した。

　当初、コンピュータは計算のための道具と考えられ、人工知能という考え方と結びついていたわけではなかった。しかし、1950 年代になると、デジタルコンピュータの記号操作システムとしての可能性が注目されるようになった。物理的記号システム仮説が正しいとすれば、しかるべき記号操作システムとして働くデジタルコンピュータは、知能をもつことができるはずである。ダートマス会議では、このような考えにもとづいて人工知能の可能性が論じられたのである。

　その後、人工知能研究は紆余曲折の歴史を経ることになる。ダートマス会議の時期から 1970 年代初めまでの時期は、第 1 次人工知能ブーム期と呼ばれる[1]。この時期には、当初の構想である汎用人工知能（artificial general intelligence）

の実現を目指して、初期の人工知能研究が進められた。しかし、一連の研究の結果、汎用人工知能の実現はそれほど容易ではないことが明らかになった。そしてその後 10 年ほどのあいだ、人工知能研究は停滞期を迎える。

　つぎに人工知能研究が活性化したのは、1980 年代の第 2 次人工知能ブーム期である。この時期には、ただちに汎用人工知能の実現を目指すのではなく、より限定された人工知能の実現が目指された。しかし、このような試みもまた、さまざまな問題に直面することが明らかになった。哲学者による人工知能批判が活発に展開されていたのも、この時期である。

　1980 年代の終わりから、人工知能研究はふたたび停滞期を迎えることになった。とはいえ、この時期の人工知能研究は、ただ停滞していたわけではなかった。近年における人工知能研究の爆発的な進展につながるいくつかの考え方、すなわち機械学習とニューラルネットワークに関する研究は、この時期に着々と進められていた。そして 2010 年代になり、これら 2 つを統合した手法である深層ニューラルネットワークを用いた人工知能研究が爆発的な進展を見せ、第 3 次人工知能ブームが到来した。

　近年の人工知能研究のおもな成果について、簡単にまとめておこう。

- ・1997 年：IBM の Deep Blue がチェスの世界チャンピオン、ガルリ・カスパロフに勝利した。
- ・2005 年：DARPA Grand Challenge で、5 台の自動運転車が 212 km のコースを完走した。
- ・2011 年：IBM の Watson が、クイズ番組 Geopardy! で人間のチャンピオンに勝利した。
- ・2012 年：画像認識コンテストで、深層学習を用いたプログラムが圧倒的な正解率で優勝した。
- ・2016 年：Google 社の AlphaGo が、囲碁の世界トッププロ、イ・セドルに勝利した。
- ・2021 年：OpenAI 社が、画像生成を行う深層学習モデル DALL-E を発表

---

1) 第 1 次ブーム期や第 2 次ブーム期の年代にはいくつかの整理があるが、ここでは英語圏で標準的な整理に従った。

した。

・2022 年：OpenAI 社が、大規模言語モデルを用いたチャットボット ChatGPT
を公開した。

　第 3 次人工知能ブームをもたらした要因としては、ハードウェアの性能向上、
機械学習やその諸手法の開発、学習のための大量のデジタルデータの誕生といっ
ったことが指摘される。では、これらはたんなる量的な進歩なのだろうか、あ
るいは、従来の人工知能と現在の人工知能のあいだには質的な飛躍があり、そ
れによって従来の人工知能研究の限界が乗り越えられたのだろうか。第Ⅱ部以
降では、これらの問題を検討する。しかしその前に、第 2 次ブーム期までの人
工知能研究の歴史について、もう少しくわしく見てみよう。

2.1 第 1 次人工知能ブーム期：成果と限界

　ここでは、第 1 次人工知能ブーム期の人工知能研究の成果と限界について検
討しよう。

Logic Theorist と一般問題解決器（GPS）

　この時期の人工知能研究は、汎用人工知能の実現を目標としていた。ここで
言う汎用人工知能とは、計算やゲームといった特定の課題だけに特化したもの
ではなく、人間の知能のように、多種多様な知的課題を実行できる人工知能の
ことである。

　物理的記号システム仮説が正しいとすれば、汎用人工知能の実現を目指すの
は自然な流れである。この仮説によれば、知能は構文論的な規則に従った記号
操作という一般的な特徴づけをもつ。さまざまな知的課題のあいだの違いは、
記号が何を表すかと、記号操作の規則がどのようなものであるかの違いにすぎ
ない。そうだとすれば、記号操作システムとして機能するもの、すなわちデジ
タルコンピュータに、しかるべき記号システムと記号操作の規則を与えれば、
任意の知的課題を実行できるはずである。

　このような見通しの下で進められた初期の人工知能研究では、いくつかの注

目すべき成果が得られた。その1つはアラン・ニューウェル、ハーバート・サイモン、クリフ・ショウが開発したLogic Theorist（LT）というプログラムである。これは数理論理学の定理を証明するプログラムで、ラッセルとホワイトヘッドが著した *Principia Mathematica* に登場する最初の52個の定理のうち、38個を実際に証明した。その中には、人間による証明よりも簡潔な証明も含まれていたという。

　もう一つの成果は、同じくニューウェルらが開発した一般問題解決器（General Problem Solver: GPS）である。GPSは、人間が解くことのできる多様な問題を解くことができるプログラムである。GPSが解くことのできる問題には、宣教師と人喰い人種の問題やハノイの塔のような論理パズル課題、限られた種類の容器を用いて液体を等分するという課題、演繹的推論課題など、多様なものが含まれていた。LTやGPSのアルゴリズムは、人間の内観報告にもとづいて作成されていた。人間が問題解決に取り組む際に、その思考過程をすべて言葉で報告させ、そこに含まれるヒューリスティックがアルゴリズムに取り入れられたのである。

GPS の問題点

　GPSの成功は印象的なものであったため、汎用人工知能開発への期待は高まった。しかし、その適用領域を拡大しようとする中で、本質的な問題が明らかになった。多くの場合、GPSのアルゴリズムは探索を基本とする。しかし、前章で述べたように、現実世界における探索課題においては、問題が複雑になるにつれて探索すべき選択肢の数が指数関数的に増大するため、しらみつぶしの探索を実行することはできない。それゆえ、何らかのヒューリスティックを用いて、優先的に探索すべき選択肢を特定することが必要になる。

　GPSにおいては、現在の状態と目標状態にどの程度の差があるかを評価するヒューリスティックと、どうすれば両者の差が減少するかに関するヒューリスティックを用いて、目標状態に至る経路を効率的に発見することが目指されていた。このようなアルゴリズムにおいて鍵となるのは、探索ではなく、適切なヒューリスティックの発見である。しかし、多くの場合、何が適切なヒューリスティックであるかは自明ではなく、人間のプログラマが適切なヒューリス

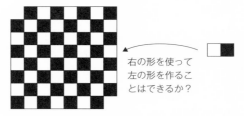

右の形を使って
左の形を作るこ
とはできるか？

図 2-1　変形チェッカーボード問題

ティックを発見する必要があったのである。

　前章で取り上げたチェスプログラムの例を考えれば、ここで何が問題になっ
ているのかを理解できるだろう。まともに動くチェスプログラムを作るために
は、最善手（あるいはそれなりによい手）を選択するためのヒューリスティッ
クを人間が発見しなければならない。チェスを含む多くの知的課題において、
ひとたび適切なヒューリスティックが得られれば、問題解決は機械的な手続き
によって実行可能である。しかし、それを可能にするためには、人間によるお
膳立てが必要不可欠なのである。

　ホーグランド（Haugeland, 1985, Chapter 5）は、じつはヒューリスティック
を用いない課題においても同様の問題が生じるということを、変形チェッカー
ボード問題（mutilated checkerboard problem）を例に用いて論じている。変形
チェッカーボード問題とは、**図 2-1** のように隅の2マスを切り落としたチェッ
カーボードを、白黒1マスずつからなるドミノの駒を使って作ることができる
かどうかを判定するという問題である。一見したところ、これは難しい問題で
ある。しかし、通常のチェッカーボードには黒いマスと白いマスが同数あるが、
切り落とされた2つのマスは同じ色なので変形チェッカーボードは黒白同数で
はないということに気づけば、具体的な図形の作り方を考えなくても、答えは
「できない」だということがわかる。ここで鍵となるのは、非形式的に、すな
わち簡単にはアルゴリズム化できない形で記述された問題（変形チェッカーボー
ドをドミノの駒を使って作る）を、形式的に、すなわち簡単にアルゴリズム
化できる形で記述された問題（変形チェッカーボードの黒いマスと白いマスの数
を比較する）に変換することである。この変換の結果、機械的な手続きによっ
て答えを得ることが可能となる。しかし、ここでもっとも難しい作業は問題の

変換であり、それ自体は人間が行わなければならない作業なのである。

　GPS についてあらためて検討してみると、多くの成功事例には同様の事情があることがわかる。つまり、アルゴリズムを作成する段階で、問題解決の鍵となる問題の形式化が人間の手で行われているがゆえに、コンピュータによる機械的な問題解決が可能となっているのである。そうだとすれば、「GPS による」問題解決は、実質的には人間のプログラマによる問題解決にほかならないことになる。GPS は、真の汎用人工知能とはほど遠いものなのである。

　GPS の失敗からはどのような教訓を得ることができるだろうか。上でも述べたように、GPS の背景にある前提は、すべての問題解決は本質的に同種の作業（記号の構文論的な操作）だということである。しかし実際には、問題解決にとってもっとも重要な作業を行っていたのは人間のプログラマだった。そしてその作業は、問題ごとに異なるものだった。そうだとすれば、真の思考には、人間のプログラマが有していると考えられる、それぞれの問題領域に関する知識が不可欠なのかもしれない。そして、それらの知識をコンピュータに与えれば、GPS において人間のプログラマが果たしていた役割を、コンピュータそのものに担わせることが可能になるかもしれない。

　このような反省から、第2次人工知能ブーム期における人工知能研究は、引き続き物理的記号システム仮説を基礎とするものの、より限定された形をとることになった。次節ではこの時期の研究について検討しよう。

2.2 │ 第2次人工知能ブーム期：成果と限界

　本節では、1980 年代に起こった第2次人工知能ブーム期における人工知能研究の成果と限界について検討しよう[2]。

マイクロワールドと SHRDLU

　前節の最後に述べたように、この時期の人工知能研究は、コンピュータに知識を与えることによって知能を実現することを目指していた。そして、具体的

　2）正確には、以下で紹介する研究は 1960 年代の終わりから 1970 年代に行われたものであり、1980 年代の第2次ブームの萌芽となった研究である。

な研究の方向性は2つあった。

　第一の方向性は、現実世界を大幅に簡略化した世界であるマイクロワールドを研究対象とするというものである。その基本的な発想は、現実世界はきわめて複雑であり、人工知能が現実世界の複雑な問題をいきなり解決することは難しいため、まずは現実世界を単純化したマイクロワールドにおいて、知能の基本原理を明らかにすべきだということである。

　このような方向性の研究の代表例としては、米国のコンピュータ科学者テリー・ウィノグラードによるSHRDLU（シュルドゥルと読む）がある。SHRDLUは、仮想的なマイクロワールドで働く仮想的エージェントである。SHRDLUのマイクロワールドは、色のついたさまざまな形の積み木から成り立っている（図2-2）。SHRDLUは、マイクロワールドを構成する物体に関するさまざまな知識をもち、それをもとに、マイクロワールド内の物体に関するさまざまな質問に答えたり、人間が与える命令に応じて物体を仮想的に操作したりする。SHRDLUは、現実世界よりも単純な世界で、単純な行動をとることができる原初的エージェントなのである。

　SHRDLUは、たとえば、「緑の立方体の上にある物体は何色か」という質問に対して「赤」と答えたり、「青い四角錐を青い直方体の上に乗せろ」という命令に従ってその通りに物体を動かしたりする。また、「緑の立方体を箱に入れろ」という命令に対して、「どの立方体かわかりません」と答えたり、「青い

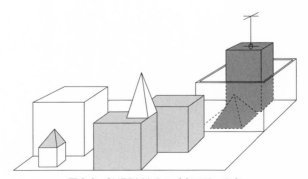

図2-2　SHRDLU のマイクロワールド
（Russell & Norvig 2020 をもとに色を変更）

直方体を青い四角錐の上に乗せろ」という命令に対して、「できません」と答えたりすることもできる。SHRDLU は、マイクロワールドのどこにどのような色と形をした物体があるかに関する知識や、四角錐や立方体とはどのような物体かに関する知識をもっており、これらの知識にもとづいて行為したり会話したりできるのである。

　SHRDLU は仮想的なエージェントだが、仮想世界において自律的に行動しているように見えるため、人工知能研究の成果として注目を集めた。同様のアプローチを徐々に複雑な環境に適用していけば、最終的には、現実世界で行動できる自律的エージェントが実現できると期待されたのである。

　しかし、ホーグランド（Haugeland, 1985, Chapter 5）が指摘するように、SHRDLU にはさまざまな限界があった。第一に、SHRDLU は指示に従うだけで自発的に行動しないという点で、きわめて単純な生物と比較しても異質である。われわれが質問や指示をしないかぎり、SHRDLU は何もしない。SHRDLU は、もっとも原初的な動機や目標さえもたないのである。第二に、SHRDLU は状況や行動の意味を理解していない。たとえば、「一番大きな立方体は何色か」という質問を何度も繰り返して尋ねても、SHRDLU はそのつど「赤」と答えるし、「赤い四角錐を青い直方体の上に置け」という命令と、「青い直方体の上の赤い四角錐を床に置け」という命令を何度交互に繰り返しても、SHRDLU はそれらを繰り返す。人間ならば、このような繰り返しは無意味なのではないかという疑問を抱くだろう。しかし SHRDLU は、そのような疑問を抱くことなしに、いつまでも同じ行動を繰り返すのである。第三に、SHRDLU は仮想的なエージェントであるがゆえに、知覚や行動に関連する困難に直面することがない。さまざまな照明条件の下で物体の色を認識すること、自分と物体の位置関係が変化したときにも物体の形を正しく認識すること、物体を壊さないようにつかんで移動させることは、いずれもロボティクスの非常に難しい課題である。SHRDLU は、仮想エージェントであるがゆえに、これらの課題をすべて回避したものとなっているのである。

　さらにホーグランドは、SHRDLU の根本的な問題はマイクロワールドそのものにあると指摘する。彼によれば、マイクロワールドは真の知性を必要としない世界となっているために、SHRDLU はそこでうまく振る舞うことが可能

になっている。言い換えれば、マイクロワールドは人工知能にとっての本質的な困難を取り除いた世界となっているのである。

　ここで問題となっていることを明らかにするために、ホーグランドは、SHRDLU に対して「赤い四角錐をおもちゃの銃と交換しよう」という質問をする状況を考えてみよと言う。SHRDLU はこれに対して、「「交換」とは何かわかりません」と答えるかもしれない。それに対して、「「交換」とは、あるものを相手に渡して、その代わりに価値が等しいものを受け取ることだ」とわれわれが教えたとしても、SHRDLU は「「価値」とは何かわかりません」と答えるだろう。そして、「価値」とは何かを説明しようとしても、同じことが繰り返されることになるだろう。

　ホーグランドによれば、このようなやりとりが示しているのは、現実世界でわれわれが行う交換のような活動は、他のさまざまな物事と不可分な関係にあり、交換という活動ができるエージェントは、他のさまざまな物事を理解していなければならないということである。言い換えれば、交換という活動が可能な世界はマイクロワールドではありえないのである。SHRDLU のマイクロワールドは、積み木の色と形というきわめて限定された事柄だけから成り立っているため、このような問題が生じることがない。しかし、マイクロワールドをより複雑なものにしようとすれば、このような問題、すなわち、A ということを理解するためには B ということの理解が必要であり、B ということを理解するためには C ということの理解が必要であり、という連鎖が果てしなく続くという問題に直面せざるをえなくなる。ホーグランドによれば、このような連鎖が存在せず、関連する知識を明確に限定できるマイクロワールドは、きわめて特殊で不自然な状況設定なのである。

エキスパートシステム

　つぎに、第二のアプローチについて検討しよう。第二のアプローチは、現実世界を対象とするが、そこに含まれる特定の問題領域だけをうまく扱うことができる人工知能を作ろうというものである。その典型はエキスパートシステムである。これは、ある領域の専門家がもつと考えられる知識をすべて明示化し、それをコンピュータに与えることで、専門家の意思決定能力を再現することを

目指したシステムである。

　エキスパートシステムの代表例としては MYCIN がある。これは、血液感染症に関する専門家の知識を再現したシステムで、専門家への聞き取り調査などをもとに、専門家が症状から病名を診断したり、治療に使用する薬品を決定したりするときに用いていると思われる規則を特定し、それをアルゴリズム化したものである。MYCIN は次のような規則を用いる（Dreyfus, 1992, p. 28; 邦訳 pp. 50-51）。

　規則八五
　もしも：
　1 細菌の培地が血液であり、かつ、
　2 細菌のグラム染色でグラム陰性を示し、かつ、
　3 細菌の形状が桿状であり、かつ、
　4 患者が免疫不全症である
　ならば、そのときには：
　（六割の確率で）その細菌が緑膿菌であるとする証拠がある。

　このような規則を多数備えることによって、特定の患者に関するデータ、たとえば 38 度の熱があり、血液を培養すると桿状の微生物が観察されるといった情報を入力すると、MYCIN は、それらの条件を満たす病名とその確率、治療に用いるべき薬物を特定してくれるのである。

　類似の試みとしては、ロジャー・シャンクのスクリプトがある。これは、日常生活のある場面で典型的に見られる状況を構造化したものである。たとえばレストランスクリプトは、われわれがレストランで食事をするときに典型的に生じる出来事をリスト化したもので、つぎのような内容からなる。

　・レストランに入店する
　・受付が人数を確認し、テーブルに案内する
　・ウェイターがメニューをもってくる
　・ウェイターが注文を尋ねる

- ウェイターが食事をもってくる
- 食事をする
- 会計を依頼する
- 料金を支払う
- 出店する

レストランとは何か、レストランで食事をするとはどのようなことかに関する
われわれの知識は、このようなデータ構造からなると考えられるのである。

　では、このようなアプローチはどのような問題に直面したのだろうか。問題
は、このようなリストを実際に作ろうとすると、それは膨大なものになるとい
うことである。レストランスクリプトを例に考えてみよう。このようなスクリ
プトを備えたコンピュータに、「客はメニューを受け取る前に注文をしたか、
受け取った後に注文をしたか」とたずねれば、コンピュータは「受け取った後
に注文をした」と正しく解答するだろう。しかし、「ウェイターは服を着てい
たか」という質問や、「ウェイターは前向きに歩いてきたか、後ろ向きに歩い
てきたか」という質問をしたならば、コンピュータは答えることができないだ
ろう。人間のプログラマにとって、ウェイターは服を着ているということや、
人間は通常前向きに歩くということは、あまりにも当然のことなので、それら
をわざわざスクリプトに含めることはしないからである。しかし、レストラン
に関するあらゆる質問に適切に解答できるようにするためには、レストランス
クリプトにこの種の情報も追加する必要がある。

　このことは重大な問題を引き起こす。ウェイターの服の有無や歩く向きに関
する質問は、人間にとっての常識である。したがって、レストランスクリプト
を十全なものにするためには、レストランで食事をすることに関連することで
われわれが常識として知っていることを、すべて明示的な知識としてコンピュ
ータに与えなければならない。しかし、レストランで食事をすることに関連す
る常識は、上に挙げた2つだけではない。あらためて考えれば、レストランで
食事をするという場面に関連しうる常識は、つぎのようなものをはじめとして、
無数にあることがわかる。

・レストランでは自分（とその仲間）が注文したものだけを食べる。

・レストランではメニューにないものを注文しない。

・レストランに椅子がある場合には椅子に座る。

・人間は足ではなく手を使ってものを食べる。

・ナイフ、フォーク、箸などがあれば、手ではなくそれらを使ってものを食べる。

・人間は口からものを食べる[3]。

　したがって、十全なレストランスクリプトを作成するためには、レストランに関連する常識をすべて明示化することが必要になる。同様に、汎用人工知能を実現しようとすれば、われわれが暗黙のうちに身につけている常識すべてを明示化しなければならないのである。

　このような考察からは、MYCIN のようなエキスパートシステムが一定の成功を収めたのは、血液感染症の診断という課題が特殊なあり方をした課題だったからだということがわかる。この課題においては、システムに対して発せられる問いは決まったものであり、その問いに答えるために必要とされる知識も比較的少数のものに限られている。SHRDLU と同様、MYCIN の成功もまた、課題の特殊な性格に由来するものであり、他の課題における成功を保証するようなものではなかったのである。

自然言語処理と常識の問題

　常識理解は、自然言語処理においても困難をもたらす要因となる。ウィノグラード（Winograd, 1972）は、人工知能による自然言語処理の適切さを確かめるテストを提案している。この種のテストは、現在では Winograd schema challenge と呼ばれている（Levesque et al., 2012）。その例は以下のようなものである。

---

3) これらはつねに成り立つわけではないということが、さらなる問題をもたらす。たとえば、常連客はメニューにないものを注文できるレストランもあるだろう。多くの常識には、「通常は」という限定が暗黙のうちに含まれているのである。次章で見るように、どのような状況が「通常」なのかを判定することは、きわめて困難な課題である。

1．The city councillors refused the demonstrators a permit because *they* feared violence.

2．The city councillors refused the demonstrators a permit because *they* advocated violence.

3．The trophy doesn't fit into the brown suitcase because *it* is too small.

4．The trophy doesn't fit into the brown suitcase because *it* is too large.

ここで問われていることは、1と2における 'they' は何を指すか、3と4における 'it' は何を指すかということである。

　いずれの問いに対する答えも、（英語がわかる）人間には自明であるように思われる。しかし、コンピュータにとっては、これらはけっして自明な問いではない。コンピュータにおける自然言語処理においては、まず文の構文解析が行われる。しかし、構文を正しく解析しただけでは、これらの指示代名詞が何を指示するかは決定されない。たとえば例文1では、構文論上は、'they' は 'the city councillors' と 'the demonstrators' のいずれを指示するものとしても理解可能である。しかし、この文の解釈としては、明らかに前者だけが正しいものである。市議会議員がデモ隊の暴力を恐れたため市議会議員がデモ隊に許可を与えないという事態は意味をなすが、デモ隊がデモ隊（あるいは市議会議員）の暴力を恐れたため市議会議員がデモ隊に許可を与えないという事態は意味をなさないからである。

　ここで正しい答えを導き出すためには何が必要なのだろうか。コンピュータは、市議会議員とは何か、デモ隊とは何か、暴力とは何か、恐れるとは何かといったことを理解しなければならないだろう。人称代名詞の指示内容を正しく特定するためには、コンピュータは世界に関するさまざまな知識をもっていなければならないのである。

　その後さまざまな Winograd schema 事例が考案されていることからもわかるように、このような事例は数多く見出すことができる。さらに、指示代名詞の指示内容を特定するときだけでなく、語の多義性や構文解析の多義性を解消するときにも、世界に関する知識は必要となる。コンピュータが十全な自然言

語処理能力を獲得するためには、われわれが常識として身につけている知識を
すべて身につける必要があるのである。

　人工知能研究者がこの課題に取り組むにつれて、これは想像以上に困難な課
題であるということが明らかになっていった。第一に、常識には膨大な数の知
識が含まれている。いま自分が目にしているものに関して自分が知っているこ
とをすべて列挙しようとしてみれば、それだけでもきりがないということがわ
かるだろう。さらに、われわれは普段意識することがないが、常識の中には、
否定的な知識も含まれるように思われる。「ネコは植物ではない」、「2＋3は7
ではない」といったことを知識として意識することはないが、われわれはこれ
らが正しいことを即座に判定できる。われわれは、何らかの仕方でこのような
知識も有しているように思われるのである。

　第二に、知識をどのような形で表現すればよいのかということも問題となる。
たとえば、「ネコは四本脚である」は基本的には正しいが、事故で脚を一本失
ったとしても、ネコがネコでなくなるわけではない。また、「ハンマーは工具
である」も正しいが、ハンマーは武器として使用することも可能である。この
ように、常識に含まれる知識は、演繹的な推論で用いられる知識とは異なり、さ
まざまな曖昧さをもっている。このような知識は、一階述語論理のような標準
的な道具立てではうまく表現できない。では、どのような道具立てを用いれば
よいのだろうか。これもまた、難しい問題である。

　このような困難があるにもかかわらず、常識的な知識のすべてを体系化しよ
うという試みは続けられた。アメリカのコンピュータ科学者ダグラス・レナー
トによって進められてきた Cyc は、その代表的なプロジェクトである。しかし、
1980年代の半ばに始まったこのプロジェクトは、10年以上が経過しても、人
間ならばすぐに回答できるような質問に回答することにしばしば失敗したとい
う[4]。コンピュータに常識を与えることは、きわめて達成困難な課題なのであ
る。

4）Wooldridge（2020）の第3章には Cyc のデモンストレーションの失敗に関する逸話が紹介され
　ている。

2.3 │ 拡張性の問題と無限定性の問題

　ドレイファス（Dreyfus, 1992, p. 85）が指摘するように、第 2 次ブーム期までの人工知能研究においては、同じパターンが繰り返されてきた。それは、初期の研究がめざましい成功を収めたのちに、その成果を一般化しようと試みると、研究が停滞に直面するというパターンである。

　では、なぜこのようなパターンが繰り返されてきたのだろうか。それは、初期の研究が小規模で扱いやすい問題を対象としていたということに起因すると考えられる。小規模で扱いやすい問題に対して有効な解決法を、より大規模で複雑な現実世界の問題に適用しようとすると、うまくいかないことが明らかになるのである。以下では、これを拡張性（scalability）の問題と呼ぶことにしよう。

　ここで問題となっているのは、たんに単純な問題よりも複雑な問題の方が難しいということではない点に注意が必要である。問題が複雑になることで、単純な問題に利用できていた手法が端的に適用できなくなってしまうことが問題なのである。

　では、なぜそのような問題が生じるのだろうか。その理由としては、いくつかの要因が考えられるだろう。一つの要因は、問題解決に必要な規則やヒューリスティックが発見できないということである。三目並べで最善手を選択するための規則は容易に発見できるが、チェスにおいては、最善手を選択するための規則はもちろんのこと、比較的よい手を選択するヒューリスティックさえ、発見することはきわめて困難である。もう一つの要因としては、つぎのようなことが考えられる。SHRDLU に関して見たように、現実世界においてある問題に対処するためには、それに関連するさまざまな知識が必要になる。そして、それらの知識を適切に用いるためには、それらの知識に関連するさらに別のさまざまな知識が必要になる。現実世界の問題がもつこのような特徴を、以下では無限定性（open-endedness）と呼ぶことにしよう。現実世界の問題は無限定であるため、問題解決に必要な知識が芋づる式に増大し、その結果、単純な問題に対して有効だった手法が有効性を失ってしまうのである[5]。

　古典的な人工知能研究は、無限定な問題を扱うための手段を持ち合わせていなかった。それゆえ、課題や考慮すべき要因が明確に限定できる特殊な領域でしか成功を収めることができなかったのである[6]。

読書案内

　人工知能研究者から見た古典的な人工知能研究の歴史とその評価については、「はじめに」で紹介したウルドリッジの『AI技術史』の前半が参考になる。哲学者による概観と評価としては、同じく「はじめに」で紹介したドレイファスの『コンピュータには何ができないか』とHaugeland（1985）が代表的な文献である。

　第2次人工知能ブーム期までの人工知能研究の代表的な手法と成果については、つぎの本も参考になる。

・徃住彰文『心の計算理論』東京大学出版会、1991年

　ウィノグラードは、人工知能研究者として出発したが、みずからの研究がさまざまな限界に直面した経験から、その後古典的な人工知能研究に対する理論的な批判を展開するようになった。彼の人工知能研究批判はつぎの本で展開されている。

　5）これらの要因の背景には、より根本的な要因が存在すると考えることができるかもしれない。第3章で見るように、複雑な問題の解決に必要な規則やヒューリスティックを発見することが難しいのは、複雑な問題にはさまざまな要因が関係しており、そこで成立する規則やヒューリスティックもきわめて複雑なものとならざるをえないからだと考えられる。また、無限定性は、必要な知識の指数関数的な増加を引き起こすために問題を引き起こすのだと考えられる。そうだとすれば、拡張性の問題が生じる根本的な要因は、複雑な問題においては何らかの形で組み合わせ爆発が生じてしまうということかもしれない。

　6）古典的な人工知能研究のアプローチが無限定性に対する適切な対処になっていないことは、代表的なシステムの多くにおいて、人間では見られないような破綻が見られるということからも示唆される。たとえば、上で述べたように、SHRDLUに対して交換を持ちかけても、「「交換」とは何かわかりません」という回答が返ってくることになる。レストランスクリプトに、ウェイターが服を着ていたかどうかをたずねても、「わかりません」という回答が返ってくる。これらはいずれも、人間がときおり見せる不適切な行動とは異質なものである。

・テリー・ウィノグラード、フェルナンド・フローレス『コンピュータと認知
を理解する——人工知能の限界と新しい設計理念』平賀譲訳、産業図書、
1989 年

第3章 ｜ 古典的人工知能：哲学的批判

　第2次人工知能ブーム期までの人工知能研究をめぐっては、哲学的な議論も活発に行われていた。そしてそこでは、人間と同様の知能をもつ人工エージェントは実現不可能だと主張する哲学者も少なくなかった。本章では、古典的人工知能研究をめぐる哲学的論争における2つの主要な論点、意味理解の問題と状況理解の問題についてくわしく検討しよう。

3.1 ｜ チューリングテストと意味理解の問題

チューリングテスト

　人工知能研究がその目標を達成できているかどうかは、どうすれば判定できるだろうか。この問いに答えるためには、知能をもつとはどのようなことか、そして、あるものが知能をもっているかどうかはどのように判定できるかという問いにまず答える必要がある。しかし、知能に誰もが納得できる定義を与えることは難しい。ここで登場するのがチューリングテストである。

　チューリングテストは、英国の数学者アラン・チューリングが、1950年の論文「計算機械と知能」（Turing, 1950）で提案した架空のテストである。この論文で、チューリングは、知能を定義することは困難であるということを確認した上で、知能をもつことをチューリングテストに合格できることとして操作的に定義することを提案している。つまり、知能をもつとはチューリングテストに合格できることであると定義してしまうことが、さまざまな目的にとって有用だというのである。では、チューリングテストとはどのようなものだろう

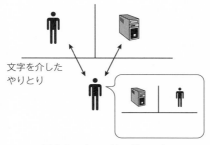

文字を介した
やりとり

図3-1　チューリングテスト

か。

　チューリングテストは、人間同士で行うイミテーションゲームの変形版である。イミテーションゲームは、質問者と2名の回答者で行うゲームである。質問者と回答者は、お互いの姿や声がわからない形（たとえばコンピュータ上での文字のタイプ）で会話をする。回答者は男性と女性で、質問者の目的は、2名の回答者の性別を正しく判定することである。第1の回答者の目的は質問者の判定を誤らせることで、質問者が自分の性別を正しく同定できないように、必要に応じて嘘をつくことが許される。たとえば、大柄な男性が小柄な女性のふりをするときには、身長を聞かれて150 cmだと答える。第2の回答者の目的は質問者の判定を助けることで、自分が女性であることを質問者が特定できるように回答する。質問者が回答者の性別を正しく特定できれば質問者の勝ちで、間違えれば第1の回答者の勝ちである。

　チューリングテストでは、第1の回答者の代わりに、コンピュータが回答者役を務める（図3-1）。質問者の目的は、どちらの回答者が人間でどちらの回答者がコンピュータであるかを正しく判定することであり、コンピュータの目的は、質問者に間違ってコンピュータを人間と判定させることである。テストには時間制限や話題に関する制限を設けず、人間の質問者は回答者に好きなだけ質問をする。コンピュータは、第1の回答者は人間だと質問者が間違えるように、必要に応じて嘘を答えることが許される。たとえば、「今朝何を食べましたか」と聞かれたら、コンピュータは、「トースト2枚とベーコンエッグを食べました」と回答してよいのである。質問者がコンピュータを人間と判定すれ

ばコンピュータの勝ちで、コンピュータはチューリングテストに合格したこと
になる。このとき、コンピュータは知能をもつと認められることになる。

　チューリングテストに合格できることを知能の必要十分条件と考えることに
は、いくつかの問題があるように思われるかもしれない。たとえば、このテス
トに合格できるためには、日本語や英語といった言語を使用できなければなら
ない。しかし、われわれは、言語をもたないチンパンジーやイヌなどの動物も、
一定の知能をもつと考えている。知能という言葉をこのような意味で用いるか
ぎり、チューリングテストに合格できることは、知能の必要条件ではないとい
うことになる。

　もう1つの問題は、米国の認知科学者ロバート・フレンチ（French, 1990）
が指摘するように、このテストでは、回答の内容以外のさまざまな手がかりか
ら、相手が人間かコンピュータかを推測することが可能だということである。
たとえば、さまざまな計算をさせたときの反応時間の違いから、相手がコンピ
ュータであることが推測できるかもしれない。人間には、1547＋3892を暗算
で計算するのは難しいが、2222＋3333を計算するのは簡単である。したがって、
もし2つの計算に同じ時間がかかるとすれば、それは、そのエージェントの計
算メカニズムが人間とは異なることを示唆していることになる。チューリング
テストにおいて、フレンチが「サブ認知的」と呼ぶこの種の質問を完全に禁止
することは困難である。そして、このような質問を利用すれば、ある人工エー
ジェントが実際に知能を有しているとしても、チューリングテストに合格でき
なくなってしまう。このこともまた、チューリングテストに合格できることは
知能の必要条件ではないことを示唆しているように思われる。

　とはいえ、チューリングテストに合格できるものは知能をもつということな
らば、言えるのではないだろうか。しかし、チューリングテストを知能の十分
条件と考えるとしても、このテストに対してはさらに原理的な批判が存在する。
それは人工知能の可能性そのものにも密接に関連する批判である。

「中国語の部屋」の思考実験

　チューリングテストに対する根本的な批判は、米国の哲学者ジョン・サール
が考案した「中国語の部屋」の思考実験にもとづくものである。この思考実験

を論じた論文（Searle, 1980）において、サールは次のように述べる。

> プログラムされたコンピュータは……実際には何も理解していないということを以下において論じたい。コンピュータの理解は（私のドイツ語の理解のように）部分的なもの、あるいは不完全なものですらない。それはゼロなのである。（Searle, 1980, p. 419; 邦訳 p. 186）

なぜサールがこのように考えるのかを明らかにするため、まずはこの思考実験の内容を紹介しよう。中国語の部屋の中には、英語を理解できるが中国語を理解できない人（ジョン）がいる。部屋には小窓がついており、部屋の外から中国語の文が書かれた紙が送られてくる[1]。部屋の中には分厚いマニュアルがあり、そこには、中国語の文に対して行うべき作業が英語で書かれている。作業は中国語の文字の形やその順番だけを手がかりとして行うことができるものであるため、ジョンにも実行可能である。マニュアルに従って作業を行うと、ある中国語の文に対して、別の中国語の文が生成される（ジョンにはその意味はわからない）。ジョンは、それを書いた紙を小窓から部屋の外に送り出す。（ジョンの作業には膨大な時間がかかるはずだが、この点は無視する。）このマニュアルは完璧にできており、マニュアルに従って作成した中国語の文は、部屋の外から送られてきた中国語の文に対する適切な応答となっている。したがって、部屋の外にいる中国語話者から見ると、中国語の部屋は、中国語の文に対してつねに適切な応答を返しているように見える。つまり、中国語の部屋は、中国語を用いたチューリングテストに合格できるシステムなのである（**図 3-2**）。

　しかし、中国語の部屋の中にいるジョンは中国語を理解できず、部屋に送られてきた紙に書かれた文や、部屋から送り出される文の意味をまったく理解していない。ここからサールは、中国語の部屋は、中国語で書かれた文の意味を理解していないにもかかわらず、あたかも中国語を理解しているかのような振る舞いを示しているにすぎないのだと主張する。

　サールによれば、このようなことが生じるのは、構文論と意味論のあいだに

---

1) 以下では「文」という書き方をしているが、入出力は複数の文からなる文章でもよい。

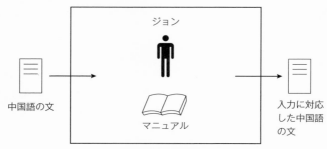

図3-2　中国語の部屋

はギャップがあるからである。中国語の部屋の中でジョンが行っていることは、中国語の文を、その意味ではなく、個々の文字の形や順番を手がかりとして、別の中国語の文に置き換えるという操作である。これは、コンピュータにも実行可能な、構文論的な規則にもとづく記号操作にほかならない。

　サールによれば、チューリングテストに合格できるコンピュータは、中国語の部屋のようなものである。コンピュータは、記号の形式的な特徴を同定し、それにもとづいてさまざまな操作を行うことができる。しかし、コンピュータはそれらの記号が何を表すものであるかを理解していない。コンピュータは、中国語の文の意味も、数字の意味も理解しているわけではない。コンピュータが行っているのは、無意味な操作でしかないというのである。サールは次のように述べている。

　　記号形式の操作はそれだけでは志向性を有していない。その操作はまったく
　　意味を欠いている。それは記号操作でさえない。なぜなら、その記号は何も
　　表していないからである。言語学の専門用語で言えば、それには構文論しか
　　なく、意味論がない。(Searle, 1980, p.422; 邦訳 p. 203)

サールによれば、コンピュータは構文論的な処理を行うことができるが、意味論を理解しない。それゆえ、コンピュータが言葉の意味を理解しているかのように振る舞うとしても、実際には、そこに意味理解は生じていない。中国語の部屋の思考実験は、このことを端的に示しているというのである。

では、真の意味理解には何が必要なのだろうか。サールは次のように述べている。

> 私が英語を理解することができ、他のタイプの志向性をもちうるのは、私がコンピュータ・プログラムの具体例だからではない。……そのようなことが可能になるのは、われわれが知る限りでは、私がある種の生物学的（すなわち、化学的、物理的）構造をもったある種の有機体であるからなのであり、この有機体は、ある条件のもとでは知覚、動作、理解、学習、そしてその他の志向的現象を産出することができる。（Searle, 1980, p. 422; 邦訳 p. 201）

このように、サールは、思考やその基盤となる心的状態の志向性（intentionality）、すなわち何かを表すという働きは生物学的な現象だと主張する。コンピュータは、素材の違いゆえに、意味理解の能力や思考能力をもつことができないのである[2]。

サールへの批判①：ルヴェックの批判

サールの論証が成功しているとすれば、チューリングテストに合格できる人工知能が将来現れたとしても、それは真の知能をもつものではないということになる。では、サールの論証は実際に成功しているのだろうか。

サールが中国語の部屋の思考実験を発表した直後から、サールの論証にはさまざまな批判が投げかけられてきた。その中には、中国語の部屋の思考実験の想定そのものに対する批判もある。たとえば、カナダのコンピュータ科学者ヘクター・ルヴェック（Levesque, 2009）は、サールが想定するようなマニュアルは実現不可能だと指摘する。

彼は、会話よりも単純な課題である、10 桁の数を 20 個足し合わせるという課題を例に用いて批判を展開している。この課題に対する素朴な解決法として

---

2) ただし、脳のどのような生物学的性質がどのようにして思考や志向性を成立させるのかについて、サールは具体的な説明を提示していないため、サールの主張を受け入れる哲学者は少ない。また、物理的記号システム仮説が正しいとすれば、思考にとって素材は本質的ではないということになり、サールの主張は誤りだということになる。

は、分岐型のマニュアルを考えることができる。分岐型のマニュアルは、最初の分岐で 1 つ目の数を選択し、つぎに 2 つ目の分岐で 2 つ目の数を選択し、3番目の分岐で 3 つ目の数を選択する、等々という構造になっている。そして、20 番目の分岐で 20 個目の数を選択すると、そこには 20 個の数の総和が書かれているのである。このようなマニュアルを用いれば、「足し算の部屋」を作ることができるだろう。

　では、このマニュアルはどのくらいの分量になるだろうか。1 つ目の数の候補は 10^{10} 通りある。（10 桁の数に限定すれば、厳密には 9×10^9 通りだが、議論の大筋に影響はないのでこの点は無視しよう。）そしてそのそれぞれについて、2 つ目の数の分岐が同様に 10^{10} 通りある。したがって、マニュアル全体は $10^{10^{20}} = 10^{200}$ の分岐からなることになる。これは宇宙に存在する原子の総数（10^{80}）よりもはるかに多い数なので、現実世界でこのようなマニュアルを作成することは不可能である。

　自然言語による会話においても、会話のある段階で発することができる適切な文の候補は、10^{10} ほどではないにせよ、数多くあるだろう。また、会話のやりとりは 20 回を超えて無制限に続いていく。したがって、このような分岐型のマニュアルによって中国語の部屋を作ることは、理論的には可能かもしれないが、現実世界においては実行不可能なのである。

　しかし、足し算の部屋を作るときに分岐型のマニュアルを用いるのは、そもそもよい方法ではないだろう。筆算のアルゴリズムを用いれば、1 桁の数同士の足し算に関する知識と、桁上がりに関する規則を用いるだけで、任意の大きさの数の足し算を実行できるからである。このようなアルゴリズムをマニュアルとして備えた改良版の足し算の部屋ならば、上のような組み合わせ爆発は回避できる。

　このように論じた上で、ルヴェックは、改良版のマニュアルは足し算に関する理解を反映したものにほかならないと指摘する。そこに書かれた規則を正しく運用できるようになることこそが、足し算を理解することにほかならないからである。改良版の足し算の部屋は、足し算を理解することなく答えを機械的に生成しているのではなく、まさに足し算を実行していると考えられるのである。

　第1章でも見たように、組み合わせ爆発を回避することは、古典的な人工知能研究の最重要課題の一つである。したがって、中国語の部屋を作るときにも、分岐型のマニュアルではなく、比較的少数の知識と規則を繰り返し適用することによって入力に対応した出力を生成するマニュアルを用いる必要があるだろう。しかし、もしそのようなマニュアルが存在するとすれば、そのようなマニュアルを備えた改良版の中国語の部屋は、改良版の足し算の部屋と同様に、中国語を理解していることになるのではないだろうか。ルヴェックはこのように主張する。

　ルヴェックによる以上のような議論は、サールにジレンマを突きつけていると考えることができる。一方で、中国語の部屋が分岐型のマニュアルを採用する場合には、サールが主張するように真の意味理解は得られないかもしれないが、このやり方では、中国語の部屋は現実世界では実現不可能である。他方で、分岐型ではないマニュアルを用いた中国語の部屋ならば現実世界で実現可能だが、このような中国語の部屋は真の意味理解を有しているように思われる。どちらのやり方によっても、入力された文に対して適切な文を生成できるが、その意味を理解していないという、サールが想定する事態は生じないというのである。

　こうした批判に対しては、そのようなコンパクトなマニュアルは本当に存在するのだろうか、という疑問が生じるかもしれない。前章で見たように、これは古典的な人工知能研究が実際に直面した問題でもあった。しかし、サールはこのようなマニュアルの可能性を否定しないだろう。任意の中国語の文に対してつねに適切な文を生成できるマニュアルが存在するということは、サールの思考実験における議論の前提だからである。

　サールはむしろ、たとえ改良版のマニュアルが存在し、組み合わせ爆発を回避する仕方で中国語の部屋が適切な文を生成できるとしても、中国語の部屋は依然として中国語の文の意味を理解していないのだ、と主張すると考えられる。上に挙げた引用からも、これがサールの自然な応答だと考えてよいだろう。

サールへの批判②：システム説による批判

　しかし、サールの主張がこのようなものだとすれば、サールの論証は疑わし

いものとなる。サールは、中国語の部屋の中にいるジョンが中国語を理解でき
ないということから、中国語の部屋そのものが中国語を理解できないと結論づ
ける。しかし、ジョンは中国語の部屋を構成する要素の一つにすぎない。全体
として見れば、中国語の部屋は、中国語の文に対してつねに適切な応答を返し
ている。そのかぎりでは、中国語の部屋は中国語を理解できないと考えるべき
理由はないように思われる。サールは、中国語の部屋そのものに関する話と、
その構成要素に関する話を混同し、部屋の構成要素であるジョンに関して言え
ることから、部屋全体に関する誤った結論を導き出しているように見えるので
ある。サールに対するこのような批判は、サール自身がシステム説と呼ぶもの
で、中国語の部屋の思考実験に対する批判として繰り返し提出されてきたもの
である[3]。

　システム説からの反論に対して、サールは、思考実験の設定を変更すればこ
の反論は無効になると応答している（Searle, 1980, p. 419）。ジョンがマニュア
ルをすべて暗記したとしよう。このような想定の下では、ジョンその人が中国
語の部屋そのものだということになる。このとき、ジョンは中国語の文に対し
てつねに適切な中国語の文を返すことが可能だが、暗記したマニュアルに従っ
て、自分では意味のわからない記号を機械的に操作しているだけであり、依然
として中国語の文の意味を理解していない。サールによれば、中国語の部屋の
思考実験においては、マニュアルがジョンの外部にあるか内部にあるかという
違いは重要ではなく、いずれにせよ、構文論的な記号操作だけによって出力を
生成するマニュアルは意味理解をもたらすものではないということが、議論の
本質なのである。

---

3) ここで、中国語の部屋においてはジョンが中心的な役割を果たしているのだから、ジョンが中
国語を理解していないという前提から中国語の部屋そのものが中国語を理解していないという結
論を導くのは自然なのではないか、と思われるかもしれない。しかし、これはこの思考実験の設
定によって誘発される誤った印象である。チェスアルゴリズムを思い出してみよう。チェスアル
ゴリズムにおいて中国語の部屋におけるマニュアルに相当するものは、一群のヒューリスティッ
クであり、ジョンに相当するものは、それらのヒューリスティックをある状況に適用するメカニ
ズムである。そして、チェスアルゴリズムにおいて中心的な役割を果たすのは、後者ではなく前
者である。同様に考えれば、中国語の部屋において中心的な役割を果たすのはマニュアルであり、
ジョンはそのマニュアルを適用するためのメカニズムにすぎないのである。もちろんジョンは人
間であり、さまざまな知的能力を有している。しかし、それらの能力は中国語の部屋には無関係
なのである。

　しかし、このような想定の下では、ジョンが中国語を理解していないということはもはや自明ではない。ジョンはマニュアルを意識的に参照するのではなく、マニュアルは無意識的に利用されるのだとしよう。ジョンは、提示された中国語の文に対して、無意識的な情報処理の結果、即座に適切な中国語の文を生成できるのである。これは、われわれが言語を使用する際にわれわれの脳において生じていることにほかならないように思われる。そうだとすれば、マニュアルを内化し、無意識的に運用できるようになったジョンは、すでに中国語を理解する能力を身につけたと言ってよいのではないだろうか。

　これに対して、サールはなおもつぎのように反論するかもしれない。ジョンにできることは、中国語の文に対して適切な中国語の文を生成することだけである。ジョンは、目の前にあるものを中国語で記述することも、中国語で発せられた命令に従って行動することもできない。ジョンは、「クジラは哺乳類ですか、魚類ですか」という質問に対して「哺乳類です」と答えることはできるかもしれないが、さまざまな海洋生物のイラストを見せられて「クジラを選んでください」と言われたときに、クジラを特定することはできない。「クジラ」が何を意味するかを知らないからである。そうだとすれば、ジョンがどれだけクジラについて中国語でもっともなことを語ることができたとしても、やはりジョンはクジラについて何もわかっていないのではないだろうか。サールはこのように反論するかもしれない。

　この反論において問題となっているのは、ジョンは言葉が表すものとの接触を欠いているということである。ジョンは、中国語でクジラに関する文を与えられれば、クジラに関する別の文を返すことができる。しかし、ジョンはそこに現れる「クジラ」という記号がクジラを表すことを知らない。ジョンは記号と記号を適切に関係づけることができるが、記号とそれが表すものを関係づけることができない。これこそが、真の意味理解に不可欠なものであり、ジョンが欠いているものだというのである。

記号接地問題

　ここで問題となっているのは、ハンガリーの認知科学者ステヴァン・ハーナド（Harnad, 1990）が記号接地問題（symbol grounding problem）と呼ぶ問題だ

と考えられる。ハーナドによれば、記号の中には、別の記号によって定義されるものがある。たとえば、「シマウマ」は「シマ」と「ウマ」によって定義される。しかし、「ウマ」という記号は、より基本的な記号では定義できない原初的な記号である。原初的な記号が意味をもつためには、記号が記号でないものと結びつけられなければならない。この結びつきは、知覚や行為を通じて可能となる。しかし、中国語の部屋の中にいるジョンは、知覚や行為を通じた現実世界との接触を欠いているために、記号を現実世界に「接地」させることができない。これが、ジョンが意味理解を欠く本質的な理由なのである。

　そうだとすれば、中国語の部屋が真の意味理解を有しているかどうかは、中国語の部屋が世界とどのような関係にあるか次第だということになる。中国語の部屋が、現実世界と切り離され、ただ文に対して文を返すだけのものだとすれば、そこで処理されている記号は接地されておらず、部屋全体は意味理解を欠くということになる。他方で、中国語の部屋にせよ、マニュアルを内化したジョンにせよ、入力文に対して出力文を生成するだけでなく、中国語の文を知覚や行動と結びつけることができるのだとすれば、部屋やジョンが用いる記号は接地しており、そこには意味が与えられているということになる。

　では、なぜ意味理解には記号接地が必要なのだろうか。一つの説明は、われわれが素朴に意味理解として考えることには、語とそれが表す対象の関係が不可欠な要素として含まれているということである。中国語の部屋が意味理解を欠くことは、意味理解の定義からの論理的な帰結なのである。しかし、意味理解と記号接地の関係には、より実質的な説明を与えることも可能かもしれない。記号接地がなければ記号と記号の関係を適切に理解することもできないと論じることができるかもしれないからである。自然界で十全な意味での言語を使用できるのは人間だけであり、人間は語と対象を対応づけることから言語を習得していく。このことを考えても、この仮説には一定の説得力がある。この仮説が正しいとすれば、記号接地を欠く中国語の部屋は、結局のところ、入力された文に対して適切な文を出力することもできないことになる。これはサールが想定している議論の筋ではないが、真剣な検討に値するものだろう[4]。

　4）第8章で論じるように、現代の大規模言語モデルは、記号接地なしに記号と記号の関係を十全に理解できるシステムと言えるかもしれない。このような評価が正しいとすれば、上のような主

　ハーナドは、以上のような考察にもとづいて、コンピュータが知能をもつと認められるためには、実際に知能をもつものができることすべてを、それと識別不可能な仕方でできなければならないと考える。そして、このことを確かめるテストをトータルチューリングテストと呼ぶ。トータルチューリングテストには、リンゴに関する中国語の入力文に対して適切な中国語の文を出力することだけでなく、目の前にリンゴがあるときに「リンゴがあります」と報告したり、「机の上のリンゴを取ってください」という依頼に対して実際にリンゴを取ったりすることも求められる。ハーナドによれば、トータルチューリングテストに合格できることこそが知能の十分条件として適切なものなのである[5]。

　中国語の部屋がトータルチューリングテストに合格できるとしよう。このとき、中国語の部屋は、もはや部屋ではなく、世界を自律的に動き回ることができる人工エージェントだということになる。このような自律的な人工エージェントを作ることができるとすれば、このエージェントが中国語の文の意味を理解していないと考えるべき理由はないように思われる[6]。

　以上の検討によって明らかになったことは何だろうか。中国語の部屋の思考実験は、人工知能による意味理解の可能性を否定する論証としては説得的ではない。この思考実験に一定の説得力を与えているのは、中国語の部屋が用いる記号が現実世界に接地していないということだと考えられる。意味理解に記号

張には反例が存在することになる。

[5] トータルチューリングテストは、常識的な意味での知能のテストとして見ても、チューリングテストよりも優れていると言えるかもしれない。トータルチューリングテストによれば、さまざまな環境下でイヌと同様に行動できるものはイヌと同等の知能をもつと判定できるからである。

[6] ハーナド自身も述べているように、チューリングテストとトータルチューリングテストには、じつはそれほど大きな違いはないかもしれない。たとえば、緑色の図形が多数並ぶ中に1つだけある赤色の図形を見つけるのと、1つだけある青色の図形を見つけるのはどちらが容易かという質問に人間と同じように答えるためには、人間と同様の色知覚能力が必要だろう。同様に、両手の人差し指を素早く一緒に左右に動かし続けるとどうなるかという質問に人間と同じように答えるためには、実際に指を動かすことができなければならないだろう。（何が起こっただろうか？）このように、知覚や運動についてさまざまな質問をすることで、チューリングテストの範囲内で、ある主体がトータルチューリングテストに合格できる能力をもっているかどうかを調べることが可能かもしれない。そうだとすれば、無制限なチューリングテストに合格できることは、結局のところ知能の十分条件だということになるかもしれない。（ただし、今日の大規模言語モデルは、この主張に対する反例にもなるかもしれない。大量の文を学習すれば、このような質問にも記号接地なしに回答できるからである。）

接地が不可欠だとすれば、古典的人工知能の手法による自然言語処理システム
は、たとえチューリングテストに合格できるとしても、意味理解を欠くことに
なる。この結論の妥当性に関しては、第 8 章で自然言語処理 AI の現状につい
て確認した上で、第 10 章であらためて検討することにしよう。

3.2│フレーム問題と状況理解の問題

　古典的な人工知能研究には、もう 1 つ深刻な問題がある。それは、知識利用
に関する問題である。人工知能が現実世界において有用なものとなるためには、
多数の知識の中から、ある状況において必要とされる知識を素早く特定するこ
とが必要である。しかし、これはきわめて困難な課題なのである。

フレーム問題：デネットの思考実験

　アメリカの哲学者ダニエル・デネット（Dennett, 1984）は、ここで問題とな
っていることを、思考実験を用いてわかりやすく提示している。まずはデネッ
トの思考実験を紹介しよう。

　デネットが論じているのは、自律型ロボットを設計するという架空の状況で
ある。ロボットはバッテリー駆動で、バッテリー残量が少なくなったときに、
みずから交換用バッテリーを取ってくる必要がある。交換用バッテリーは隣の
部屋にあり、ワゴンに載っているが、ワゴンには時限爆弾も載っている。

　設計者は、ロボット 1 号（R1）に、「バッテリーは隣の部屋にある」、「バッ
テリーはワゴンの上にある」といった知識と推論能力を与えた。ロボットは、
これらの知識から、バッテリーを持ち帰るにはワゴンを押せばよいと結論づけ
た。しかし、時限爆弾を載せたままワゴンを動かしてしまったため、時限爆弾
が爆発してしまった[7]。

7）実際には、ワゴンを押せばよいという結論を得るには、「x がワゴンの上にあるならば、ワゴ
　　ンが移動すれば x も移動する」というような知識が必要である。そして、この結論を得ることが
　　できるロボットは、ワゴンを押せば時限爆弾も移動するということもわかるだろう。とはいえ、
　　状況設定にしかるべき修正を加えれば（たとえばワゴンと時限爆弾がロープで結びつけられてい
　　るというような状況を考えれば）デネットの議論自体は成立するため、ここではデネットの論文
　　の設定をそのまま採用する。

　設計者は、この失敗をふまえて、ロボット2号（R1D1）には行為の帰結に関する知識も与えることにした。ロボット2号は、ワゴンを押せばよいという方針を立てた上で、それを実行する前に、ワゴンを押すという行為の帰結をチェックし始めた。しかし、ワゴンを押すという行為には数多くの帰結がある。そして、ワゴンを押すとワゴンの車輪が回転する、ワゴンを押すとワゴンの車輪が音を立てる、ワゴンを押しても壁の色は変化しない、といった知識を順番に確認しているうちに、時限爆弾が爆発してしまった。

　設計者は、ロボット2号の失敗をふまえて、ロボット3号（R2D1）にはこの状況において重要な知識だけをチェックさせることにした。そして、それを可能にするために、「この状況（状況 S_1）では、ワゴンを押すとワゴンの車輪が回転するという知識は重要ではない」、「この状況（状況 S_1）では、ワゴンを押すとワゴンの車輪が音を立てるという知識は重要ではない」等々の知識をロボットに与えた。すると、ロボット3号は、この状況において重要な知識を特定するために、これらの知識を順番に確認し始めた。しかし、この種の知識は数多くあるため、知識を確認しているあいだに、またしても時限爆弾が爆発してしまった。どうしたら、時限爆弾が爆発する前に適切な行動を実行できるロボットを作ることができるのだろうか[8]。

　デネットは、ここで問題になっていることをつぎのように要約している。

　ではどのようなシステムが必要であろうか。それは、自分が知っていることの大半を純粋に無視し、いつでも自分の知識の一部をうまく選び出してそれによって作業するようなシステムである。……複雑な行為状況におけるじつに多様な状況のもとで無視すべきことを確実に無視するようなシステムを設計するにはどうすればよいのか。（Dennett, 1984, p. 143; 邦訳 p. 140）

　現実世界で行動するエージェントは、ある状況において重要な知識を素早く選び出さなければならない。そしてそのためには、ある状況において重要でない知識を端的に無視しなければならない。どうすればこれが可能になるのだろ

　8）つまり、デネットが示唆しているのは、映画『スター・ウォーズ』に登場する R2-D2 のような知能をもつロボットを作ることは簡単ではないということである。

うか。これが、人工知能研究においてフレーム問題と呼ばれる問題である。

　フレーム問題について検討する前に、2つの点を確認しておこう。第一に、デネットが論じているのは、自律的ロボットを開発するという仮想的な状況である。ここで、古典的人工知能システムが実際にフレーム問題に直面することはありうるのだろうか、という疑問が生じるかもしれない。ありうる、というのがその答えであるように思われる。たとえば、会話システムを開発するという状況を考えてみよう。チューリングテストをするのでなければ、システムは、基本的に質問に対して正しい答えを返すべきである。しかし、人間同士が行うような円滑な会話を実現するためには、状況に応じて嘘をついたり、意図的に曖昧な返答をしたりすることも必要になるだろう。そうだとすれば、コンピュータには、「質問には正しい答えを返せ」という規則 R を与えると同時に、「しかじかの状況では規則 R を適用してはならない」という規則も与える必要があるだろう。しかし、以下で見るように、この例外状況を正確に特定しようとすると、フレーム問題に直面することになるのである。このように、フレーム問題は、自律型ロボットに固有の問題ではなく、古典的人工知能一般で生じる問題なのである[9]。

　第二に、人間はフレーム問題に直面しないわけではないという点に注意が必要である。デネットが論じているような状況で、人間がうっかりワゴンをそのまま動かしてしまうこともあるだろう。とはいえ、生存が脅かされるようなレベルのフレーム問題に人間が直面することはまれである。多くの場合、われわれは、実時間的な制約の下で、ある状況において重要な要因を適切に特定できる。それが初めて直面する珍しい状況であったとしても、人間はそれなりに適切に対応することができる。すくなくとも、ロボット2号や3号のように、知識を確認しているあいだに時間切れになってしまうことはめったにないように思われる。したがって、より正確に述べれば、ここで問題になっているのは、

---

　9) では、チェスプログラムを作成するという課題においてもフレーム問題は生じるのだろうか。以下で見ていくように、フレーム問題を、状況に応じて規則や知識の重要性が複雑に変化することにどう対処するかという問題だと考えれば、古典的人工知能のアプローチでこの課題に取り組むかぎり、フレーム問題は生じると考えられる。しかし、第10章で検討するように、深層ニューラルネットワークを用いるならば、すくなくともチェスのような明確に限定された課題においては、フレーム問題を回避することが可能だと考えられる。

どうすればコンピュータは人間と同程度にうまくやれるのかということである[10]。

狭義のフレーム問題と広義のフレーム問題*

フレーム問題が最初に提唱されたのは、ジョン・マッカーシーとパトリック・ヘイズの論文（McCarthy & Hayes, 1969）においてである。そこでは、フレーム問題は知識表現の問題として論じられている。たとえば、ある人に電話をかけるためにはどうすればよいかをコンピュータプログラムに答えさせるためには、「受話器を手に取り、電話帳で相手の電話番号を調べ、その番号をダイヤルすれば、相手に電話が通じる」という推論を可能にする一連の知識をプログラムに加える必要がある。しかし、このような知識を用いた推論が妥当なものとなるためには、電話帳で電話番号を調べた後も受話器は手元にあるといったことも前提に加える必要がある。そしてそのためには、「受話器を手に取り、電話帳で電話番号を調べた後も、受話器は手元にある」というような知識もプログラムに加える必要がある。

一般に、コンピュータプログラムが行為に関する推論を適切に実行するためには、行為によって何が変化し、何が変化しないかということがすべて明示的な知識として表現されている必要がある。しかし、デネットの例からもわかるように、それらをすべて明示的に表現すれば、知識は膨大な数となり、実時間的な制約の下での適切な意思決定は不可能となってしまう。では、どのような知識表現方法を用いれば、行為による世界の（無）変化を意思決定に利用可能な知識として表現できるだろうか。これが本来のフレーム問題において問題となっていたことである。

この問題に対する1つの対処法は、ある行為によって変化することだけを明

10）人工知能研究者の松原仁は、デネットが論じているような問題を一般化フレーム問題と呼び、つぎのように述べている。「この一般化フレーム問題は有限の情報処理能力しか持たない主体（人間やコンピュータはもちろんこれに含まれる）には決して完全解決はできないこと、それにもかかわらず日頃人間はあまりフレーム問題に惑わされていないように見えること、の二点から、人工知能研究においてフレーム問題について考えなくてはいけないのは、人間はあたかもフレーム問題を解決しているかのように見えるのが多いのはなぜであるかという問題（これを疑似解決の問題と名付ける）であること、を主張する。」（松原, 1990, p. 179）

示的に表現し、それ以外は変化しないと仮定することである。そうだとすれば、ここで問題になっていることは、ある行為を実行する際に修正が必要な知識だけを素早く特定することだということになる。これは、ある状況において重要な知識を素早く特定することはいかにして可能かという、デネットが問題にしている広義のフレーム問題の1バリエーションと考えることができるだろう。このような理解にもとづいて、本書では、マッカーシーとヘイズが論じている知識表現の問題としての狭義のフレーム問題ではなく、広義のフレーム問題をフレーム問題と呼ぶことにしよう。

フレーム問題の本質を明らかにする

　フレーム問題は、なぜ深刻な問題なのだろうか。デネットの例を用いて、この点についてさらに考えてみよう。

　ロボットが適切な行動を選択するためには、まず、行為の帰結に関する知識が必要である。ワゴンを押せば、ワゴンの車輪は音を立てる。ワゴンが移動すれば、ワゴンの上にあるものは移動する。ロボット1号は、これらの知識を欠いていたために失敗したのである。ロボット2号の失敗からは、行為の帰結に関する知識だけでなく、ある状況ではどの行為の帰結が重要かということに関する知識も必要だということがわかる。問題の状況（S_1）では、ワゴンを押せばワゴンの上にあるものは移動するという知識は重要である。しかし、この状況では、ワゴンを押せばワゴンの車輪は音を立てるという知識は重要ではない。ロボット2号は、これらの知識を欠いていたために失敗したのである。しかし、ロボット3号の失敗からは、このような知識を追加するだけでは問題は解決しないということがわかる。「状況 S_1 では、ワゴンを押せばワゴンの車輪は音を立てるという知識は重要ではない」というような知識をロボットが数多く有していたとしても、行動の前にそれらをすべてチェックしていれば、結局時間切れとなってしまうからである。

　このような考察にもとづけば、フレーム問題における本質的な問いは、つぎのように表現できるだろう。常識には多くの知識が含まれる。しかし、ある状況において重要な知識は、そのごく一部である。では、重要でない知識について一切考慮することなしに重要な知識を特定することは、どうすれば可能だろ

うか。

　この問題に対しては、2つの対処法が考えられる。S_1 から K_3 が以下のような内容を表すとしよう。

- S_1：デネットの思考実験で想定されている状況
- S_2：音に反応する爆弾が仕掛けられている状況
- K_1：ワゴンが動けばワゴンの上のものも動くという知識
- K_2：ワゴンを押せばワゴンの車輪は音を立てるという知識
- K_3：ワゴンを押しても壁の色は変わらないという知識

第一の対処法は、「状況 S_1 において重要なのは、F という特徴をもつ知識だけである」という形式の一般的な知識をロボットに与えるというものである。たとえば、状況 S_1 において重要なのは移動に関係する知識だけである、状況 S_2 において重要なのは音に関係する知識だけである、といった知識を用いればよいと考えられるのである。しかし、この対処法は問題の解決をもたらさない。ロボットがここで提案されたような知識にもとづいて行動するときには、K_1, K_2, K_3 といった知識のそれぞれが特徴 F をもつかどうかをチェックする必要がある。しかし、デネットが指摘しているように、フレーム問題を解決する鍵となるのは、重要でない知識を端的に無視するということである。すべての知識について特徴の有無をチェックしていけば、最終的にはある状況に関連する知識だけを特定することが可能だろう。しかし、そのようなやり方は莫大な時間を必要とするため、現実世界で行為できるエージェントを作る方法としては役立たないのである[11]。

　ここで、次のように考えられるかもしれない。「S_1 において重要なのは K_1 の

---

[11]　ただし、これがどの程度深刻な問題かということには、議論の余地があるように思われる。知識が n 個あり、チェックすべき特徴が m 個あるとすれば、必要な作業は $n×m$ ステップであり、知識や特徴の数が増えたとしても、必要な作業ステップが指数関数的に増大することはない。それゆえ、きわめて高速な情報処理が可能なロボットならば、すべての知識をチェックすることで重要な知識を選び出すことができるかもしれない。とはいえ、この対処法は、最終的にはもう1つの問題に直面すると考えられる。第一の対処法で利用される知識は、状況ごとに定められるものである。しかし、以下で見るように、可能な状況は数多くあるため、ロボットは状況に関する組み合わせ爆発に直面することになるのである。

みである」、「S_2 において重要なのは K_1 および K_2 のみである」といった知識を
ロボットに与えれば、ロボットはそれぞれの状況に関連する知識を端的に特定
できるのではないだろうか。これが第二の対処法である[12]。

　しかし、このような対処法も成功しないように思われる。たとえば、音に反
応する爆弾が仕掛けられているという状況を考えてみよう。この状況に対して
は、「S_2 において重要なのは K_1 および K_2 のみである」という知識 MK_2 が適用
されることになる。しかし、音に反応する爆弾が仕掛けられているとしても、
音を探知するセンサーが壊れていたり、爆弾の威力が非常に弱く、ロボットに
ダメージを与えることがない場合には、K_2 は重要ではないということになるだ
ろう。ところが、爆弾の威力は非常に弱いとしても、爆弾が爆発すると爆弾の
状況をモニターしている監視員がやってきてロボットの行動を阻止するという
状況では、ふたたび K_2 は重要性をもつことになるだろう。

　これらの事態が示唆しているのは、知識 MK_2 は無条件に成り立つものでは
なく、例外条項を含むもの、すなわち、「通常、S_2 において重要なのは K_1 およ
び K_2 のみである」というものでしかありえないということだと考えられる。
では、いまロボットが置かれた状況が「通常」に該当する状況なのかどうかは、
どのように判定したらよいのだろうか[13]。

　ここで、知識 MK_2 がおおまかすぎることが問題なのではないか、と考える
人がいるかもしれない。状況 S_2 に分類される状況は、実際には、さらにきめ
細かく、状況 S_{2a}, S_{2b}, S_{2c} 等々に分類されるものであり、これらのよりきめ細か
な状況に関しては、「状況 S_{2a} において重要なのは K_1 および K_2 のみである」、
「状況 S_{2b} において重要なのは K_1 のみである」といった知識が例外なしに成立

---

12) もちろん、実際にはそれぞれの状況では多くの知識が重要になるだろう。本質的な問題を明ら
　　かにするために、ここでは話を単純化している。
13) マッカーシーとヘイズ（McCarthy & Hayes, 1969）は、電話の事例に関して別の問題点も指摘
　　している。プログラムが導き出した手順に従って、受話器を手に取り、電話番号を調べ、その番
　　号をダイヤルしたとしよう。これで相手と会話することができるだろうか。現実世界では、かな
　　らずしもそう結論づけることはできない。たとえば、電話機が故障していれば、電話は繋がらな
　　い。相手がちょうど風呂に入っていれば、電話に出ることができない。このように、手順通りの
　　作業をしても目標が達成できない例外的な状況は、無数に存在する。では、ある状況が「例外的」
　　であるかどうかは、どのようにすれば判定できるのだろうか。これは、ここで論じている問題に
　　ほかならない。

するのではないか、というのである。

しかし、このような改善策によっても、根本的な解決はもたらされないように思われる。上に挙げた例からもわかるように、S_{2b} に分類される状況にさらなる想定を付け加えると、その新たな状況では、S_{2b} に対して成り立っていたことがもはや成り立たなくなることがあるからである[14]。このような可能性を排除するためには、可能な状況すべてに対して個別に知識を用意するほかないように思われる。しかし、エージェントが直面しうる状況の多様性を考えれば、このような方法で現実世界で行為できるエージェントを作ることは絶望的である。たとえば、ロボットが直面する状況は、100 個の特徴が成り立つかどうかによって規定されるとしよう。このとき、可能な状況は $2^{100} \approx 10^{30}$ 種類あることになる。これは、第 1 章で見たチェスにおける分岐ほどではないが、現実の問題状況でコンピュータが処理できる計算量ではないだろう。このように、古典的人工知能の手法でフレーム問題に対処しようとすると、最終的には組み合わせ爆発に直面してしまうのである[15]。

フレーム問題とコード化不可能性の問題

フレーム問題において問題となっていたのは、ある状況においてどの知識が重要であるかが、状況の変化に応じて複雑に変化するということだった。

じつは、哲学者は、これと同様の事態がいくつかの現象に関して成り立つということをこれまでも論じてきた。美はその一例である。たとえば、芸術作品の大きさは、その美しさに影響を与えるだろう。しかし、その影響関係は、作品が大きいほど美しいというような単純なものではない。ある主題を描いたものならば、大きいほど美しいということが言えるが、別の主題を描いたものならば、小さいほど美しいということが言えるかもしれない。さらに、大きさと

---

14) 言い換えれば、ここで問題となっていることは、状況と知識の関係に関する推論は非単調だということである。すなわち、前提 Γ から結論 C を導く推論が妥当だったとしても、Γ にそれと無矛盾な何らかの前提を追加すると、そこから C を導く推論は妥当でなくなることがあるのである。

15) ここでは、フレーム問題をある状況において重要な知識を特定するという問題として論じた。これは、ある状況に関連する知識を特定するという問題でもある。また、これはある状況（文脈）がどのような状況（文脈）であるかをどのようにして特定するかという問題でもある。このような理由から、フレーム問題は関連性（relevance）の問題、状況理解の問題、文脈理解の問題などとして論じられることもある。

主題の関係自体も、また別の要因によって変化するかもしれない。たとえば、それが彫刻ならば、主題に応じて大きさと美しさの関係が変化するが、絵画ならば、主題に応じて大きさと美しさの関係は変化しないということがあるかもしれない。大きさ、色、主題、手法といった芸術作品がもつ性質は、その作品の美しさに影響を与えるが、その影響のあり方はきわめて複雑で、「作品が性質 P をもつならば作品はより美しくなる」というような単純な規則の集合によっては捉えることができないように思われる。それどころか、さまざまな要因が作品の美しさにどのような仕方で影響を与えるのかを、一群の規則で表現することはそもそも不可能であるように思われる。このようなあり方は、コード化不可能性（uncodifiability）と呼ばれる。哲学においては、美、善、合理性といった性質はコード化不可能であり、大きさや重さといった物理的性質とは根本的に異なる性格をもつとしばしば論じられてきた[16]。

　ここで問題となっていることは、フレーム問題において問題になっていることと同型の問題であるように思われる。美のコード化不可能性に関して問題となっているのは、ある芸術作品に新たな性質が加わるたびに、その作品の美しさが変化するということであり、フレーム問題において問題になっていることは、ある状況にある要因が加わるたびに、その状況におけるある知識の重要性が変化するということだからである。別の言い方をすれば、フレーム問題において問題になっていることは、重要性のあり方はコード化不可能であるように思われるということなのである[17]。

　コード化不可能性が論じられる場面においては、しばしば個別主義（particularism）と呼ばれる立場が支持されることからも、コード化不可能性の問題と

16）コード化不可能性に関しては、Child（1993）や信原（1999）の第 5 章を参照。

17）では、なぜ美や重要性はコード化不可能なのだろうか。ドレイファス（Dreyfus, 1992）は、われわれの生きる世界のあり方は文脈独立的な要素の集合として捉えることはできないからだと主張する。人工知能研究者は、部屋にワゴンがある、ワゴンの上にバッテリーがあるといった事実が相互独立に成立し、ある状況がどのような状況であるかは、それらの事実の総体として理解できると考える。しかしドレイファスによれば、状況に関するこのような理解は誤りである。ある状況を構成する要素がどのようなものであるかは、その状況がどのような状況であるかに応じて変化するというのである。このような考え方が整合的に定式化可能かどうかにはさらなる検討が必要だが（そして私自身はこの点について懐疑的だが）、コード化不可能性が生じる原因は、このような部分と全体の相互作用関係にあるのかもしれない。

フレーム問題が密接な関係にあることがわかる。美がコード化不可能であるということは、ある作品の美しさを、その作品がもつさまざまな性質と美しさのあいだに成り立つ一般法則にもとづいて判定することはできないということである。作品の美しさは、個々の作品に関して個別的に判定されるほかないのである。これが個別主義と呼ばれる考え方である。上で状況と知識の関係に関して論じられていたことは、状況と知識の関係に関しても個別主義が成り立つということにほかならないように思われるのである[18)]。

残された問い

　人間は深刻なフレーム問題に直面しないように思われる。それはなぜだろうか。じつは、古典的な人工知能研究に厳しい批判を投げかけてきた哲学者も、この問いに対して明確な解答を提示できているわけではない。たとえばドレイファスは、『コンピュータには何ができないか』の中で以下のように述べている。

　　知能は理解を要求し、理解はコンピュータに常識という背景を与えることを
　　要求するが、その常識を成人した人間がもっているのは、彼が身体をもち、
　　技能を通じて物質世界と相互作用し、ある文化へと教育されるからだ……。
　　(Dreyfus, 1992, p. 3; 邦訳 p. 5)

　これらの問いをそれぞれ論じてわかったことは、まず、伝統哲学の先入見を去って記述的あるいは現象学的な証拠に頼れば、どんな形の知的振舞いにも

---

18) ある性質とそれに影響を与える要因の関係を単純な規則によってコード化できないという主張と、それがいかなる仕方でも一般化できないという主張のあいだにはギャップがある。上のような議論が示唆しているのは、美や重要性といった性質が単純な規則の集合によってはコード化できないということである。しかし、これが真であるとしても、美や重要性は端的にコード化不可能であり、個別主義が正しいということが、そこからただちに帰結するわけではない。美や重要性といった性質がさまざまな要因に影響される仕方がきわめて複雑だとしても、何らかの一般化は可能かもしれないからである。これが事実だとすれば、美や重要性のあり方は、第Ⅱ部以降で取り上げる深層ニューラルネットワークならば扱うことができるものだということになるかもしれない。この点については第10章で検討する。他方で、美や重要性が真にコード化不可能なものだとすれば、有限な情報処理能力しかもたない人間の脳でそれらを処理することがどのようにして可能になっているのかという疑問が生じることになる。

プログラム不可能な人間の能力が含まれている、という示唆が得られるということである（Dreyfus, 1992, p. 285; 邦訳 p. 487）

ドレイファスによれば、人間がフレーム問題に直面することがないのは、常識を有しているからであり、この常識はプログラム不可能なものである。常識は、身体をもつこと、技能を通じて世界と相互作用すること、文化を学ぶことによって獲得されるというのである。では、身体、技能、文化は、どのようにして人間にプログラム不可能な能力を与えてくれるのだろうか。残念ながら、ドレイファスの著作にこの問いに対する明確な答えを見出すことはできない[19]。哲学者は、フレーム問題が古典的人工知能研究にとって深刻な問題となるということを正しく指摘したが、その解決法は提示できなかったのである。では、その後30年ほどの人工知能研究によって、フレーム問題に関する見通しはどの程度変化したのだろうか。これについては第10章であらためて検討することにしよう。

不完全性定理と人工知能*

人工知能の可能性に対する原理的な批判としては、不完全性定理に依拠したものも存在する。不完全性定理とは、当時のオーストリア＝ハンガリー帝国出身の数学者クルト・ゲーデルが証明した定理である。その内容は、一定の基礎的な算術を実行できる表現力をもついかなる無矛盾な形式的体系 F にも、F においては真であることも真でないことも証明できない言明が存在する（第一不完全性定理）、そして、一定の基礎的算術を実行できる表現力をもついかな

---

19) カナダの哲学者ロナルド・デ・スーザ（De Sousa, 1987）は、感情がフレーム問題の解決をもたらすと主張する。たとえば、デネットが論じていた状況に人間が置かれたときには、爆弾の載ったワゴンをそのまま押そうとしたときに恐怖や不安といった感情が生じ、それによってその選択が不適切であるということに気づくだろうというのである。これは、このような状況に置かれたときにわれわれが経験することの記述としては、正しいように思われる。また、人間の意思決定において感情が重要な役割を果たすということに関しては、神経科学などの知見も近年多く得られている。しかし、ここにはまだ説明すべきことが残されているように思われる。デ・スーザの議論において、恐怖や不安といった感情は、状況の評価をわれわれに端的に教えてくれるものと考えられている。では、その状況評価はどのように行われているのだろうか。なぜそこではフレーム問題や組み合わせ爆発が生じないのだろうか。この点に関する具体的な説明が与えられないかぎり、このような説明は満足のいくものとは言えないだろう。

る形式的体系 F に関しても、F の無矛盾性を F そのものにおいて証明することはできない（第二不完全性定理）、というものである。これをもとに一部の論者は、不完全性定理は形式的体系によっては証明不可能な真理が存在することを示しており、アルゴリズムにもとづく古典的な人工知能の限界を示していると主張するのである。

　このような議論に対しては、以下のような応答が考えられるため、不完全性定理に依拠した人工知能批判は説得的ではないと考える人が多い。第一に、ある公理系では証明できない命題も、より強い公理系では証明可能であり、不完全性定理は、いかなる公理系によっても証明不可能な数学的真理の存在を示しているわけではない。第二に、不完全性定理は数学に関する定理であり、数学を超えた知識の証明可能性に関しては、何も語っていない。第三に、不完全性定理は形式的体系そのものの限界に関する定理であり、証明を行うのがコンピュータであるか人間であるかは無関係である。

　他方で、英国の物理学者ロジャー・ペンローズをはじめとして、数学の素養がある研究者の中にも、不完全性定理に依拠した人工知能批判を展開する人々は現在でも一定数存在する。また、ゲーデル自身も、人間の数学的能力は形式的体系を超えるものであることを不完全性定理が示唆していると考えていたと言われている。これらの理由から、この種の議論にはさらなる検討の余地が残されていると考えられるが、その検討は本書の範囲を超えるため、ここでは論点の確認にとどめておこう。（不完全性定理に依拠した人工知能批判については、Franzen（2005）や Raattkainen（2005）に、よりくわしい説明と批判的考察がある。）

3.3 │ 古典的人工知能：可能性と限界

　本章では、第 2 次人工知能ブーム期までのいわゆる古典的人工知能研究をめぐる哲学的議論について検討してきた。以上の検討からはどのような教訓が得られるだろうか。

　人工知能の可能性に関しては、さまざまな批判が提出されてきた。（汎用）人工知能は原理的に実現が不可能であるという論証は、一般的につぎのような形

をとる。

　　・前提 1：いかなるものも X なしには知能をもちえない。
　　・前提 2：古典的人工知能システムは X をもちえない。
　　・結論：古典的人工知能システムは知能をもちえない。

　この種の論証においては、意識、自由、道徳性、創造性など、さまざまなものが X の候補として挙げられてきた。中国語の部屋の思考実験も、意味理解を X としたこの種の論証の 1 バリエーションとみなすことができるだろう。

　この種の論証の問題点は、X の内実を明示してみると論証がそれほど説得的ではなくなるということである。意味理解について考えてみよう。言葉の意味を理解できることが、どのような文に対しても内容的に適切な文を返すことができることだとするならば、一覧表のようなやり方でこの能力を実現することは現実世界では不可能だろう。しかし、それ以外の方法によってこの能力を実現する可能性は残されている。第 1 節でも見たように、古典的人工知能の研究者が試みているのは、まさにそのような方法にほかならない。

　汎用人工知能の開発を始める前からその実現は困難であるということを証明できれば、それは画期的な成果である。しかし、そのような重要な結論を疑いの余地のない論証によって導き出すことは、当然のことながら、容易ではないのである。

　他方で、人工知能研究の歴史を振り返れば、古典的な人工知能研究の手法で人間のような汎用知能を実現することはそれほど簡単ではないということもわかる。

　第 2 章でも見たように、さまざまな場面で繰り返し立ち現れたのは、つぎのような問題である。実際の人工知能研究は、ある問題領域に関して、単純で小規模な事例から出発する。ゲームならば三目並べやチェッカー、ロボティクスならば仮想的なマイクロワールドである。小規模な事例においては、古典的人工知能のアプローチは成功を収める。対象領域が小規模であり、その構造をすべて知識や規則として明示できるからである。しかし、同じアプローチを現実の問題に適用しようとすると、問題が生じる。チェスは三目並べやチェッカー

よりもはるかに複雑であり、現実世界は SHRDLU のマイクロワールドよりも
はるかに複雑だからである。

　対象とする世界が複雑になると、何が起こるのだろうか。チェスアルゴリズ
ムや中国語の部屋の例で見たように、問題が複雑になると、一覧表のようなや
り方ですべての可能性を網羅することは、計算量的に不可能になる。そこで、
限られた知識と規則を繰り返し適用することで、多様な問題状況に対処する手
法が必要となる。しかし、多くの場合、どのような規則がその役割を果たすの
かは明らかではない。さらに、フレーム問題において問題になったように、時
間的制約の中で、多くの知識や規則の中から、ある状況において重要なものを
特定し、そうでないものを端的に無視するということも必要となる。しかし、
どうすればそれが可能となるのかもまた、明らかではないのである。

　これは出口のない行き詰まりなのだろうか。その後の人工知能研究の目覚ま
しい進展を知るわれわれは、そうではないことを知っている。じつは、ドレイ
ファスと彼の弟スチュアート・ドレイファスとの共著論文にも、行き詰まりを
打開するための示唆を見出すことができる。

　　このような状況判断の背後には、思考とパターン認識は二つの異なる領域で
　　あり、両者の内でより重要なのは思考の方であるという前提があった。……
　　もし事柄をこのように見るとすれば、それは、人間の専門知識においてパタ
　　ーン識別が卓越した役割を果たしていることを無視していることになる。ま
　　た、そうした見方は、日常の現実世界における思考においては常識理解が背
　　景として前提とされることも無視している。そして、常識理解をこのように
　　背景として考慮に入れるためには、おそらく、パターン認識が要求されるの
　　である。（Dreyfus & Dreyfus, 1988, p. 24; 邦訳 p. 34）

じつは、これこそがその後の人工知能研究が歩んだ方向性にほかならない。第
II 部では、その内実を見ていくことにしよう。

読書案内

　中国語の部屋の思考実験を論じたサールの論文は、つぎの論文集に収録されている。この論文集は、人工知能に直接的、間接的に関連するさまざまな文章（哲学論文だけでなく SF 小説もある）が収録されたものであり、とても面白い。

・ジョン・サール「心・脳・プログラム」ダグラス・ホフスタッター、ダニエル・C・デネット編『マインズ・アイ（下)』TBS ブリタニカ、1992 年

　デネットがフレーム問題を論じた論文は、つぎのものである。

・ダニエル・C・デネット「コグニティヴ・ホイール――人工知能におけるフレーム問題」信原幸弘訳、『現代思想』1987 年 4 月号

　マッカーシーとヘイズがフレーム問題を最初に論じた論文は、以下の本に収録されている。この本には、本章で引用した松原仁の論文も収録されている。

・J・マッカーシー＋P・J・ヘイズ＋松原仁『人工知能になぜ哲学が必要か――フレーム問題の発端と展開』哲学書房、1990 年

　コード化不可能性の問題については、つぎの本の第 5 章を読んでみるのがよいだろう。

・信原幸弘『心の現代哲学』勁草書房、1999 年

Ⅱ　古典的人工知能から現在の人工知能へ

第4章 │ 機械学習

　第Ⅰ部では、古典的人工知能研究とその問題点を検討した。古典的人工知能研究の基本的な手法は、アルゴリズムによって知能を実現するということである。十分に複雑なアルゴリズムによって、十分な量の知識を操作できれば、コンピュータは知能を実現できるだろうというのである。

　このような手法においては、コンピュータが用いるアルゴリズムや知識を人間が用意しなければならない。それゆえ、古典的人工知能は人間の知識に制約されることになる。われわれが知らないアルゴリズムや知識をコンピュータに与えることはできないからである。

　古典的人工知能のこのような特徴は、その弱点に直結する。第一に、古典的人工知能は、プログラマが想定していない状況には対応できない。たとえば、フレーム問題の例に登場したロボットが、バッテリーがカートに載せられているが、カートが柱にロープで縛り付けられているという状況に直面したとしよう。このとき、このような状況で適切な行動を選択するために必要な知識、たとえば、何かが柱にロープで縛り付けられているならば、それを動かそうとしても動かせないという知識Kや、この状況では知識Kが重要であるという知識を設計者が事前にロボットに与えていなければ、ロボットはカートを動かそうという無駄な試みを繰り返すことになるだろう。

　第二に、適用すべきアルゴリズムが人間にもわからない問題に対しては、古典的人工知能は為す術をもたない。たとえば、ヒットする曲を作曲する人工知能は、どのようにすれば作ることができるだろうか。われわれには見当がつかない。ヒットする曲を作曲するアルゴリズムなるものが存在するかどうかわか

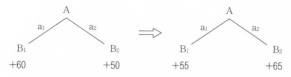

図 4-1　チェッカープログラムの学習
（自己対局における勝敗に応じて、局面 B_1 と B_2 の評価値を更新する。更新された評価値を用いることで、局面 A において選択すべき手が a_1 から a_2 に変化する。）

らないし、存在するとしても、われわれはそれを知らないからである。このような問題に対しては、古典的人工知能は無力なのである[1]。

　では、どうすればこれらの限界を克服できるだろうか。自然な発想は、コンピュータに学習させるというものである。じつは、初期の人工知能研究においても、そのようなアプローチは試みられていた。米国のコンピュータ科学者アーサー・サミュエルのチェッカープログラムがその一例である（Samuel, 1959）。このプログラムは、基本的には探索によって手を選択するものだが、自己対局を繰り返し、その結果にもとづいて、手の選択に用いる局面の評価値を更新する。自己対局において、ある局面から出発して勝利すれば、その局面の評価値をプラスに更新し、敗北すればマイナスに更新する。更新された評価値を用いて探索を行うことで、より適切な手の選択が可能になるのである（**図 4-1**）。このような手法によって、サミュエルのチェッカープログラムは、人間のエキスパートと互角のプレーができるようになった。

　コンピュータがデータから問題解決のための規則などを学習する手法は、機械学習（machine learning）と呼ばれる。機械学習こそが、近年における人工知能研究の爆発的な進展をもたらした第一の要因である。

---

1) もちろん、ランダムに音符を並べ、その中から何らかの音楽理論に合致したものだけを選び出し、さらにそれらを何らかのヒューリスティックで評価するといったやり方で、原初的な作曲プログラムを作成することは可能だろう。しかし、これは音楽らしきものを作成するアルゴリズムでしかなく、ヒット曲を作曲するアルゴリズムとしては役に立たないだろう。

4.1 ｜ 機械学習の基本的発想

機械学習の原理と種類

　単純な例を用いて、機械学習の原理を確認しよう。例として取り上げるのは、線形単回帰である。いま、人の身長から体重を予測したいとしよう。さまざまな人の身長と体重をプロットした図を見ると、身長と体重はおおまかには比例関係にあるように見える。そこで、両者の関係を、

$$y = w_0 + w_1 x$$

と表現することにしよう。x は身長、y は体重である。われわれが知りたいのは、これが具体的にどのような式になるのか、言い換えれば、w_0 と w_1 はどのような値をとるのかである。では、これらの値はどのように決定できるだろうか。この式は、切片 w_0、傾き w_1 の直線を表している。このような直線のうち、データをもっともよく捉えているものを特定すればよい。これは、具体的にはつぎのような手続きによって可能となる。N 個のデータそれぞれに関して、ある直線を用いて予想される体重と実際の体重の差（誤差）を求め、すべてのデータに関する誤差の総和（実際には誤差の二乗の総和）を求める。誤差の総和は w_0 と w_1 を変数とする関数となるので、誤差の総和が最小となる w_0 と w_1 の値を求めればよい（**図 4-2**）。ここで、誤差の総和 $\sum_{j=1}^{N} (y_j - (w_0 + w_1 x_j))^2$ は、誤差関数あるいは損失関数と呼ばれる。

　この手続きを一般化すると、つぎのように定式化できる。これが機械学習の

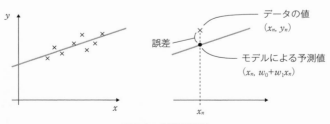

図 4-2　線形単回帰

一般的な手順である[2]。

1．何らかのパラメータをもつモデルを設定する。
2．モデルからの予測値と実際のデータの値の誤差を数値化するための誤差
　関数を設定する。
3．訓練データに関する誤差が最小となるようにパラメータの値を調整する。

上の例では、モデルは1変数の一次関数という単純なものだったが、より複雑なモデルを用いる場合でも、基本的な手続きは同様である。この手続きのポイントは、訓練データの値が異なれば、誤差の総和が変化し、誤差を最小にするパラメータの値も変化するということである。つまり、この手続きによって、特定の訓練データに対して適切なモデル（たとえば日本人男性の身長と体重の関係を表すモデル）が学習できるのである。もう一つのポイントは、この手続きはアルゴリズムとして表現できるものだということである[3]。つまり、機械的にデータからの学習を行うことが可能なのである。これが、このような手法が機械学習と呼ばれる理由である。

　このように、機械学習の一般的な定義は、何らかの課題に用いるモデルをコンピュータがデータから学習するというものである。具体的にどのようなことを行うかによって、機械学習は3種類に分類される。教師あり学習（supervised learning）では、入出力のペアからなる訓練データから関数を学習する。上で見た線形単回帰はその一例である。教師なし学習（unsupervised learning）では、入力だけからなるデータから、入力の分類方法などを学習する。さまざまな患者に関する数値データから、患者をいくつかのグループに分類するといった課題がその例である。強化学習（reinforcement learning）では、行動に対して与

2）正確に言えば、これはパラメトリックな教師あり学習の手順である。これとは別に、パラメータによって定義されるモデルを用いないノンパラメトリックと呼ばれる手法も存在する。たとえば、ある人の身長から体重を予測するときに、その人と身長が類似した人のデータから体重を予測するというような手法である。このような手法においては、データからモデル（関数）を構成するのではなく、データそのものがモデルとして利用されることになる。
3）以下で見るように、3の手続きはつねに可能なわけではない。しかし、最適なパラメータ値を求めることができない場合にも、その近似値を求める手続きはアルゴリズム化可能である。

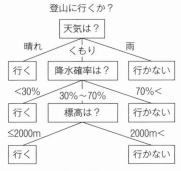

図 4-3　決定木の例

えられる報酬（負の報酬、すなわち罰も含む）から、行動を学習する。迷路で試行錯誤を繰り返し、脱出までの移動距離を手がかりとして最短の脱出経路を学習することなどがその例となる。

　教師あり学習には、具体的な課題に応じてさらにさまざまなバリエーションがある。たとえば、上で見た線形単回帰をもう少し複雑にして、より現実的なモデルを作ることもできる。たとえば、ガウス線形回帰と呼ばれる手法では、ある身長に対する体重が、ある値を平均とした正規分布をとるというモデルを用いる。また、分類問題では、出力は数値ではなくカテゴリーとなる。たとえば、患者のさまざまな検査の数値にもとづいてその患者の病名を出力することがその例である。このような課題では、学習されるモデルは、何らかの属性値に基づいて入力の分類を繰り返す決定木（decision tree）と呼ばれる構造をとることが多い（**図 4-3**）。このように、機械学習は、課題に応じたモデルを選択することでさまざまな課題に適用できる一般的な手法なのである。

過適合という問題

　機械学習には、注意が必要な問題もある。それは、過適合（overfitting）（過学習とも呼ばれる）の問題である。機械学習の最終的な目的は、訓練データをうまく説明することではなく、未知の入力に対してできるだけ正確な出力を与えることである。つまり、訓練データを用いて、未知の事例にもうまく当てはまる一般的なパターンを学習したいのである。

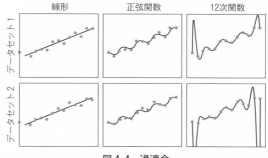

図 4-4　過適合

（Russell & Norvig 2020 をもとに一部変更。単純過ぎるモデル（左）は、訓練データを十分に説明できない。複雑すぎるモデル（右）は、訓練データによって大きく変化してしまう。）

　モデルが訓練データ以外のデータにもうまく当てはまることは、汎化（generalization）と呼ばれる。汎化について考える際には、モデルの複雑さが問題となる。一方で、単純なモデルは訓練データを正確に説明できないが、訓練データが変わってもモデルそのものはそれほど変化しない。それゆえ、未知の入力に対する出力は、訓練データの違いにはそれほど左右されない。単純なモデルは、訓練データの説明能力は低いが、安定性の高いモデルなのである（**図 4-4 左**）。他方で、複雑なモデルは訓練データを正確に説明できるが、訓練データが変わるとモデルは大きく変化する。それゆえ、未知の入力に対する出力も、訓練データの違いに応じて大きく変化することになる。複雑なモデルは、訓練データの説明能力は高いが、安定性の低いモデルなのである（**図 4-4 右**）。訓練データの説明能力が低いことは、モデルを過度に単純化した結果だと考えられるため、これはバイアスと呼ばれる。モデルが不安定であることは、ある入力に対する出力値にばらつきがある、すなわち出力の分散が大きいということにほかならないため、これは分散（variance）と呼ばれる。機械学習においては、バイアスと分散はトレードオフ関係にあるのである（**図 4-5**）。

　ここで何が問題となっているのかということには、すこし注意が必要である。モデルの複雑さを固定すれば、たとえば、モデルを 1 変数の一次関数に限定すれば、上に述べたような手続きによって、訓練データをもっともよく説明する関数は一意に定まる。1 変数の一次関数という種類のモデルの中では、それが

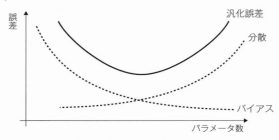

図4-5　バイアスと分散のトレードオフ

最良のモデルである。ここで問題となっているのは、1変数の一次関数、1変数の二次関数、2変数の一次関数といったさまざまなモデルの中で、どれが最善のモデルかということである。これらのモデルのいずれが適切かということは、訓練データへの適合と汎化性能から総合的に評価されることになる。この評価基準をどのように数値化するかということに関しては、赤池情報量規準（Akaike's Information Criterion: AIC）などさまざまな提案があり、この問題は数理統計学における重要な問題関心となっている。

4.2 | 機械学習の意義と注意すべき点

　人工知能研究にとって、機械学習はどのような意義をもつのだろうか。まず、第Ⅰ部で見た古典的人工知能研究との共通点と相違点を考えてみよう。先にも述べたように、機械学習の手順そのものはアルゴリズムとして表現可能である。それゆえ、古典的人工知能システムに機械学習を取り入れることは可能であり、実際にさまざまな場面で取り入れられている。他方で、機械学習においてはモデルのパラメータはデータから学習されるため、人間が事前に知識をもたないモデルも学習可能である。たとえば、身長と体重が具体的にどのような関係にあるかをわれわれが知らないとしても、訓練データから学習することで、両者の関係をモデル化できるのである。

　古典的な人工知能研究と機械学習には、もう一つ重要な相違点がある。それは、機械学習においてはすべての事例に対して正確な出力を生成することは目指されていないということである。古典的な人工知能研究においては、すべて

の事例に対して正確な出力を生成することが本来の目標であり、そのためのアルゴリズムが不明であったり、アルゴリズムはわかっていても計算量の問題によって実行不可能であったりする場合に、次善の策としてヒューリスティックを用いた問題解決が試みられた。これに対して、機械学習においては、モデルからの予測値と真の値のあいだには誤差があることを前提としたうえで、その誤差を最小化することが目指されている。この発想の転換が、人工知能システムに大きな柔軟性をもたらし、さまざまな可能性をもたらしたのである。

　他方で、機械学習においても、人間によるさまざまな選択や決定が不可欠であるという点には注意が必要である。まず、ある課題に機械学習を用いるときには、教師あり学習を用いるのか、教師なし学習を用いるのか、あるいは強化学習を用いるのかということを人間が決める必要がある。教師あり学習を用いるとした場合には、つぎに、課題は回帰か分類かといったことを特定する必要がある。課題は回帰だとしたときには、どのようなモデルを用いるかを決定する必要もある。1変数の一次関数を用いるのか、2変数の二次関数を用いるのかといったことである。これは仮説空間の設定と呼ばれる作業である。回帰を行う場合、原理的には無限に多様な仮説が存在する。たとえば、ある人の体重を推測するときには、身長だけでなく、性別、年齢、食事量、運動量など、多様な要因を入力に用いることが可能であり、それらをさまざまな仕方で組み合わせて予測をすることが可能である。しかし、実際に回帰を行う際には、すべての仮説を試すことはできないため、そのごく一部だけを検討することになるのである[4]。

　人間が選択すべきことはさらにある。まず、どのような誤差関数を用いるかを決める必要がある。さらに、誤差関数を最小化するパラメータの値を解析的に求めることができない場合には、どのような近似手法を用いるかということも人間が決める必要がある。このように、機械学習はすべてが自動的に行われる過程ではないのである。

　第二に注意すべき点は、特徴量設計の重要性である。モデルにおいて入力と

---

[4]　どのような仮説を検討するかは、その問題に関する事前の知識と、モデルの検討に利用できる資源（コンピュータの性能や時間）によって決まることになる。また、過適合を避けるため、極端に複雑なモデルは避けられるのが一般的である。

して用いられる変数は、対象がもつ何らかの特徴のあり方を表していると考えられるため、一般に特徴量（feature）と呼ばれる。上の線形単回帰の例では、データに含まれる身長という特徴量をそのままモデルの入力として用いていた。しかし、課題によっては、このようなやり方ではよいモデルが得られないことも多い。そのような場合には、データに含まれる特徴量を組み合わせて新たな特徴量を構成し、それをモデルの入力として利用する必要がある。たとえば、単回帰によって成人病のリスクを数値化して予測するとき、身長や体重をそのまま用いても、正確な予測はできないだろう。ここでよりよい入力として考えられるのは肥満度のようなものである。たとえば、BMI、すなわち体重を身長の二乗で割った値を特徴量として導入し、単回帰の入力とすれば、成人病リスクを予測するためのよりよいモデルが得られるだろう。このような場合でも、ひとたびモデルを設定すれば、そのパラメータの値を機械的な手順で求めることができる。しかし、モデルに用いる特徴量そのものは人間が発見しなければならない。問題は、ある課題にどのような特徴量が有用であるかが明らかであるとはかぎらない、ということである。よいモデルを得るためには、試行錯誤でさまざまな特徴量を構成し、さまざまなモデルを試さなければならない場合も多いのである。この作業が困難であるために、古典的人工知能研究に機械学習を取り入れたとしても、問題解決に劇的な進展がもたらされるとはかぎらなかったのである[5]。

　第三に、機械学習の際には利用するモデルを人間が限定する必要があるが、そこで選択したモデル候補に真の関数が含まれている保証はないという点にも注意が必要である。たとえば、身長と体重から長距離走の成績を予測しようとしたとしよう。実際には、長距離走の成績を決めるものは身長でも体重でもなく、肺活量なのだとすれば、モデルのパラメータをどのように調整しても、よい予測は得られないだろう[6]。

　第四に、あらゆる知的課題に機械学習が不可欠というわけではないという点

---

[5] 第6章で見るように、人間による特徴量設計が不要であるという点が、深層学習の長所の一つである。

[6] 深層学習においては、この問題もある程度克服されている。ある出力に関係する可能性がある変数をすべて入力に利用すれば、どの変数をどのように用いるかをニューラルネットワーク自体が学習してくれるからである。

にも注意が必要である。たとえば、コンピュータに演繹的推論の妥当性を判定させたいときには、真理の木を構成する手続きをアルゴリズム化すればよく、具体的な推論の事例から推論の妥当性の判定法を学習させるのは的外れである。このように、機械学習は万能な手法ではないし、つねに最善の手法だというわけでもないという点にも注意が必要である。

　機械学習は、以上のような制約があるものの、汎用性のある手法である。2010 年代以降、いくつかの要因が重なることによって、機械学習を用いた人工知能研究は劇的な進展を遂げることになる。その話をするためには、第 3 次人工知能ブームをもたらしたもう一つの要因である、ニューラルネットワークの話をする必要がある。これが次章の話題である。

読書案内

　機械学習の入門書は数多くあるが、つぎの本にはさまざまな手法の基本的発想がわかりやすく紹介されている。

・柴原一友、築地毅、古宮嘉那子、宮武孝尚、小谷善行『機械学習教本』森北出版、2019 年

　研究者にとって定番の教科書はつぎの 2 冊である。

・C・M・ビショップ『パターン認識と機械学習（上・下）』元田浩・栗田多喜夫・樋口知之・松本裕治・村田昇監訳、丸善出版、2012 年
・T. Hastie, R. Tibshirani, J. Friedman『統計的学習の基礎——データマイニング・推論・予測』杉山将・井手剛・神嶌敏弘・栗田多喜夫・前田英作監訳、共立出版、2014 年

　ただし、これらはいずれも数式による説明が中心なので、基本的な考えを理解するには、後者の入門編に当たる次の本が手頃だろう。

・G. James, D. Witten, T. Hastie, R. Tibshirani『R による統計的学習入門』落
海浩・首藤信通訳、朝倉書店、2018 年

第5章 ニューラルネットワーク

　本章では、第3次人工知能ブームのもう1つの原動力である、ニューラルネットワークを用いた人工知能研究について見ていこう。

5.1 ニューラルネットワークの基本的な仕組み

　人間の脳とデジタルコンピュータには、いくつかの重要な違いがある。第一に、デジタルコンピュータにおける情報処理は直列で、1つのCPUでは1時点で1つの基本的操作しか実行できない。これに対して、人間の脳では大規模な並列情報処理が行われている。第二に、デジタルコンピュータはCPUやメモリといった異なる役割を担う要素から構成されるのに対して、人間の脳は基本的に同一の構造をもつ多数の神経細胞からなる。第三に、デジタルコンピュータのCPUにおける情報処理と比較して、人間の脳を構成する神経細胞の情報処理は低速である。現代のCPUは1秒間に数億回あるいはそれ以上の基本的処理を実行できるが、1つの神経細胞はせいぜい1000回程度興奮できるだけである。

　これらのことをふまえれば、デジタルコンピュータが知能をもちうるとしても、人間の知能はデジタルコンピュータとは異なる仕組みによって実現されていると考えるべきかもしれない。第1章で出てきた言葉遣いを用いれば、弱い記号システム仮説が正しいとしても、強い記号システム仮説は誤っているかもしれないのである。これがニューラルネットワークの基本的な発想である[1]。

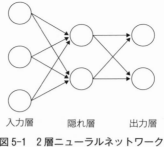

入力層　　　　隠れ層　　　出力層

図5-1　2層ニューラルネットワーク

人間の脳をヒントにしたモデル

　ニューラルネットワークは、人間の脳の構造をヒントにしたモデルである。
図5-1は小規模なニューラルネットワークである。基本的な構成要素はユニッ
ト（ノード、ニューロンなどとも呼ばれる）で、ユニット間の結合（シナプスと
呼ばれる）を介して、あるユニットから他のユニットに興奮が伝達される。古
典的なニューラルネットワークでは、ユニットは入力層、隠れ層（中間層）、
出力層の3層からなり、上流の層から下流の層に一方向的に興奮が伝達される
（フィードフォワードネットワークと呼ばれる）。このようなネットワークは、結
合が2層であることから、人工知能研究では2層のニューラルネットワークと
呼ばれることが一般的である[2]。標準的な構造のネットワークにおいては、あ
る層のユニットは、次の層に属するすべてのユニットと結合している（全結
合）。

　このネットワークを用いて、ニューラルネットワークの働きについても見て
みよう。各ユニットは、任意の実数値で表される強さで興奮する。ユニット同
士の結合にはそれぞれ異なる実数値の重みが与えられており、あるユニットは、

1）ニューラルネットワーク研究においては、ニューラルネットワークを実際に物理的に構成する
　のではなく、デジタルコンピュータ上でシミュレートする。デジタルコンピュータそのものは直
　列的に動作するが、そこでシミュレートされるニューラルネットワークの動作は並列的である。
2）ニューラルネットワークについて論じる際には、「層」という言葉が2つの意味で用いられる
　という点に注意が必要である。入力層や出力層などと言うときには、ユニット群が層と呼ばれて
　いる。2層ニューラルネットワークなどと言うときには、ユニット間の結合（シナプス）が層と
　呼ばれている。どちらの意味で用いられているかは文脈から明らかだと思われるので、以下でも
　両方をたんに「層」と呼ぶことにする。

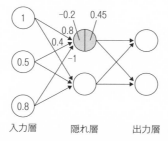

図 5-2　ニューラルネットワークにおける情報処理

結合されている上流層のユニットの興奮に重みを掛け合わせた値を入力として
受け取る。上流層の各ユニットからの入力の重み付け和に、バイアスと呼ばれ
る値（神経細胞における閾値に相当する）を加えたものが、そのユニットが受
け取る入力ということになる。多くのネットワークでは、活性化関数と呼ばれ
る関数によって、ユニットへの入力が出力に変換される。たとえば、**図 5-2** に
おける網掛けで示したユニットへの入力は、このユニットのバイアスが −0.4
だとすれば、$1 \times 0.8 + 0.5 \times 0.4 + 0.8 \times (-1) + (-0.4) = -0.2$ となる。活性化関
数がロジスティック関数（シグモイド関数）だとすれば、このユニットの出力
はおよそ 0.45 となる。

　これをふまえて、ニューラルネットワークが何を行っているのかということ
について考えてみよう。ネットワークに対する入力は、入力層のユニット群の
興奮パターンである。各ユニットの興奮は実数値で表現できるので、入力はベ
クトルで表現できる。入力層から隠れ層に興奮が伝達される際には、入力層の
各ユニットの興奮の強さに重み値を掛け合わせ、それが足し合わされる。入力
層のユニットと隠れ層のユニットのあいだの重み値を並べた行列を考えれば、
ここで行っていることは、入力ベクトルに対して重み行列を左から掛ける（そ
してそこにバイアスを表すベクトルを加える）ことにほかならない。その結果得
られるのは、新たなベクトルである。隠れ層のユニットでは、このようにして
求めた重み付け和に活性化関数を適用し、その出力をユニットの出力とする。
これは、上の計算で得られた新たなベクトルに対して活性化関数を適用すると
いう手続きにほかならない。隠れ層から出力層への処理についても同様である。

したがって、ニューラルネットワークが行っていることは、入力ベクトルに行列と関数を適用し、出力ベクトルに変換すること、つまりベクトルの変換だと考えることができる。

　次節で具体的に見ていくように、ニューラルネットワークを用いることでさまざまな課題を実行できる。前章で見た機械学習と同様、ニューラルネットワークを用いる場合にも、課題の種類に応じて、入力層と出力層でどのようにデータを表現するかを適切に決定する必要がある。入力層と出力層におけるデータの表現を定めたら、訓練データを用いて、入力に対して適切な出力が生成されるように、各シナプスの重み値を調整する。これは、前章で紹介した機械学習の手順にほかならない。ニューラルネットワークは、機械学習システムの一種にほかならないのである。

　第Ⅲ部で見るように、課題の種類に応じて、フィードフォワードネットワークとは異なる構造のニューラルネットワークを用いることもある。画像認識においては、同じ重み付けパターンが繰り返される畳み込みネットワークと呼ばれる構造が用いられ、自然言語処理のようにデータが時系列構造をもつ場合には、隠れ層にループ構造がある再帰的ニューラルネットワークを用いることが一般的である。また、次章で見るように、現在では3層以上の構造をもつ深層ニューラルネットワークを利用することが一般的となっている。

　古典的人工知能とは異なり、ニューラルネットワークはさまざまな点で脳と類似性を有している。第一に、ユニットの働きは、入力が一定の強さに達すると発火するという脳の神経細胞の働きと類似している。ただし、ニューラルネットワークにおいては、ユニットの興奮の強さはその興奮値として直接表現されるのに対して、神経細胞においては、発火強度は一定であり、発火頻度によって興奮の強さが表現されるという点に違いがある[3]。第二に、単純な構成要素による大規模な並列情報処理を基本原理とするという点でも、ニューラルネットワークと脳は類似している。第三に、シナプスの重みが変化することで学

---

3) この点をふまえれば、個々のユニットは、1つの神経細胞というよりも、神経細胞群に対応していると考えるべきかもしれない。神経細胞の集団を考えたときには、それぞれの発火頻度が高いときには、ある時点において発火している神経細胞の数が多くなるため、発火している神経細胞の数を神経細胞群全体の興奮の強さと考えることができるからである。

習が行われるという点にも共通性がある。さらに、5.3 節で見るように、脳と
ニューラルネットワークのあいだには、働きに関してもさまざまな共通点が見
られる。

ニューラルネットワークにおける情報処理[*]

　ニューラルネットワークにおける情報処理について、もうすこしくわしく見
ておこう。上のネットワークにおける入力層のユニットの興奮値を x_1, x_2, x_3、
入力層の n 番目のユニットと隠れ層の m 番目のユニットのあいだの重みの値
を w_{mn}、隠れ層ユニットのバイアスをそれぞれ w_{10}, w_{20} と表すことにすると、
隠れ層の 2 つのユニットへの入力 u_1, u_2 は、それぞれ以下のように表すことが
できる。

$$u_1 = w_{10} + w_{11}x_1 + w_{12}x_2 + w_{13}x_3$$
$$u_2 = w_{20} + w_{21}x_1 + w_{22}x_2 + w_{23}x_3$$

ベクトルと行列を用いれば、この演算はつぎのように表現できる。

$$\begin{pmatrix} u_1 \\ u_2 \end{pmatrix} = \begin{pmatrix} w_{10} \\ w_{20} \end{pmatrix} + \begin{pmatrix} w_{11} & w_{12} & w_{13} \\ w_{21} & w_{22} & w_{23} \end{pmatrix} \begin{pmatrix} x_1 \\ x_2 \\ x_3 \end{pmatrix}$$

　活性化関数を f とすれば、隠れ層ユニットの出力 z_1, z_2 は以下のようになる。

$$z_1 = f(u_1) = f(w_{10} + w_{11}x_1 + w_{12}x_2 + w_{13}x_3)$$
$$z_2 = f(u_2) = f(w_{20} + w_{21}x_1 + w_{22}x_2 + w_{23}x_3)$$

さらに、バイアスを重み行列に組み込み、バイアスに掛け合わせる x_0 という
要素を入力ベクトルに追加すれば、これは以下のように表現できる（**図 5-3**）。
（x_0 はつねに 1 という値をとると考える。）

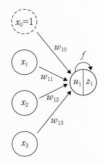

図 5-3　入力層と隠れ層のあいだの演算
（隠れ層ユニットのバイアスを、ダミー入力 $x_0=1$ とのシナプスの重み w_{10} として表現している。）

$$\begin{pmatrix} z_1 \\ z_2 \end{pmatrix} = f\left(\begin{pmatrix} w_{10} & w_{11} & w_{12} & w_{13} \\ w_{20} & w_{21} & w_{22} & w_{23} \end{pmatrix} \begin{pmatrix} x_0 \\ x_1 \\ x_2 \\ x_3 \end{pmatrix} \right)$$

このような整理を用いれば、入力層に n 個のユニットがあるとき、隠れ層の第1ユニットとのあいだの情報処理の一般的な表現は、以下のようになる。

$$z_1 = f\left(\sum_{i=0}^{n} w_{1i} x_i \right)$$

さらに、$l-1$ 層の出力ベクトルを $\mathbf{z}^{(l-1)}$、$l-1$ 層と l 層のあいだの重み行列を $\mathbf{W}^{(l)}$、l 層のユニットへの入力ベクトルを $\mathbf{u}^{(l)}$、l 層のユニットの出力ベクトルを $\mathbf{z}^{(l)}$ と表すことにすれば、1つの層で行っている計算の一般的な表現は以下のようになる。

$$\mathbf{z}^{(l)} = f(\mathbf{u}^{(l)}) = f(\mathbf{W}^{(l)} \mathbf{z}^{(l-1)})$$

この表現からわかるように、ニューラルネットワークは、入力ベクトルに対して行列演算と活性化関数の適用という2種類の操作を交互に行っているのである。

5.2 | 代表的なニューラルネットワーク研究

　では、ニューラルネットワークを用いると具体的にはどのようなことができるのだろうか。ここでは、1980 年代に行われた初期のニューラルネットワーク研究から、代表的な事例をいくつか紹介しよう。

事例：手書き数字認識

　第一の事例は手書き数字認識である。これは、手で書かれた数字の画像を入力として、その種類（0 から 9 のいずれか）を出力とする分類課題である。

　このネットワークはつぎのような構造をもつ。（実際にはもう少しユニット数の多いネットワークが用いられる。）まず、入力層は 100 個のユニットからなる。これは、手書き数字の画像を $10 \times 10 = 100$ ピクセルに分割し、それぞれのピクセルの明るさを 0（暗い）または 1（明るい）で数値化した上で、それを左上のピクセルから順に一列に並べたものである（図 5-4）。（ここでは話を単純化するためにピクセルの値を二値化したが、実際には明るさに応じて 0 から 255 などの数値で表すことが一般的である。）このようにすれば、ある画像を各要素が 0 または 1 の値をとる 100 次元のベクトルで表現できる。これが入力層を構成する 100 個のユニットへの入力となる。ここでの課題は画像に映っている数字が 0 から 9 のうちいずれかを同定することなので、出力層は、0 から 9 に相当する 10 個のユニットからなることになる。それぞれのユニットの興奮の強さが、入力がその数字である確率を表現することになる（図 5-5）[4]。

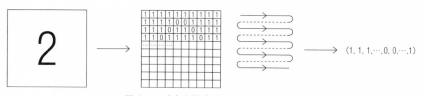

図 5-4　手書き数字のデジタルデータ化

---

4) 出力層が確率を表現するようにするために、実際には出力層への入力にソフトマックス関数と呼ばれる関数を適用したものが最終的な出力となる。具体的には、出力層の i 番目のユニットへ

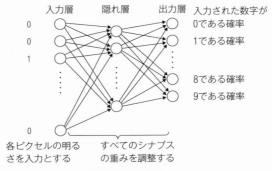

図 5-5　手書き数字認識ネットワーク
（ユニットとシナプスの一部を省略している）

　隠れ層には 20 個のユニットを用いる。入力層と隠れ層、隠れ層と出力層の
ユニットは全結合とし、それぞれのシナプスには重みの初期値としてランダム
な実数を割り当てる。このネットワークには、$100 \times 20 + 20 \times 10 = 2200$ 個のシ
ナプスがあり、そのそれぞれに異なる重みの値が割り当てられるため、このネ
ットワークは 2200 個のパラメータをもつ数理モデルということになる。この
ように、ニューラルネットワークは、前章で見たような古典的な機械学習で用
いられる数理モデルよりもはるかにパラメータ数の多い、複雑な数理モデルを
表現しているのである。

　このような構成のネットワークに、訓練データを学習させる。ある画像（た
とえば手書きの 2）を入力すると、$\langle 0.03,\ 0.1,\ 0.1,\ 0.05,\ ...,\ 0.1 \rangle$ といった出力が得
られる。この画像に書かれている数字は 2 なので、正しい出力は $\langle 0,\ 0,\ 1,\ 0,\ ...,\ 0 \rangle$
である。それぞれのユニットに関する誤差を二乗して足し合わせたものが、こ
の事例に関する誤差ということになる。同様の計算をすべての事例に関して行
い、すべての誤差を足し合わせたものが、現在の重み値の下での誤差の総和で
ある。個々のシナプスの重み値を変化させれば、誤差の総和は増加したり減少
したりする。誤差の総和が最小になるように個々の重み値を調整することが、
この課題における機械学習の作業である。

　の入力を u_i、出力を y_i とすると、$y_i = \dfrac{e^{u_i}}{\sum_{k=1}^{10} e^{u_k}}$ となる。

　同様の手法で、顔認識ネットワークを構成することもできる。ここでも、画像をピクセルに分割し、それぞれのピクセルの明るさ（カラー写真ならばRGB値）を数値化し、順番に並べたものが入力となる。出力層は課題に応じて設定する。写真に写っている人物の性別を判定したければ、出力層は1つのユニットでよい。写真に写っている人物を何人かの候補から特定する場合には、出力層には人数分のユニットを用意し、各ユニットの興奮の強さが、画像がある人物である確率を表すようにすればよい。

　このようなやり方で顔認識ネットワークを構成できるということは、古典的人工知能と比較したときのニューラルネットワークの長所を端的に示している。古典的人工知能の手法で手書き数字認識を行おうとすれば、どうしたらよいだろうか。上のようなやり方でデジタル化された入力データにおいて、直線や曲線、交点などを特定し、それらの特徴に関するさまざまな規則を適用することで、そこに書かれた数字を特定することになるだろう。たとえば、画像内に交点があれば数字は4または8であり、曲線がなければ1または4または7であるといった規則を利用して、画像認識を行うのである。手書き数字認識程度の複雑さの課題ならば、このような規則を人間が発見し、プログラムすることも可能だろう。しかし、顔認識のようなより複雑な課題では、このアプローチの限界が明らかとなる。ある画像が男性の顔か女性の顔かを正確に識別するには、どのような特徴に関するどのような規則を用いたらよいのかがわからないのである。これに対して、ニューラルネットワークは機械学習システムであるため、このような場合でも、ランダムな重み値から出発し、訓練データに関する誤差が最小になるようにそれぞれの重み値を調整するという作業を機械的に実行するだけで、課題をそれなりに正確に実行できるようになるのである。

　識別課題や分類課題では、画像以外のものを入力に用いることも可能である。たとえば、船のソナーが受け取った波形から、それが岩に反射したものか機雷に反射したものかを判定するネットワークは、入力として波形を用いる。波形は連続的なので、実際には、いくつかの周波数におけるエコーの強さを数値化し、それらを並べたベクトルを入力とすればよい。岩か機雷かを識別する場合には、出力層は1つのユニットでよい[5]。

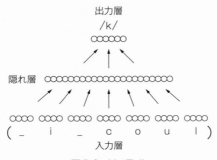

図5-6　NetTalk
(Sejnowski & Rosenberg（1986）より転載)

事例：音声合成ネットワーク

　文字を音声に変換するネットワークもある。NetTalkというネットワークは、アルファベット7文字（ターゲット文字およびその前後3文字）を入力とする。入力層は、7つの位置にどのアルファベット（および空白など）が入るかを表す29×7個のユニットからなり、隠れ層は80個のユニットからなる[6]。出力層は26個のユニットからなり、それぞれのユニットが特定の音素を表す。出力層は、入力される7文字の中央にあるターゲット文字の発音を推測する（**図5-6**）。このネットワークに文章を1文字ずつずらしながら連続して入力していくと、その文章を音読した音声が出力されることになる。

　現在でもNetTalkのデモンストレーションをYouTubeで聞くことができる。訓練前のネットワークは、英文を入力しても意味をなさない音を発するだけである。ところが、数百程度の文の発音を学習させると、部分的にはある程度英語らしい発音が聞かれるようになる。さらに学習を進めると、英文をかなり正確に音声化できるようになる。その過程は、人間の幼児が言葉を話すことを学習する過程に似たものに聞こえ、興味深い。

　NetTalkにはもう1つ興味深い点がある。英語の発音は、同じアルファベットに複数の音素が対応するという点に特徴がある。たとえば、'apple' の 'a' と

5）このネットワークについてはChurchland（1995）の第4章にくわしい説明がある。
6）つまり、入力層では、アルファベットのaは（1, 0, 0, ..., 0）、bは（0, 1, 0, ..., 0）というような仕方でそれぞれの文字を表すのである。

'ape' の 'a' には異なる音素が対応する。NetTalk は、前後の3文字を入力とすることで、このようなスペルと発音の関係を正しく学習できる。このことからも、NetTalk のメカニズムは人間の音声化メカニズムと類似したものなのではないかと考えられるのである。

5.3 ニューラルネットワークと 人間の脳・古典的人工知能を比較する

ニューラルネットワークの特徴

ニューラルネットワークは、このように多様な課題を実行可能なだけでなく、いくつかの興味深い特徴をもっている。

第一に、ニューラルネットワークは汎化能力を有する。たとえば、手書き数字認識を学習したネットワークは、訓練データに含まれない手書き数字の画像を提示されたときにも、その数字をそれなりに正しく同定できる。同様に、学習済みの NetTalk が未知の英単語を提示されたときには、それをそれなりに適切に音声変換することができる。このように、ニューラルネットワークは、訓練データに対して正しい出力を生成できるだけでなく、未知のデータに対しても適切な出力を生成できる。これは、機械学習において目指されていたことにほかならない。

第二に、ニューラルネットワークは曖昧な入力に対する耐性を有する。たとえば、顔認識ネットワークは、人物の顔の一部、たとえば目の部分が黒く塗りつぶされた画像を提示されても、その人物をある程度正しく同定できる。岩と機雷を識別するネットワークは、波形に一定のランダムなノイズが含まれていたとしても、岩と機雷をある程度正しく同定できる。これは、多くの古典的人工知能システムにはない特徴である。たとえば、演繹的推論を実行する古典的人工知能システムは、前提の一部が失われれば、結論を導出することができなくなる。

第三に、ニューラルネットワークの一部が変化したり、失われたりしたとしても、ネットワークのパフォーマンスは急激に低下せず、徐々に低下する。このような現象は優雅な劣化（graceful degradation）と呼ばれる。たとえば、手

書き数字認識ネットワークから隠れ層のユニットの一部を取り去ったとしても、ネットワークは数字をまったく識別できなくなるわけではなく、正答率がわずかに低下するだけである。これもまた、アルゴリズムによる問題解決には見られない特徴である。アルゴリズムから一部の命令を取り去ったり、アルゴリズムを実行するコンピュータから構成要素の一部を取り去ったりすれば、アルゴリズムの性能は大幅に低下するか、そもそもまったく機能しなくなるだろう。ニューラルネットワークでは、そのような急激な機能低下は生じないのである。

　第四に、情報がシステムにおいてどのように表現されるかという点においても、ニューラルネットワークは古典的人工知能と異なっている。たとえば、イヌの画像とネコの画像を識別できるネットワークは、イヌとネコの違いに関する情報を何らかの仕方で表現しているはずである。しかし、個々のユニットが両者の違いに関する知識を個別的に表現しているわけではない。そうではなく、ネットワークの重み付けパターン全体が、イヌとネコを識別するためのさまざま知識を表現していると考えられる。ネットワークは全体として一群の知識を表現しているのであり、個々のユニットや重みは、さまざまな知識の表現に部分的に貢献しているのである。これは、個々の知識がメモリ上の異なる場所でそれぞれ独立に表現されるデジタルコンピュータとは異なるあり方である。このような情報表現は、分散表現または分散表象（distributed representation）と呼ばれる。このような仕方で情報が表現されていることも、ニューラルネットワークと古典的人工知能の大きな違いである。

　第五に、このことと関連して、ニューラルネットワークは、明示的な規則を学習することなしに課題を実行できる。前節でも見たように、手書き数字認識に関しては、たとえば、交点があればそれは4または8であるといったさまざまな規則を見出すことができる。しかし、ニューラルネットワークに手書き数字の識別を学習させる際には、われわれはそのような規則をネットワークに教える必要はない。訓練データの入力に対する出力を最適化する過程で、ネットワークはこれらの規則に相当する情報をみずから学習するのである。この点もまた、古典的人工知能には見られない重要な特徴である。

コネクショニズム

　以上のように、ニューラルネットワークには、古典的人工知能には見られない重要な特徴がいくつかある。そしてそれらは、人間の脳がもつ特徴でもあるように思われる。そうだとすれば、人間の脳はニューラルネットワークの一種なのではないだろうか。

　第1章で見たように、人工知能研究と認知科学は相補いながら発展してきた。そして、古典的な人工知能研究は、認知科学における計算主義と表裏一体の関係にあった。同様に、ニューラルネットワークを用いた人工知能研究が本格化した1980年代には、これに対応する形で、認知科学においても計算主義に代わるコネクショニズム（connectionism）という考え方が登場した。コネクショニズムによれば、人間の脳の働きは、人工ニューラルネットワークと同様の原理、すなわち、興奮パターンの変換と重み付けパターンの学習として理解できる。コネクショニズムによれば、人間の認知のメカニズムを理解する上では、規則に従った記号操作という観点は必要ないのである。

　しかし、人間の脳と人工ニューラルネットワークにはいくつかの違いも見られる。第一に、脳と人工ニューラルネットワークは、ネットワークの構造に関してさまざまな違いがある。脳を構成する神経細胞やシナプスの数は膨大だが、入力から出力に至る層の数は数十程度である。これに対して、初期のニューラルネットワークは2層のものがほとんどであり、他方で、現在主流の深層ニューラルネットワークは数百程度の層をもつことも珍しくない。また、人工ニューラルネットワークでは、情報は基本的に上流から下流に向かって流れるが、脳においては下流から上流への結合も多い。第二に、脳内における情報処理は、神経細胞間の電気的な興奮伝達だけによるものではない。神経細胞同士は直接接触しているわけではなく、神経細胞間の興奮伝達は神経伝達物質と呼ばれる化学物質によるものであることが知られている。また、より広範囲で神経細胞の働きを調節する神経調節物質と呼ばれる化学物質も存在する。これらのことをふまえれば、人工ニューラルネットワークは、脳のある側面だけを形式化したモデルだと言えるだろう。

　人間の脳と人工ニューラルネットワークでは、学習のあり方にもいくつかの重要な違いがある。第一に、人工ニューラルネットワークでは、誤差関数に基

づいて個々のシナプスの重みが外部から直接調整される。これに対して、脳には、個々のシナプスの重みを外部から直接調整するメカニズムは存在しない[7]。第二に、次章で見るように、人工ニューラルネットワークによる機械学習には多くの訓練データが必要だが、人間の脳は比較的少数の事例によって学習が可能である。たとえば、われわれはツチブタを初めて見たときにも、数匹を見るだけでこの動物を同定できるようになる。第三に、人工ニューラルネットワークによる学習には、多くの場合、教師あり学習が用いられる。これに対して、人間の学習においては、正解が明示的に与えられないことも多い。たとえば、われわれはさまざまな動物を繰り返し見るだけで、それらを分類できるようになる。

　認知科学理論としてコネクショニズムが説得的かどうかを考える上では、これらの点を考慮する必要があるだろう。

思考の体系性と生産性

　1980年代後半から1990年代にかけて、認知科学においては、計算主義の支持者とコネクショニズムの支持者が激しい論争を繰り広げていた。そして、計算主義の側からは、コネクショニズムに対する1つの重要な批判が提出された。それは、人工知能の可能性を考える上でも重要な批判である。

　計算主義者によれば、人間の思考能力を考える上で重要な特徴は、思考の体系性（systematicity）と生産性（productivity）と呼ばれる特徴である。思考の体系性とは、思考は1つ1つが独立に存在するわけではなく、さまざまな思考を形成する能力はひとまとまりになっているということである。たとえば、「黒いイヌが白いネコを追いかけた」と考えることができる人は、「白いイヌが黒いネコを追いかけた」と考えたり「白いネコが黒いイヌを追いかけた」と考えることもできる。思考の生産性とは、ある思考をもつことができる人は、関連する無数の思考をもつこともできるということである。たとえば、「明日は雨が降ると私は思っている」および「明日は雨が降ると彼は思っている」と考えることができる人は、「明日は雨が降ると私は思っていると彼は思っている」

---

7) 脳における重み変化の原理としては、同時に発火する神経細胞同士の結合は強まるというヘッブ則が知られているが、これは教師あり学習ではなく、教師なし学習の原理だと考えられる。

と考えたり、「明日は雨が降ると私は思っていると彼は思っていると私は思っている」と考えたりすることもできる。計算主義者によれば、人間の思考に体系性と生産性が成り立つのは、一定の要素が決まった仕方で結合することによって人間の思考が構成されているからにほかならない。言い換えれば、体系的で生産的な思考には構文論的な構造が不可欠であるように思われるのである。

このような観点からは、ニューラルネットワークによる人工知能の実現可能性を否定する次のような論証を構成することができるように思われる。

- 前提1：知能の実現には、思考の体系性と生産性が必要である。
- 前提2：思考の体系性と生産性には、構文論的構造をもつ記号システムであることが必要である。
- 前提3：ニューラルネットワークは、構文論的構造をもつ記号システムではない。
- 結論1：ニューラルネットワークは、思考の体系性と生産性をもたない。（前提2と前提3より）
- 結論2：ニューラルネットワークでは、知能を実現できない。（前提1と結論1より）

この論証は説得的なものだろうか。この論証は形式的には妥当だが、それぞれの前提には議論の余地がある。たとえば、前提2について考えてみよう。たしかに、構文論的構造をもつ記号システムは、体系性と生産性を備えた思考をもつことができるだろう。構文論的構造をもつ記号システムであることは、思考の体系性と生産性の十分条件なのである。では、これは思考の体系性と生産性の必要条件でもあるのだろうか。この点はそれほど自明ではない。構文論的な構造なしに体系性と生産性を実現できるシステムがありうるかもしれないからである[8]。

つぎに、前提3について考えてみよう。ニューラルネットワークが構文論的構造をもつ記号システムではないということもまた、自明なことではない。た

---

[8] 第8章で取り上げる大規模言語モデルは、このようなシステムの実例かもしれない。そうだとすれば、前提2には反例が実在することになる。

しかに、ネットワークを構成する個々のユニットやシナプスには構文論的構造を見出すことはできない。しかし、一群のユニットの興奮パターンに構文論的な構造を見出すことができないかどうかは、それほど自明ではない。ユニット群の興奮パターンと構文論的な構造をもつ記号列のあいだに一対一対応を見出すことができるかもしれないからである[9]。

　これらはいずれも、認知科学における計算主義とコネクショニズムの論争における核心的な争点である。そしてこの論争には、いまだに決着がついていない[10]。とはいえ、計算主義者によるコネクショニズム批判は、ニューラルネットワークを用いた人工知能研究にとっての重要な課題を明らかにしている。知能には、ニューラルネットワークではうまく実現できない側面があると考えられるのである。実際のところ、ニューラルネットワークは、人工知能研究が対象とする課題をすべてうまく実行できるわけではない。ニューラルネットワークは、画像認識のようなパターン認識課題は得意だが、形式的な推論、探索、ソートといった課題はうまく行うことができない。これらの課題は、古くからアルゴリズムによる解決が試みられてきたものであり、古典的人工知能システムが得意とする課題である。古典的人工知能とニューラルネットワークは、対照的なあり方をしているのである[11]。

読書案内

　ニューラルネットワークを用いた人工知能研究は、1980年代に盛んになった。

---

9)　他方で、ニューラルネットワークに構文論的な構造を見出す事ができるとすれば、一部の計算主義者が主張しているように、認知を理解する上で本質的な記述のレベルは計算という抽象度の高いレベルであり、コネクショニズムはその実装方法の1つに関する抽象度の低いレベルにおける記述だということになるかもしれない。（たとえばコープランド（Copeland, 1993）は、古典的人工知能とニューラルネットワークは計算レベルと実装レベルの関係にあり、両者は両立可能だと主張している。）

10)　この論争もまた、明確な決着を見ないまま1990年代以降下火になってしまった。

11)　古典的人工知能とニューラルネットワークのどちらにも得手不得手があり、人間はそのすべてをそれなりにうまくできるのだとすれば、汎用人工知能を実現するためには古典的人工知能とニューラルネットワークを統合する必要があると考えるのは自然だろう。実際に、たとえばハーナド（Harnad, 1990）は、記号接地問題の解決には両者の統合が必要だと主張している。このようなアプローチの必要性は、今日に至るまで繰り返し指摘されている。

その基本的な発想と哲学的な意義は、つぎの本でわかりやすく論じられている。

・ポール・M・チャーチランド『認知哲学——脳科学から心の哲学へ』信原幸
　弘・宮島昭二訳、産業図書、1997 年

　認知科学における計算主義とコネクショニズムの論争については、つぎの本
が見通しのよい概観を与えてくれる。

・アンディ・クラーク『認知の微視的構造——哲学、認知科学、PDP モデル』
　野家伸也・佐藤英明訳、産業図書、1997 年

第6章 | 深層学習

　古典的人工知能を改良する手法、あるいはそれに代わる手法として、第4章では機械学習、第5章ではニューラルネットワークを用いた機械学習について見てきた。第3次人工知能ブームの原動力となった深層学習は、これらの延長線上にある手法である。本章では、深層学習について具体的に見ていこう。

6.1 | 深層学習の基本原理

　一言で言えば、深層学習とは深層ニューラルネットワーク、すなわち3層以上の結合をもつニューラルネットワークを用いた機械学習である（**図6-1**）。この定義から明らかなように、深層学習の基本的な仕組みは、第4章と第5章ですでに説明した内容を超えるものではない。その内容をあらためてまとめれば、以下のようになる。

- ・各ユニットは、上流のユニットの出力の重み付け和を入力として受け取り、それに活性化関数を適用したものが出力となる。
- ・典型的には、各層は全結合で、各ユニットの活性化関数は同一である。
- ・単純なネットワーク（フィードフォワードネットワーク）では、上流から下流へ一方向に情報が伝達される。
- ・学習の仕方は通常の機械学習と同様で、何らかの誤差関数を設定し、訓練データに関する誤差が最小になるようにパラメータ（シナプスの重みの値）を調整する。

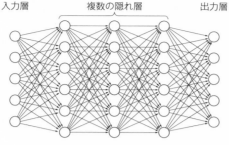

入力層　　　　複数の隠れ層　　　　出力層

図 6-1　深層ニューラルネットワーク

　深層ニューラルネットワークが何を行っているのかということを、もう少し具体的に考えてみよう。前章で見たように、入力層と第1の隠れ層とのあいだで行われることは、入力ベクトルに重み行列を掛けあわせ、バイアスを加え、その結果に活性化関数を適用することによって、新たなベクトルを得るという操作である。第1の隠れ層から第2の隠れ層、あるいはそれ以降の手続きも同様である。したがって、入力ベクトルを $\mathbf{x}$、$i-1$ 層から i 層への重み行列を $\mathbf{W}^{(i)}$、活性化関数を f とすれば、n 層ニューラルネットワークの出力ベクトル $\mathbf{y}$ を求めるための手続きは、（バイアスに関してやや不正確ではあるが）以下のように表現できる。（出力層だけは別の活性化関数 g を用いるとしている。後ろの...の部分には右カッコが並ぶことになる。）

$$\mathbf{y} = g(\mathbf{W}^{(n)}f(\mathbf{W}^{(n-1)}...f(\mathbf{W}^{(1)}\mathbf{x})...))$$

この式が意味することは、深層ニューラルネットワーク全体は、重み付け和の計算と活性化関数の適用の繰り返しからなる合成関数を表現している、ということである。深層ニューラルネットワークの入力はベクトルであり、出力もベクトルである。したがって、深層ニューラルネットワークは、あるベクトルを別のベクトルに変換する複雑な関数を表現しているのである[1]。

　学習に関しては、通常の機械学習とは異なる点もある。ニューラルネットワ

1）活性化関数として非線形関数を用いることによって、十分に多くのユニットをもつ2層以上のネットワークは、任意の連続関数を任意の精度で近似可能だということが数学的に証明されている（普遍近似定理）。

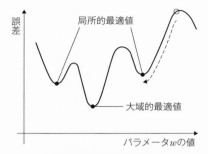

図6-2 局所的最適値と大域的最適値

（右の山から出発してパラメータ w の値を小さくしていくと、1つ目の谷で値が安定することになる。しかし、これは誤差の総計を最小化する値ではない。）

ークにおいては、シナプスの重みがパラメータとなる。単純な回帰モデルなどと比べてパラメータ数が多いため、誤差関数の形状は複雑となる。その結果、誤差が最小になるパラメータの値を解析的に求めることはできず、他の手法でパラメータを少しずつ調整する必要が生じる。しかし、このような手法では、学習後のパラメータ値が誤差を最小化することは保証されない。パラメータが、局所的には最適だが、大域的には最適ではない値に落ち着いてしまう可能性があるからである（**図6-2**）。このような場面で、パラメータの最適値を素早くそして高精度で近似できるアルゴリズムを開発することは、現在のニューラルネットワーク研究における重要な課題となっている[2]。

6.2 | 深層学習の特徴

以上が深層学習の基本的な仕組みである。では、従来の機械学習や2層のニューラルネットワークを用いた機械学習と比較したとき、深層学習にはどのような特徴があるのだろうか。

---

2) このようなアルゴリズムとしては、たとえば確率的勾配降下法がある。これは、訓練データすべてを用いてパラメータの調整を行うのではなく、訓練データを複数のグループ（ミニバッチ）に分割し、それぞれを用いてパラメータの調整を繰り返すという手法である。訓練データが異なれば誤差の総和は変化し、パラメータの値をどのように変化させればよいかも変わるため、このような方法を用いることで、パラメータが大域的な最適値に到達する可能性が高まるのである。

特徴①：特徴量の設計が不要

　第一に、深層学習では、入出力の組だけが訓練データとして与えられ、中間の過程はすべてデータから学習されることになる。これが意味することは、深層学習においては特徴量の設計は不要だということである。第4章の内容を思い出そう。身長や体重から成人病リスクを推定するときには、それらの特徴量をそのまま用いるだけでは、よいモデルを作ることはできない。そこで、それらを組み合わせて BMI という新しい変数（特徴量）を構成し、これを回帰モデルで用いる必要があったのである。従来の機械学習では、人間がこのような作業を行う必要があった。しかし、このようなやり方では、どのような特徴量を用いればよいモデルが得られるかが明らかでない場合もあるということが問題となった。

　深層学習においては、特徴量を構成するという作業は不要となる。この課題に深層ニューラルネットワークを用いるとしよう。ネットワークの出力は、成人病リスクを確率として表現するのがよいだろう。そのためには、最後の隠れ層からの入力に対してロジスティック関数を適用し、最終的な出力を 0 から 1 のあいだの実数にすればよい。つまり、最後の隠れ層と出力層のあいだで線形ロジスティック回帰を行うのである[3]。このロジスティック回帰において独立変数として用いられるのは、身長や体重といったデータに含まれている特徴量ではないという点に注意が必要である。最後の隠れ層の出力値は、入力に対して重み付け和の計算と活性化関数の適用を何度も繰り返すことで得られた、合成的な変数の値だからである。

　このような考察から、深層ニューラルネットワークは 2 つの作業を行っていると見ることができることがわかる（図 6-3）[4]。入力層から最後の隠れ層まででは、データに含まれる特徴量を複雑に組み合わせて、新たな特徴量を構成している。最後の隠れ層と出力層は、構成された特徴量を用いて回帰などの比較的単純な作業を行っている。ここで決定的に重要なことは、最後の隠れ層のユ

---

　3) 最後の隠れ層に n 個のユニットがあり、i 番目のユニットからの出力を z_i、このユニットと出力ユニットのあいだの重みを w_i とすれば、最終的な出力は $\dfrac{1}{1+e^{-\left(\sum_{i=1}^{n} w_i z_i\right)}}$ ということになる。

　4) あるいは、深層ニューラルネットワークは、データに含まれる特徴量に対するきわめて複雑な計算によって、最終的な出力を得ていると考えることもできる。

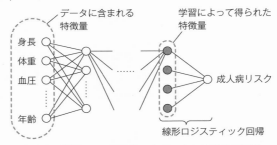

図6-3　深層ニューラルネットワークにおける特徴量

ニットが表現する特徴量は、人間が構成したものではなく、機械学習の結果得られるものだということである。深層学習においては、人間による特徴量設計は不要なのである。このように、入出力だけを訓練データとして与え、中間の過程はすべてデータから学習させる手法は、end-to-end の学習と呼ばれる。このような学習が可能であることが、深層学習の大きな強みである。このような学習方法を用いれば、どのような特徴量を用いればよいかが人間にはわからないような課題でも、学習可能だからである[5]。

特徴②：モデルの複雑さ

　深層学習の第二の特徴は、モデルの複雑さである。深層ニューラルネットワークは多くのシナプスをもつ。ニューラルネットワークにおいてはシナプスの重み1つ1つがパラメータとなるため、深層ニューラルネットワークはきわめて多数のパラメータをもつことになる。これが意味するのは、深層ニューラルネットワークは、きわめて複雑な数理モデルであり、それゆえ、複雑な現象を扱うことが可能だということである。

　このことは、深層学習に特有の問題をもたらす要因にもなる。調整すべきパラメータが多いということは、学習に多くの訓練データが必要だということで

5）end-to-end の学習において構成される特徴量は、人間にはその内容がかならずしも明らかではないという点に注意が必要である。第11章で見るように、このことは説明可能性の問題を引き起こす。ただし、第7章で紹介する積層自己符号化器のように、隠れ層で学習される高次の特徴量が人間に理解可能な意味をもつこともある。

もある。たとえば、画像認識課題の学習には、一般に数万枚あるいはそれ以上の訓練データが必要である。さらに、深層ニューラルネットワークにおいては、上流部のパラメータが変化しにくいという問題も生じる。深層ニューラルネットワークを構成しても、通常のやり方（以下で紹介する誤差逆伝播法）で訓練データの学習を実行すると、重みが変化するのは下流部分の数層だけで、上流部分の重みはほとんど変化しない。これは勾配消失（vanishing gradient）と呼ばれる問題である。パラメータが学習によって変化しないとすれば、そのような層は意味をもたないことになる。このような事情から、初期のニューラルネットワーク研究では、2層ニューラルネットワークを用いることが一般的だった。

2010年代から深層学習が飛躍的な進歩を遂げたのは、これらの問題が克服されたからである。第一に、インターネットの発達によって、画像認識課題などにおいて、学習に利用可能な大量のデータが入手できるようになった。第二に、コンピュータの性能が向上し、大量のデータを用いた学習が実行可能になった。第三に、従来とは異なる活性化関数を用いることで、勾配消失問題を回避することが可能になった。これらの要因が相まって、深層学習はさまざまな領域で目覚ましい成果を挙げるようになったのである。

誤差逆伝播法と勾配消失問題*

（注意：以下で確認しておくべきことは、深層ニューラルネットワークでは勾配消失問題が生じるということ、そして、適切な活性化関数を用いることでこの問題が回避できるようになったということだけである。数理的な詳細に興味がなければ、このセクションは読み飛ばして構わない。）

ニューラルネットワークにおける重みの調整は、具体的にはどのように行われるのだろうか。話を単純化するため、各層が1つのユニットだけからなるn層ネットワークについて考えてみよう。（もちろん、このようなネットワークに実用上の意義はない。）

第i層のユニットへの入力を$u^{(i)}$、その重みを$w^{(i)}$、出力を$z^{(i)}$とし、活性化関数はすべてfとすると、以下の関係が成り立つ。

$$u^{(i)} = w^{(i)} z^{(i-1)} \tag{1}$$

$$z^{(i)} = f(u^{(i)}) \tag{2}$$

また、ネットワークへの入力を x、出力を $\hat{y}$ とすると、以下が成り立つ。

$$\hat{y} = f(w^{(n)} f(w^{(n-1)} \dots f(w^{(2)} f(w^{(1)} x)) \dots)) \tag{3}$$

　さて、第 i 層への入力の重み $w^{(i)}$ の値を調整するにはどうしたらよいだろうか。$w^{(i)}$ の値を大きくしたり小さくしたりすると、それに応じて出力の誤差も変化する。ここですべきことは、出力の誤差が最小になるように、$w^{(i)}$ の値を設定することである。そのためには、$w^{(i)}$ の変化に応じて出力の誤差 L がどう変化するかを明らかにする必要がある（誤差 L は、たとえば正解 y と $\hat{y}$ の差の二乗とすればよい）。これは、誤差 L を $w^{(i)}$ に関して偏微分することで求められる。では、この偏微分はどうすれば求められるだろうか。

　まず、微分の連鎖律より以下が成り立つ。

$$\frac{\partial L}{\partial w^{(i)}} = \frac{\partial L}{\partial u^{(i)}} \frac{\partial u^{(i)}}{\partial w^{(i)}} \tag{4}$$

式(1)より、式(4)は次のように変形できる。

$$\frac{\partial L}{\partial w^{(i)}} = \frac{\partial L}{\partial u^{(i)}} z^{(i-1)} \tag{5}$$

ここで、

$$\frac{\partial L}{\partial u^{(i)}} = \delta^{(i)} \tag{6}$$

と表すことにすれば、式(5)は以下のように表すことができる。

$$\frac{\partial L}{\partial w^{(i)}} = \delta^{(i)} z^{(i-1)} \tag{7}$$

この式が表しているのは、誤差の第 i 層の重みに関する勾配は、第 i 層の δ と

第 $i-1$ 層の出力を用いて表現できるということである。

$z^{(i-1)}$ は、入力層からの興奮伝達（順伝播）を計算することで求めることができる。では、$\delta^{(i)}$ はどのようにすれば求められるだろうか。$\delta^{(i)}$ についても微分の連鎖律を適用すると、次式が成り立つ。

$$\delta^{(i)} = \frac{\partial L}{\partial u^{(i)}} = \frac{\partial L}{\partial u^{(i+1)}} \frac{\partial u^{(i+1)}}{\partial u^{(i)}} \tag{8}$$

ここで、

$$u^{(i+1)} = w^{(i+1)} z^{(i)} = w^{(i+1)} f(u^{(i)}) \tag{9}$$

なので、これを式(8)に代入すると、

$$\delta^{(i)} = \delta^{(i+1)} w^{(i+1)} f'(u^{(i)}) \tag{10}$$

が得られる。つまり、第 i 層の δ は、第 $i+1$ 層の δ を用いて表現できるのである。これは i の値に関わらず一般的に成り立つ関係なので、重み w、順伝播の際の入力値 $u^{(i)}$、活性化関数 f の導関数を用いれば、出力層から順にデルタの値を計算できることがわかる（**図6-4**）。

以上のことから勾配消失問題が生じる理由も明らかになる。式(10)からは、次式が得られる。

$$\delta^{(i+1)} = \delta^{(i+2)} w^{(i+2)} f'(u^{(i+1)}) \tag{11}$$

これを式(10)に代入すると、次式が得られる。

$$\delta^{(i)} = \delta^{(i+2)} w^{(i+2)} f'(u^{(i+1)}) w^{(i+1)} f'(u^{(i)}) \tag{12}$$

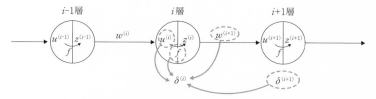

図6-4　誤差逆伝播法におけるデルタの計算

同じ操作を繰り返すと、

$$\delta^{(i)} = \delta^{(i+3)} w^{(i+3)} f'(u^{(i+2)}) w^{(i+2)} f'(u^{(i+1)}) w^{(i+1)} f'(u^{(i)}) \tag{13}$$

等々の式が得られる。これが意味しているのは、δ を計算する際には、活性化関数 f の導関数 f' の値を繰り返し掛けあわせることになるということである。

　初期のニューラルネットワークでは、活性化関数としてロジスティック関数 $f(x) = \dfrac{1}{1+e^{-x}}$ を用いることが一般的だった。この関数は、実数を入力とし、0 から 1 のあいだの実数を出力とするため、この関数を用いることで、ユニット出力の絶対値が大きくなりすぎることが回避できるという利点があったからである。ところが、この関数の導関数は $f'(x) = f(x)(1-f(x))$ であり、その最大値は $x=0,\ f(x)=0.5$ のときの値 0.25 である。したがって、活性化関数の導関数の値を繰り返し掛けあわせると、その値は急速に 0 に近づくことになる。これが意味するのは、深層ニューラルネットワークにおいては、入力に近い層の δ は非常に小さい値になり、それゆえ、誤差逆伝播法を用いても重みの値はほとんど変化しないということである。これが勾配消失問題である。

　勾配消失問題が生じる原理からは、それを回避するための方法も明らかとなる。導関数の値が 1 以上の値をとりうるような活性化関数を用いればよいのである。そのような関数として、現在では、たとえば ReLU（Rectified Linear Unit）と呼ばれる関数などが用いられている（図6-5）。このような活性化関数を用いることで、上流層の重みの調整が可能になり、ネットワークを深層化することが意味をもつようになったのである[6]。

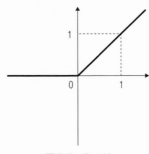

図6-5　ReLU

特徴③：応用範囲の広さ

深層学習の第三の特徴は、応用範囲の広さである。上で見たように、深層学習における入出力はともにベクトルである。それゆえ、入出力をベクトルで表現することができれば、深層学習をさまざまな課題に利用できることになる。入力として文や音声（波形）を用いる場合のやり方は、第5章ですでに紹介した。入力として職業のような属性を用いたいときには、いくつかの職業を並べて、該当するものだけを1として、それ以外は0とするベクトル（one-hotベクトル）を用いることができる。たとえば、（学生、公務員、会社員、自営業、…）として、公務員は（0, 1, 0, 0, ...）として表現するのである。さらに、第8章で見るように、自然言語処理においては、文字や語をone-hotベクトルで表現するのではなく、語を（one-hotベクトルではない）1つのベクトルで表現するという手法も一般的となっている。

課題によっては、単純なフィードフォワードネットワークとは異なる構造をもつネットワークを利用することもある。第7章で見るように、画像認識においては畳み込みネットワークを用いるのが効果的であり、第8章で見るように、自然言語処理においては再帰的ネットワークを用いることが多い。これらの工夫によって、深層学習の応用範囲は拡大を続けているのである。

深層学習が最初に顕著な成果を挙げたのは、画像認識課題である。画像認識のコンテスト（ILSVRC）では、2011年までは正答率が75%を上回ることはなかった。ところが、2012年に、深層学習を用いたシステムが正答率80%以上という圧倒的な成績で優勝した。それ以降、深層学習を用いた画像認識が主流となり、その後数年で正答率の平均は95%に達することになった。次に深層学習が注目を集めたのは、ゲーム分野である。2016年に、当時囲碁のトッププロだったイ・セドルとGoogleのAlphaGoが対局し、AlphaGoが4勝1敗で勝利したのである。2017年にはトッププロの柯潔にAlphaGoが3連勝した。現在、囲碁や将棋といったボードゲームにおいてAIが人間を圧倒的に上回る

---

6) 深層ニューラルネットワークにおける学習を効果的に行うための手法としては、新しい活性化関数以外にも、学習法（ドロップアウトなど）、パラメータ調整のアルゴリズム（重み減衰など）、正則化手法（パラメータ調整に何らかの制約を課すこと）、データ前処理の手法（中心化など）など、さまざまなものが提案されている。

強さを見せていることは、われわれのよく知るところである。近年めざましい
進展が見られているのは、生成 AI と自然言語処理である。深層ニューラルネ
ットワークを用いて、一見したところ写真と区別がつかないような画像を生成
したり、自然言語の文章に対して自然な応答を生成したりすることも、可能と
なりつつある。これらの成果については、第Ⅲ部で具体的に検討しよう。

6.3 ｜ 深層学習をめぐる謎と課題

　このように、深層学習は幅広い応用可能性をもつ強力な手法であり、第3次
人工知能ブームの原動力でもある。しかし、深層学習をめぐってはさまざまな
課題もある。

理論上の謎

　まず、深層学習の原理に関しては、理論的に不明な点も多い。第一の謎は、
実際の応用において、なぜ深層ニューラルネットワークは2層ニューラルネッ
トワークよりもよい性能を示すのかということである[7]。これが謎であるのは、
数学的には2層ニューラルネットワークと深層ニューラルネットワークの表現
力には違いがないと考えられるからである。この理由を明らかにすることは、
現在も深層学習の理論的基礎をめぐる重要な問いとなっている。

　第二の謎は、深層ニューラルネットワークはきわめて複雑な数理モデルであ
るにもかかわらず、なぜ過適合に陥らないのかということである。第4章で見
たように、モデルのバイアス（訓練データへの適合）と分散（汎化性能）はト
レードオフ関係にある。そこで、両者のバランスが最適となる、複雑さが中程
度のモデルが選択されることになる。この考え方に従えば、深層ニューラルネ
ットワークは、バイアスがきわめて小さいが、分散が非常に大きなモデル、つ
まり、訓練データは非常に正確に説明できるが、新しいデータを正確に予測す
る能力は低いモデルだということになるはずである。ところが実際には、深層

---

7) ここでいう「よい性能」とは、具体的には、ユニット数を増やしていったときに、2層ニュー
ラルネットワークよりも深層ニューラルネットワークの方が早く誤差が減少するというようなこ
とである。くわしくは今泉（2021）を参照。

ニューラルネットワークは新しいデータに対しても非常に高い汎化性能をもつ。これが大きな謎なのである。この問題に対しては、バイアスと分散のトレードオフはパラメータ数の少ないモデルだけで成り立つ関係であり、パラメータ数が増加すると、バイアスと分散はどちらも減少するのではないかという仮説などが提案されている（今泉, 2021）。これもまた、現在活発に研究が進められている問題である。

　第三に、なぜある課題にはある特定の構造をもつネットワークがよいパフォーマンスを示すのかが明らかではないこともある。次章以降で見るように、画像認識に畳み込みネットワークを用いることや、自然言語処理に再帰的ネットワークを用いることには、内容的な必然性がある。しかし、画像認識に本来自然言語処理に用いられるトランスフォーマを用いたり、自然言語処理課題に本来画像認識に用いられていた畳み込みネットワークを用いたりすることも、効果的であることが知られている。実際の AI 研究ではこのような工夫が試行錯誤的に行われているが、その理論的基盤は十分に明らかではないのである。

応用上の注意点

　深層学習に関しては、技術的な課題や注意点もいくつかある。第一に、ある課題に深層学習が利用できるためには、入出力をベクトルで表現することが可能でなければならず、また、多数のパラメータの学習を可能にする大量の訓練データが利用可能でなければならない。入出力をベクトルで表現することは、たいていの場合さまざまな技術的工夫によって可能になるが、大量の訓練データが利用できるかどうかは課題次第である。訓練データの数が少なければ、多数のパラメータを適切に調整できず、モデルが不正確になる。この点は、深層学習にとっての根本的な制約である。

　第二に、上でも見たように、現在の人工知能研究においては、特定の課題にどのような構造のネットワークを用いるかや、どのような学習アルゴリズムを用いるかに関する一般原理は存在せず、パフォーマンスのよい手法を試行錯誤的に見つけ出すことが一般的である。それゆえ、ある課題にある手法を用いてよい結果が得られたとしても、その手法がどのような条件の下で有効なのかは明らかでないこともある。また、そのような場合には、よりよい手法が存在す

る可能性が残されている点にも注意が必要となる。

　第三に、第5章で見たように、演繹的な推論やアルゴリズムによる探索など、ニューラルネットワークでは正確に実行できない課題もある。このような課題に対しては、古典的人工知能の手法を用いる方が効果的な場合も多い。深層学習は、あらゆる課題に最適な解決をもたらす、万能の手法ではないのである。

　第四に、第2節でも述べたように、深層ニューラルネットワークの隠れ層には、人間に解釈可能な表現が見出されることもあるが、そうでない場合も多い。後者の場合には、ある特定の入力に対して、なぜ特定の出力が生成されたのかを人間が理解することは困難になる。深層ニューラルネットワークの働きは、このような意味で不透明なのである。第11章でくわしく論じるように、深層ニューラルネットワークの不透明性は、社会的応用において深刻な問題を引き起こす要因の1つである。

　第五に、深層ニューラルネットワークにおいては、入力におけるわずかな変化が出力における大きな違いを生み出すことがある。画像認識における有名な研究によれば、パンダの画像と判定される画像（パンダの画像）に一定のランダムノイズを加えると、その結果生成された画像は、人間の目には依然としてパンダの画像に見えるにもかかわらず、ニューラルネットワークはそれをテナガザルと判定した（Goodfellow et al., 2015）。交通標識に小さな2次元バーコードを貼り付けると、自動運転車の認識システムがその内容を誤認してしまうというような事例も知られている（Eykholt et al., 2018）。このような現象は敵対的事例（adversarial exmaples）と呼ばれる。現在では、このような事例を生成するアルゴリズムを構成できることも知られている。敵対的事例の存在からは、深層ニューラルネットワークが想定とはまったく異なる出力を生成する可能性にも注意が必要だということがわかる[8]。

8）どのようなメカニズムによって敵対的事例が生じるのかということも、深層ニューラルネットワークに関する理論的研究の重要なテーマである。一つの説明は、深層ニューラルネットワークはきわめて表現力の高いモデルであるため、多数の訓練データが与えられたとしても、それを「正しい」関数とは異なる関数によって説明できてしまうのだ、というものだろう。しかし、深層ニューラルネットワークが訓練データを正しく説明できるだけでなく、多くの未知の入力に対しても適切な出力を生成できるにもかかわらず、なぜ少数の未知の入力に対してのみ著しく不適切な出力を生成してしまうのかは、依然として大きな謎である。

　深層ニューラルネットワークの働きが人間にとって不透明であることによって、敵対的事例はさらに深刻な問題となる。たとえば、回帰モデルにおいて不正確な予測が生成された場合には、どの独立変数が不適切だったのかや、どのパラメータの値が不適切であったのかを、人間が分析できる。また、どのような場合に予測が不適切となるのかや、どのようにモデルを改善すればよいのかも、人間が分析できる。これに対して、深層ニューラルネットワークにおいては、モデル（ニューラルネットワーク全体）のどの部分がどのように不適切だったのかを理解することは困難であり、それゆえ、どのような場合に予測が不正確となるのかも、どのようにすればモデルを改善できるのかも、明らかではないことが多いのである。

　これらの課題や問題点に関しては、第Ⅳ部であらためて検討することにしよう。

読書案内

　深層学習の教科書も数多くあるが、日本語で読めるものとしてはつぎの2冊が定番だろう。

・瀧雅人『これならわかる深層学習入門』講談社、2017年
・岡谷貴之『深層学習（改訂第2版）』講談社、2022年

　できるだけ数式なしで基本的な考え方だけ理解したいという人には、以下の本が手頃である。いずれも本格的な教科書に取り組む準備としては非常に有用だが、数式が少なくなれば必然的に説明はおおまかなものとなるという点には注意が必要である。

・大関真之『機械学習入門——ボルツマン機械学習から深層学習まで』オーム社、2016年
・藤本浩司、柴原一友『AIにできること、できないこと——ビジネス社会を生きていくための4つの力』日本評論社、2019年

　深層学習の原理をめぐる研究の現状を知るには、つぎの本を読むのがよいだ
ろう。

・今泉允聡『深層学習の原理に迫る――数学の挑戦』岩波書店、2021 年

Ⅲ　現在の人工知能：現状と課題

第7章 画像認識

第Ⅲ部では、人工知能研究の現状と課題を、主要領域ごとにさらに具体的に見ていくことにしよう。この章で取り上げるのは、深層学習の出発点となった画像認識である。

7.1 さまざまな画像認識手法

深層学習が最初に注目を集めた応用領域であることからもわかるように、画像認識は、深層ニューラルネットワークが威力を発揮する典型的な課題の1つである。

まずは、古典的人工知能で画像認識を行うときには、どのような作業が必要となるかをあらためて考えてみよう。第一に、さまざまな特徴にもとづいて対象を同定するための規則を発見する必要がある。画像に特徴 X が含まれていればその画像はイヌであり、特徴 Y が含まれていればその画像はネコであるといった規則である。このような規則としては、面長なのがイヌで、丸顔なのがネコであるといった規則が考えられるが、このような規則には例外も数多く存在する。しかし、より有用な規則がどのようなものであるかは、明らかではない。第二に、そのような規則で用いられる特徴 X や Y を構成する必要もある。第5章で見たように、画像認識課題における入力は、各ピクセルの明るさを表す値からなるベクトルである。しかし、ベクトルの要素である数値をそのまま用いて、画像がイヌであるかネコであるかを判定することはできない。それゆえ、ピクセルごとの情報をさまざまな仕方で組み合わせて、対象の同定に有用な特

徴量を構成する必要があったのである。しかし、どうすればピクセルごとの情報からそこで用いられる特徴量を構成できるのかがわからないことも多い。これらの理由から、複雑な画像認識課題のためのアルゴリズムを人間が設計することは、きわめて困難だったのである。

　第6章では、深層ニューラルネットワークはend-to-endの機械学習が可能なため、この困難を回避できるということを見た。ニューラルネットワークでは、訓練データからの学習を通じて、有用な特徴量をネットワークにみずから構成させることができるのである。

　画像認識においては、深層学習に加えて、さらにいくつかの手法が効果を発揮する。まずはそれらを見ていこう。

畳み込みニューラルネットワーク

　第一の手法は、畳み込みニューラルネットワーク（convolutional neural network: CNN）という、特殊な構造をもつニューラルネットワークの利用である。

　畳み込みニューラルネットワークは、つぎのような構造をもつニューラルネットワークである。最初の隠れ層では、3×3ピクセルあるいは5×5ピクセルといった局所的な領域ごとに、同一の重み付けパターンが繰り返し適用される。この重み付けパターンはフィルタ（またはカーネル）と呼ばれる。たとえば**図7-1**は縦線を検出するフィルタである。図を見るとわかるように、このフィルタは、明るい領域の中央に暗い縦線（数値が小さい）があるときに出力がもっ

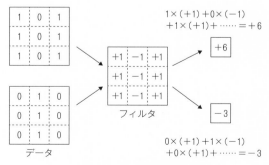

図7-1　フィルタの適用

とも大きくなり、暗い領域の中央に明るい縦線がある場合に出力がもっとも小さくなる。最初の隠れ層では、このようなフィルタが、適用領域を少しずつずらしながら画像全体に適用される。適用領域には重なりがある場合もあれば、ない場合もある。3×3のフィルタを3ピクセルごとに適用すると、第1の隠れ層のユニット数は入力の9分の1となる。この結果得られる第1の隠れ層は、画像のどの領域に縦線という特徴があるかを表したものとなる。このような理由から、フィルタの適用によって得られた隠れ層は特徴マップ（feature map）と呼ばれる。

　画像認識を行うためにはさまざまな特徴マップがあった方がよい。したがって、第1の隠れ層には、典型的には数十から数百種類のフィルタを用意する。300×300ピクセルの白黒画像に、3×3のフィルタ50種類を3ピクセルごとに適用すると、第1の隠れ層は100×100ピクセルの特徴マップ50種類ということになる。（ここではフィルタは領域の重複なしに適用すると想定している。）このとき、第1の隠れ層は50チャンネルからなると言われる（**図7-2**）。第1の隠れ層に対しては、縦横およびチャンネル方向の3次元構造をもつフィルタが用いられる。（つまり、この場合のフィルタは行列ではなくテンソルになる。）5×5×50ピクセルのフィルタ100種類を用いてこのような作業を行うと、20×20ピ

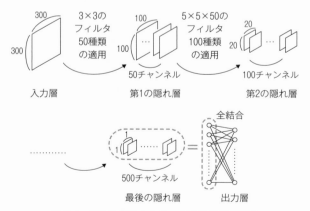

図7-2　畳み込みネットワークの全体的な構造

（最後の部分の＝は、500個のユニットを縦に並べ替えたことを表しており、実際には同一のユニットである。）

クセルの特徴マップ 100 チャンネルからなる第 2 の隠れ層が得られることにな
る。(このフィルタにおいては、各チャンネルに対して図 7-1 のような計算が行わ
れ、50 チャンネル分の結果が足し合わされた値が 1 ユニットへの出力となる。) こ
の作業を繰り返すことで、下流の隠れ層では、より広い領域のより複雑な特徴
に関する特徴マップが構成されることになる。典型的には、下流に進むほど特
徴マップのユニット数は少なくなり、特徴マップの種類 (チャンネル数) は多
くなる。典型的な畳み込みネットワークでは、最後の隠れ層と出力層の間は全
結合で、課題が分類の場合には、出力層の各ユニットが対象カテゴリーを表す
ことになる。畳み込みネットワークでは、訓練データを用いて、各フィルタの
重みパターンと出力層への重みが学習される[1]。

　畳み込みネットワークにおいてこのような構造が導入される背景には、次の
ような事情がある。入力層が、同じユニット数からなる第 1 の隠れ層と全結合
しているとしよう。このとき、入力が 100 万ピクセルの白黒画像だとすれば、
入力層と第 1 の隠れ層の間のパラメータだけでも 10 兆個となる。このような
膨大なパラメータをもつネットワークでは、学習は事実上不可能である。

　この問題に対処するための手がかりはつぎのようなことにある。画像におい
ては、近接するピクセル同士には関連性がある。たとえば、風景画像において
は、ある部分が青色ならば、その周辺もほぼ同じ色合いの青色である可能性が
高いだろう。画像に縦線が写っていれば、データには周期的なパターン (1 辺
が 100 ピクセルの画像ならば、100 ピクセルごとに明るい、暗い、明るいという並
びが現れるなど) が見出されるだろう。そうだとすれば、画像認識においては、
入力をたんなるベクトルとして処理するのは不適切だということになる。そこ
にはさまざまな規則性が存在するはずであり、そのような情報も情報処理に活
用すべきなのである。

　このような考察に従えば、つぎのような方針でネットワークを構成するのが
望ましいことになる。第一に、上流の隠れ層では画像の局所的な特徴を検出し、

---

1) 実際には、畳み込みネットワークには、畳み込み層だけでなくプーリング層と呼ばれる層もあ
る。これは、隣接するユニットの平均値や最大値を求めることで、特徴マップの情報を圧縮する
ものである。プーリング層は、検出された特徴に関する情報の詳細 (具体的な位置など) を捨象
していると解釈できる。実際の畳み込みネットワークは、数十程度の畳み込み層とプーリング層
からなることが多い。

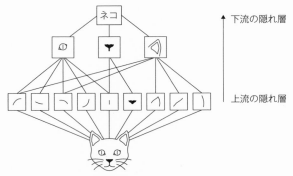

図 7-3　畳み込みネットワークにおける情報処理のイメージ
（Chollet（2021）をもとに一部改変）

下流の隠れ層では、上流で検出した局所的な特徴を利用して、より大域的な特徴を検出するのがよい。第二に、垂直の境界や水平の境界といった局所的な特徴はどの部分でも同じように見えるはずなので、上流の隠れ層では、画像のどの部分でも同じ処理をするのが望ましい。つまり、同じ重み付けパターンを画像のさまざまな領域に適用するのがよい。同じ重み付けパターンを繰り返し適用すれば、パラメータ数も削減できることになる。第三に、局所的な特徴としては、縦線、横線、斜め線、明暗の境界など、さまざまなものが考えられるので、局所的な特徴を検出するユニットは多数用意しておくことが望ましい。畳み込みニューラルネットワークは、まさにこれらの特徴をもつネットワークなのである。

　畳み込みニューラルネットワークが行っていることは、つぎのように考えることができる（**図 7-3**）。上流の畳み込み層は、局所的な領域ごとに、水平方向の境界や垂直方向の境界といった単純な特徴を検出する。もう少し下流の畳み込み層は、その情報をもとにして、もう少し広い領域において、縦縞や四角形といったもう少し複雑な特徴を検出する。さらに下流の畳み込み層では、画像全体において、丸の中に小さな黒丸 1 つとアーモンド型 2 つがあり、丸の上部には三角形が 2 つある（ネコの顔）というような、より複合的な特徴を検出する。このような高次の特徴を手がかりとして、出力層は画像に写っているのがネコであることを同定するのである[2]。

自己符号化器

画像認識課題で広く用いられる第二の手法は、自己符号化器（autoencoder）による事前学習である。

事前学習とは、訓練データを用いた学習を行う前に、別のデータを用いた学習によって、あらかじめネットワークに一定の構造を与えておくという手法である。自己符号化器を用いた事前学習では、まず、最終的に利用する深層ニューラルネットワークのうち、入力層と第1の隠れ層だけを取り出す。そして、隠れ層を挟んで対称形となるように仮の出力層を設定する。隠れ層を挟んで対称な位置にある重みの値は同一になるようにする。ここで、隠れ層のユニット数は、入力層および出力層のユニット数よりも少なく設定する必要がある。このような構造のネットワークにさまざまな画像データを入力し、できるだけ入力と同一の出力が生成されるように重みを調整する。隠れ層の方がユニット数が少ないため、隠れ層では情報の一部が失われることになり、入力とまったく同一の出力を生成することは不可能である。ここで目指しているのは、入力と出力には誤差があるということは前提とした上で、誤差を最小化することである。これは、ニューラルネットワークにおける通常の機械学習で行っている作業にほかならない。

このような学習が完了したならば、次に第1の隠れ層と第2の隠れ層を用いて同じ作業を繰り返す。ある画像を入力したときの第1の隠れ層の状態と出力が同じになるように、第1の隠れ層と第2の隠れ層のあいだの重みを調整するのである。事前に準備した深層ニューラルネットワークの各層に対してこのような学習を行ったものは、積層自己符号化器（stacked autoencoder）と呼ばれる（図7-4）。画像認識課題においては、一般的な画像データベースを用いて、まず積層自己符号化器を構成する。その後、その積層自己符号化器を用いて、訓練データを用いた通常の学習を進める。このような手順を用いると、ランダムな重み値をもつ深層ニューラルネットワークを用いて通常の学習を行う場合よりも、学習が高速化し、パフォーマンスも向上するのである。

---

2) フィルタの重み付けパターンは学習されるものであるため、フィルタが検出する特徴にこのような解釈が可能だとは限らない。実際には、深い層のフィルタは複雑な縞のパターンのようなものを検出していることも多い。

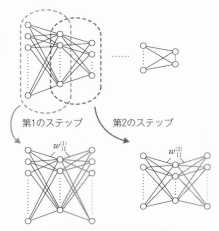

第1のステップ　　　第2のステップ

図7-4　積層自己符号化器

（$w_{11}^{(1)}$ は入力層の1番目のユニットから第1の隠れ層の1番目のユニットへの入力の重みを表す。重みの表記法については第5章を参照。）

　なぜ積層自己符号化器による事前学習は有効なのだろうか。上で述べたように、自己符号化器においては、隠れ層のユニット数はつねに入力層のユニット数よりも少なく設定されている。このような構造のネットワークにおいて、入出力をできるだけ一致させようとすれば、隠れ層は入力の特徴をできるだけ簡潔に表現したものとなる必要がある。たとえば、手書き数字を事前学習に用いるとすれば、隠れ層は、手書き数字の微妙な違いを無視して、そこに曲線や線の交差が含まれるかどうかといったことを表現すべきだということになる。自己符号化器は、データに含まれる情報を強制的に圧縮することで、そこに含まれる重要な特徴を抽出しているのである[3]。積層自己符号化器は、この作業を繰り返すことによって、入力に含まれる高次の特徴を取り出していると考えられる。その結果、下流の隠れ層は、手書き数字が3であるのか8であるのかといった、データのもっとも本質的な特徴を表現することになると考えられるのである。

　積層自己符号化器においては、実際にこのような高次の特徴が学習されるこ

　3）自己符号化器が行っていることは、高次元のデータを、できるだけ情報の損失なしに低次元で表現することである。これは、統計学における主成分分析に相当する。

とも確かめられている。Google のグループによる研究（Le et al., 2012）では、積層自己符号化器の下流の隠れ層ユニットが、ネコの顔や人間の身体に相当するような入力パターンに強い反応を示すようになったことが報告されている。これらのユニットは、「ネコの顔である」あるいは「人間の身体である」といった高次の特徴を検出していると考えられるのである。

　積層自己符号化器が行っていることがこのような作業だとすれば、積層自己符号化器による事前学習が広く有効であることも理解可能になる。ある画像に写っているのが三角形なのか四角形なのか、あるいは、イヌなのかネコなのかというような情報は、その画像にとって本質的な情報であり、さまざまな画像認識課題において有用な情報である。積層自己符号化器は、このような情報を抽出する仕組みにほかならないのである[4]。

敵対的生成ネットワーク（GAN）

　典型的な画像認識課題では、画像を入力として対象のカテゴリーなどを出力する。近年では、これとは逆に、出力として画像を生成する技術も注目されている。画像生成の代表的な手法は、敵対的生成ネットワーク（generative adversarial network: GAN）と呼ばれる手法である。これは、生成器と判別器という 2 つのネットワークからなるシステムである。判別器は通常の画像認識ネットワークで、画像を入力として、それが本物の画像か、AI によって生成された画像かを判別する。生成器は、その名前の通り画像を生成するネットワークで、ランダムノイズなどを入力として、特定のカテゴリーの画像、たとえばネコの画像を生成する。

　GAN においては、判別器と生成器に異なる課題を課す（図 7-5）。判別器は、本物のネコの画像または生成器が生成したネコの画像を入力とし、両者を正しく判別することを目指す。生成器は、判別器が間違って本物のネコの画像と判定するようなネコの画像を生成することを目指す。判別器による判定の成功ま

4）畳み込みネットワークや積層自己符号化器は、出力層の形式を変えることで、多様な課題に利用可能である。これは、これらが画像の高次の特徴を抽出する仕組みだからだと考えられる。第 8 章で取り上げる大規模言語モデルも、出力層の形式を変えることでさまざまな目的に利用可能である。このことは、大規模言語モデルもまた、文に含まれる高次の内容を何らかの仕方で抽出しているということを示唆している。

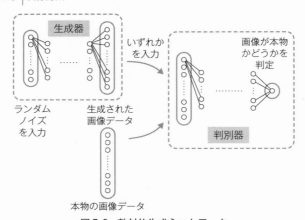

図 7-5　敵対的生成ネットワーク
（ニューラルネットワークの構造は省略して描いている）

たは失敗を誤差として、生成器と判別器それぞれの重みを調整し、学習を繰り
返す。このような仕組みで学習を繰り返すことで、判別器は生成器が生成した
画像と本物の画像をより巧みに識別できるようになり、生成器は判別器が本物
と間違えるような画像を生成できるようになる。これは、偽札を製作する犯罪
者と偽札を検出する警察が競争を繰り返すことで、偽札製作の技術と偽札検出
の技術の両方が向上するのと同じ仕組みである。このような学習の結果得られ
た生成器を用いれば、リアルなネコの画像を生成することができる。これは、
いわゆるディープフェイク画像やディープフェイク動画を作成する手法の 1 つ
でもある。

　現在では、画像の認識や生成以外にも、ニューラルネットワークによってさ
まざまなことが可能になっている。2 次元画像から物体の 3 次元的な配置を同
定すること、画像にキャプション（言語による説明）を追加すること、人間が
何かをしている画像や動画からその意図を特定することなどである。また、複
数の画像を合成すること、たとえば、ネコの画像とゴッホの風景画を訓練デー
タとして、ゴッホ風のネコの絵を生成することなども可能になっている。

7.2 深層ニューラルネットワークによる画像認識と
人間の視覚情報処理

深層ニューラルネットワークと人間の脳の比較

深層ニューラルネットワークを用いた画像認識は、人工知能研究がもっとも目覚ましい進展を見せている領域の一つである。では、このことは、深層学習、あるいは畳み込みニューラルネットワークによる深層学習が人間の視覚情報処理の原理にほかならないということを示しているのだろうか。

第5章で見たように、人工ニューラルネットワークは人間の脳の構造を参考にして作られたモデルである。さらに、畳み込みニューラルネットワークは生物の視覚システムのあり方を参考にしたモデルである。生物の脳の視覚皮質では、目から視覚皮質に送られた情報が最初に処理される層（V1）の神経細胞は、一定の傾きをもつ線分のような単純なパターンに反応し、層が深くなるにつれて、神経細胞はより広範囲のより複雑な特徴に反応するようになることが知られている。また、より下流に当たる側頭葉には、特定の人物などに反応する神経細胞が存在することも明らかになっている（Quian Quiroga et al., 2005）。これは、畳み込みニューラルネットワークの構造にほかならないように思われる。

他方で、第6章でも見たように、深層ニューラルネットワークによる画像認識と人間の脳による視覚情報処理には、いくつかの大きな違いもある。第一に、両者の学習に必要なデータ数には大きな違いがあるように思われる。深層ニューラルネットワークがツチブタを同定できるようになるには、数千枚から数万枚の画像による訓練が必要である。しかし、人間は数匹の画像を見るだけで、同様の精度で同定が可能になるように思われる。

もっとも、この点に関しては、じつは両者に大きな違いはないのかもしれない。ニューラルネットワークによる画像認識には非常に多くの訓練データが必要なため、さまざまな方法でデータ拡張（データの水増し）が行われる。ある画像の一部を切り取る、拡大・縮小する、回転・反転する、明るさを変化させるなどして、それらも訓練データとして利用するのである。画像認識の最終的な目的は、画像の細かな違いにとらわれることなく、ネコの画像ならばネコの

画像と同定することである。その意味では、学習の際にデータ拡張を活用することにはそれなりの合理性がある。他方で、われわれが現実世界で実際にネコを見ているときには、わずかに異なるネコの画像を連続的にデータとして与えられているのだと考えることができるかもしれない。このような理解が適切だとすれば、人間が視覚情報処理の学習に用いているデータは、われわれが素朴に考えるよりもはるかに多いかもしれないのである。

　しかし、たとえそうだとしても、両者の間にはさらなる違いがある。第二に、人工知能による画像認識では、対象のカテゴリーなどが出力となる。これに対して、人間の視覚情報処理においては、何を出力と考えるべきかはそれほど明らかではない。目から脳に送られた情報は、情報処理のさまざまな段階で、さまざまな部位に送られる。その中には、対象の位置や運動に関する情報もあれば、対象が何であるかということに関する情報もある。このように、入力に対してより多面的で包括的な情報処理がなされるということや、それらが運動と密接な関係をもつということも、深層ニューラルネットワークによる画像認識にはない特徴である[5]。

　第三に、第 6 章で見たような敵対的事例が存在するということも、人工ニューラルネットワークに特有の現象である。ここで、このような指摘に対しては、つぎのような反論が考えられるかもしれない。人間もさまざまな状況で見間違いを犯すことがある。そのような状況は、人間にとっての敵対的事例と言えるのではないだろうか。これはもっともな指摘だが、ここで問題となっているのは、敵対的事例の存在そのものではなく、人間にとっての敵対的事例と深層ニューラルネットワークにとっての敵対的事例の違いである。人間は、パンダからの視覚入力に多少のノイズが加わったとしても、それをまったく別の対象と誤認することはない。脳と人工ニューラルネットワークで敵対的事例のあり方が異なることは、両者の作動原理が重要な点で異なっていることを示唆しているのである。

　5）人間の脳においては、視覚皮質から頭頂部に向かう背側経路（dorsal pathway）と呼ばれる経路は対象の位置や動きに関する情報を、視覚皮質から側頭部に向かう腹側経路（ventral pathway）と呼ばれる経路は対象の種類に関する情報を処理することが知られている。これについては、たとえば Goodale and Milner（2004）を参照。

　これと関連する問題として、ニューラルネットワークによる画像認識では、しばしば非本質的な手がかりを利用することが学習されてしまうということが知られている。ある研究（Ribeiro et al., 2016）によれば、シベリアンハスキーの画像とオオカミの画像を識別することをネットワークに学習させたところ、訓練データではオオカミの画像だけが雪を背景としていたため、画像に写っている動物の種類ではなく、画像の周辺部分に雪が映っているかどうか（すなわち白いピクセルがまとまってあるかどうか）を手がかりとして識別を行うようになってしまったという。人間が同じ課題を学習するときには、学習しなければならないのは画像に写っている主たる対象の識別だということを暗黙のうちに理解し、適切な学習を行うことができるだろう。しかし、ニューラルネットワークでは、そのような学習が自然に生じる保証はない。このこともまた、人間の視覚情報処理とニューラルネットワークの情報処理のあいだには重要な原理の違いがあることを示唆している[6]。

　第四に、画像認識において現在一般的に用いられているニューラルネットワークは、構造の上でも脳と大きな違いがある。画像認識で用いられるニューラルネットワークは、畳み込みネットワークも含めて、フィードフォワードネットワーク、すなわち、入力から出力に一方向的に情報が伝達されるネットワークである。これに対して、人間の脳には下流層から上流層に向かう多くの結合が存在する。部位によっては、下流から上流への結合の方が多いこともある。

---

[6] ここで問題になっていることは、第3章で問題になった状況理解の問題の一種だと言うことができるだろう。人間は、この学習課題においては画面の中央に写っている動物の種類が重要であり、背景に関する情報は重要ではないということを直観的に理解し、学習を進めることができる。しかし、ニューラルネットワークは、古典的人工知能と同様に、このような場面で何が重要であるかをみずから判断することができないのである。（ただし、この事例にはさらに微妙な問題があるかもしれない。ここでニューラルネットワークが取り組んでいるのは、さまざまな画像が提示され、あるものは第1のグループ、他のものは第2のグループに分類されるという情報だけを手がかりとして、正しい分類法を学習するという課題である。人間が同じ課題に取り組む場合、たとえば第1のグループがネコの画像で第2のグループがイヌの画像だとすれば、中心に写っている動物の種類にもとづいて画像を分類すればよいことがおのずとわかるだろう。しかし、ここで用いられているのはオオカミの画像とシベリアンハスキーの画像で、訓練データに2種類の動物の画像が含まれていることは、人間にとっても自明ではない。人間から見ても、2つのグループの画像のもっとも顕著な違いは、雪が写っているかどうかかもしれないのである。そうだとすれば、この事例においても、ニューラルネットワークは正しい学習をしていることになる。この点は藤川直也の指摘による。）

　人間の脳がこのような構造をもつことには、一定の必然性がある。人間が視覚情報処理を行う際には、局所的で低次の情報から大域的で高次の情報を引き出すという処理だけでなく、大域的で高次の情報にもとづいて局所的で低次の情報を修正するという過程も、重要な役割を果たすと考えられるからである。たとえば、上流層のあるユニットにおいて局所的な境界が検出され、その領域に関する情報からは、平面Aが平面Bの前にあると判定されたとしよう。しかし、下流の層でさらに広い領域からの情報を総合すると、平面Bが平面Aの前にあるという結果になったとしよう。上流における情報も何らかの仕方で行動に利用されるのだとすれば、この不整合を放置するのではなく、下流における情報処理の結果が何らかの形で上流にフィードバックされ、問題のユニットの情報が修正されるのが望ましいだろう。このように、人間の視覚情報処理においては、高次の情報が低次の情報に影響を与えるトップダウンの情報処理も、情報の整合性を高めたり曖昧さを解消したりする上で、重要な役割を果たしていると考えられるのである[7]。

画像認識と人間の視覚情報処理の違い

　人間の脳とフィードフォワードネットワークは、さらに根本的な点においても異なっているように思われる。人工知能研究における画像認識（のうちこれまでに見たようなもの）は、1つの入力画像に対して1つの出力を生成するという、時間的構造をもたないものである。これに対して、人間の脳が行う視覚情報処理は、時間の中で連続的に行われるものである。このことが、両者の原理に根本的な違いを生じさせているかもしれないのである。

　このようなことを示唆するのは、予測符号化（predictive coding）と呼ばれる考え方である。予測符号化理論によれば、脳の基本的な仕事は、世界のモデルを生成し、そのモデルによってつぎの知覚入力を予測し、さらに、予測と実際の知覚入力とのズレにもとづいて世界のモデルを修正することである。脳は

---

7) ユニット同士の影響関係をモデル化した、ボルツマンマシンと呼ばれるニューラルネットワークも存在する。しかし、そこで想定されているのは、各ユニットがどのような状態をとるかに関する影響関係であり、人間の脳に見られるような離れた層のあいだでの逆行性の興奮伝達ではない。

このような作業を絶えず繰り返しているというのである。

　具体例を用いて説明しよう。左から右にボールが転がっていくのを私が見ているとしよう。これまでの知覚入力にもとづいて、私の脳は、私の目の前にはボールがあり、それが左から右に一定の速度で転がっているというモデルを生成する。そして、このモデルから1秒後のボールの位置を予測し、1秒後にボールから得られると予測される視覚入力を導き出す。1秒後に実際のボールからの視覚入力が得られると、モデルから予測された視覚入力と実際の視覚入力のズレが計算される。ここで、実際の視覚入力によれば、予測された視覚入力よりもボールの位置が右だったとしよう。このことは、実際のボールの移動速度はモデルの想定よりも早いということを示唆している。このような計算結果にもとづいて、脳は、ボールはもう少し速い速度で左から右に転がっているというようにモデルの内容を修正する。脳は、このような作業を絶えず繰り返し、世界のより正確なモデルを構築しているというのである。

　これまでに見てきたフィードフォワードネットワークは、感覚入力から世界のあり方を出力するだけである。これに対して、予測符号化理論においては、ある時点における世界のモデルから未来の感覚入力を予測するという作業が重要な役割を果たす。このような作業を行う上でも、ネットワークにおける下流から上流への結合は重要な役割を果たしている可能性がある。

　予測符号化理論は、人間のさまざまな認知現象のモデルとして有望であることが明らかになっている（この理論については、たとえば Hohwy（2013）を参照）。これが正しい理論だとすれば、ニューラルネットワークが人間の脳を理解する上で有用なモデルだとしても、適切なモデルはフィードフォワードネットワークではないかもしれないのである[8]。

8）じつは、ロボティクスにおいては、このようなアプローチが一般的に用いられている。ロボットは、離れた場所にある物体を直接捉えることができるわけではない。ロボットに与えられるのは、センサへの入力だけだからである。したがって、ロボットは、センサへの入力から世界のあり方を推定し、さらなるセンサへの入力を用いてその推定を修正するという作業を行う必要がある。では、どのようにすればそれが可能になるだろうか。1つの方法はつぎのようなものである。第一に、時刻 t における世界のあり方は、時刻 $t-1$ における世界のあり方によって決定されるとする（このようなあり方はマルコフ性と呼ばれる）。第二に、時刻 t におけるセンサへの入力は、時刻 t における世界のあり方によって決定されるとする。このようなモデルは、ベイズの定理を用いた推定とも相性がよい。世界が複雑であることを考えれば、時刻 $t-1$ における世界のあり

読書案内

　畳み込みニューラルネットワークについては、第 6 章で紹介した深層学習の教科書に説明がある。よりわかりやすい説明は、つぎの本の第 2 章にある。

・藤本浩司、柴原一友『続・AI にできること、できないこと——すっきり分かる「最強 AI」のしくみ』日本評論社、2019 年

　英語だが、つぎのウェブサイトは畳み込みニューラルネットワークの仕組みを図やアニメーションを多く用いてくわしく説明しており、畳み込みネットワークの働きを直観的に理解するのにとても役立つ。

・https://cs231n.github.io/convolutional-networks/

方は、時刻 t における世界のあり方を確率的に決定するだけかもしれない。また、時刻 t における世界のあり方とセンサへの入力の関係にも、不確定性が存在するかもしれない。上のモデルは、これらの関係を条件付き確率として表現できる。そして、センサ入力にもとづいて世界のあり方に関する推定を更新するステップは、ベイズ更新、すなわちベイズの定理にもとづく確率分布の更新として理解できる。生物の脳の働きを理解するためには、深層学習だけでなく、このような理論的枠組みを取り入れることが必要かもしれない。

第8章 自然言語処理

　本章では、現在の人工知能研究において画像認識と並ぶ重要な応用領域となっている、自然言語処理研究について見ていこう。

8.1 さまざまな自然言語処理の手法

　自然言語処理にはさまざまなタスクがある。音声を文章化する発話認識、文章を音声化する音声合成、ある言語の文章を別の言語の文章に翻訳する機械翻訳、特定のトピックについてインターネット上などで情報を収集する情報収集、文章による質問に文章で応答する質問応答などである。以下では、機械翻訳や文章生成を中心に、現在の人工知能研究における自然言語処理の手法を見ていこう。

古典的人工知能から言語モデルへ
　古典的人工知能研究では、構文論的な規則にもとづく記号操作という手法によって、自然言語処理における多様なタスクを実行することが目指された。古典的な自然言語処理システムは、基本的にはつぎのようなアプローチにもとづいていた。

・文の構文論的構造を分析する。
・文の構成要素の意味を特定する。
・文の構成要素の意味と文の構文論的構造から、文の意味を特定する。

　しかし、第 I 部でも見たように、このような手法はさまざまな困難に直面することになった。第一に、自然言語の文の構文論的構造は、つねに明確なわけではない。"I saw a girl with a binocular." という有名な文例からもわかるように、一つの文に対して複数の構文論的な分析が可能であることは珍しくない。このような場合でも、人間は文脈からどの分析が適切かを特定できる。しかし、古典的人工知能に同じことをさせるためには、無数の常識を人工知能に与えなければならない。

　第二に、文の字義通りの意味が明らかな場合でも、実際の意味は文脈に応じて異なる。たとえば、「塩ある？」という疑問文の字義通りの意味は、塩はあるかどうかという質問である。しかし、多くの場合、この文は「塩をとってくれ」という依頼として用いられる。とはいえ、この文はつねにそのような意味で用いられるわけではない。私が帰宅時に「塩ある？」というメッセージを妻に送ったとしたら、それは、「家に塩は十分に残っているか？　塩を買って帰る必要はあるか？」という質問を意味しているだろう。このように、文の意味は文脈に応じて多様に変化する。第 3 章で見たように、それを明示的な規則によって把握することはきわめて困難なのである。

　このように、自然言語処理においても、古典的な人工知能研究は、他のさまざまな課題において直面したのと同様の問題に直面したのである。

　第 I 部で見たような古典的人工知能の歴史をふまえれば、文法や意味に関する規則を人間がコンピュータに教えることによって自然言語処理を行うというアプローチは、有望ではないように思われる。自然言語処理においても、機械学習を取り入れる必要があるのではないだろうか。今日では、インターネット上などに自然言語のデジタルデータが大量に存在するということを考えても、機械学習による自然言語処理は有望であるように思われる。

　このような事情から、1990 年代以降、自然言語処理においても機械学習を用いたさまざまな手法が提案されてきた。その基本となるのは、言語モデル、すなわち、ある言語においてさまざまな語が互いにどのような関係にあるかを表現する数理モデルである。たとえば、統計的な言語モデルの一種であるbag-of-words モデルは、コーパスにおけるさまざまな語の出現確率にもとづいて、一群の語の共起確率を推定する。これを用いれば、たとえば、"baseball"

という語に対して、どのような語が同時に出現する確率が高いかがわかる。このモデルを用いて、"baseball"という単語を含む 12 単語からなる集合のなかでもっとも共起確率が高いものを選ぶと（そして語順を整えると）、たとえば"Baseball is one of the most popular sports in the United States." というようなものが得られる。このように、このモデルは文の生成モデルとして利用することができる。

　bag-of-words モデルは、それぞれの単語の出現確率が相互に独立であることを前提としている。しかし、これは実際には正しくない。"hit"という単語は、"baseball"という単語がない場合よりも、ある場合により高い確率で出現するだろう。このような事情を考慮した言語モデルが、単語 n−グラム言語モデルである。このモデルは、n 個の先行する単語から、ある単語の出現確率を推定するものである。このモデルに n 個の単語を与えると、その後に出現する確率がもっとも高い単語が示される。1 語ずらして同じ作業を繰り返せば、そのつぎの単語も示される。この作業を繰り返すことで、はじめの n 個の単語に続くもっとも自然な文を生成できる。たとえば、"Last night I ate"と入力すると、次に現れる確率がもっとも高い単語として、"a"が現れる。つぎに、"night I ate a"と入力すると、"hamburger"が現れる。このような作業を繰り返すと、"Last night I ate a hamburger and French fries for dinner." という文が生成される。n の値を大きくして十分なデータで学習すると、モデルが正確になり、生成される文はより自然になる。しかし、ある言語の単語数が 10 万だとすれば、この言語における 20 単語からなる文は $10^{5^{20}} = 10^{100}$ 通りあることになるので、20−グラムモデルを作ることは現実には不可能である。このような理由から、実際には 5−グラム程度のモデルを利用することが一般的だが、このようなモデルでは、離れた単語同士の関係を扱えないことが問題となる。

語の埋め込み

　より正確な言語モデルを構築するためには、ニューラルネットワークを利用するのが自然だろう。では、ニューラルネットワークを用いて自然言語処理を行うには、どうすればよいだろうか。入力としては、第 5 章でも見たように、アルファベットを one-hot ベクトルで表現することができる。あるいは、使用

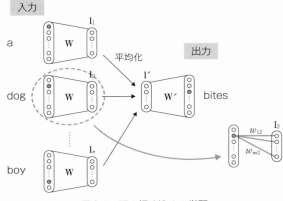

図 8-1　語の埋め込みの学習

する単語がある程度制限されているならば、たとえば5,000個のユニットを用いた one-hot ベクトルで 5,000 種類の単語を表現することも可能である。機械翻訳や質問応答といった課題の場合には、出力にも同様のベクトルを用いればよいだろう。しかし、現在では 1 つの語を one-hot ではないベクトルで表現する手法が一般的となっている。以下で見るように、このような手法を用いれば、ベクトルで語の意味を表現できると考えられるからである。では、どのようにすればそのようなベクトルを構成できるのだろうか。

　現在主流となっているのは、語の埋め込み（word embedding）という手法である（**図 8-1**）。この手法では、入力をある文中のターゲット単語の前後にある数語、出力をターゲット単語として、ニューラルネットワークによる教師あり学習を行う[1]。たとえば、"A dog bites a boy." という例文ならば、a/dog/a/boy という 4 つの単語を入力として、bites という単語を出力とすることを学習するのである。（三人称単数現在の s の扱いについては無視する。）入力には one-hot ベクトルを利用するが、そのそれぞれを同一の重み付けパターン $\mathbf{W}$ で、ユニット数 50 から 100 程度の層 $\mathbf{l}_1, ..., \mathbf{l}_n$ に変換する。さらに、これらを平均

---

1) 埋め込みベクトルを作成する際には、ターゲット語を入力として、その前後の単語を出力とする課題によって学習を行う手法もある。ベクトル演算が成り立つことが知られているのはこの手法である。

化した（対応するユニットごとに平均値を求めた）l′を構成する。そして、l′と出力層の one-hot ベクトルを全結合 W′ によって結合する。このような構造をもつニューラルネットワークで、前後の単語からターゲット単語を予測するという課題の教師あり学習を行う。学習が完了した後の重み付けパターン W において、入力層のあるユニットとそれに結び付いた l_i とのあいだの重み付けパターンが、そのユニットが表す語の埋め込みベクトルとなる。たとえば**図 8-1**では、$(w_{12}, w_{22}, ..., w_{m2})$ が dog の埋め込みベクトルだということになる。

このようなやり方で得られたベクトルは興味深い性質をもつことが知られている。第一に、意味の類似した語は類似したベクトルになる。第二に、ベクトル同士の演算は、意味的に理解可能なものとなる。たとえば、王－男性＝女王－女性といった演算が成り立つのである。これらのことから、埋め込みベクトルは何らかの仕方で語の意味を表現していると考えられる[2]。

再帰的ニューラルネットワークと系列変換モデル

入力に埋め込みベクトルを用いるとしても、ニューラルネットワークで自然言語処理を行う上では、いくつかの重大な問題がまだ残されている。第一に、この方法では、入力ユニット数を超える長さの文章を扱うことができない。第二に、通常のニューラルネットワークでは、語順などの情報を表現できない。入力層ユニットへの入力はすべて同時に与えられ、ユニットの順番には意味はないからである。

これらの問題点に対応するため、自然言語処理においては、再帰的ニューラルネットワーク（recurrent neural network: RNN）が用いられることが一般的である。再帰的ネットワークは、通常 2 層からなり、**図 8-2** 左のような構造をもつ。図にあるように、隠れ層にループ構造があることが再帰的ネットワークの特徴である。局所的に見ると、再帰的ネットワークの具体的な構造は右図のようになっている。

---

2) 実際には、ベクトルサイズの設定、訓練課題、訓練データなどの違いに応じて、異なる埋め込みベクトルのセットが作成される。したがって、上のような演算は、同一のセットに属するベクトル同士で成り立つ関係ということになる。異なる埋め込みベクトルのセット同士のあいだに何らかの類似性を見出すことができるかどうかは、興味深い理論的問題である。

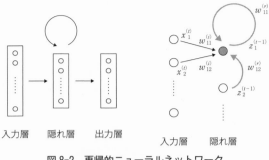

図 8-2　再帰的ニューラルネットワーク

　この図に即して再帰的ネットワークの具体的な働きを見てみよう。再帰的ネットワークにおける入力は時系列的な情報で、たとえば、ある文を構成する単語が1時刻ごとに文頭から1語ずつ入力される。時刻 t においては、時刻 t における入力層の状態が隠れ層に伝達される（黒い入力）とともに、時刻 $t-1$ における隠れ層の状態が隠れ層に伝達される（網掛けの入力）。以下のように記号を定め、入力層には n 個のユニットがあり、隠れ層には m 個のユニットがあるとすると、時刻 t における隠れ層1番目のユニット（網掛けのユニット）への入力は次式のようになる。

・$x_j^{(t)}$：時刻 t における入力層の j 番目のユニットからの出力
・$w_{1j}^{(i)}$：入力層 j 番目のユニットから隠れ層1番目のユニットへの重み
・$z_k^{(t-1)}$：時刻 $t-1$ における隠れ層 k 番目のユニットからの出力
・$w_{1k}^{(r)}$：隠れ層 k 番目のユニットから隠れ層1番目のユニットへの重み

$$\sum_{j=1}^{n} w_{1j}^{(i)} x_j^{(t)} + \sum_{k=1}^{m} w_{1k}^{(r)} z_k^{(t-1)}$$

表記はややこしいが、この式が意味しているのは、時刻 t における隠れ層1番目のユニットへの入力は、時刻 t における入力層の各ユニットの出力に、それに対応する重みを掛けあわせたものと、時刻 $t-1$ における隠れ層の各ユニットの出力に、それに対応する重みを掛けあわせたものの総和になる、ということである。

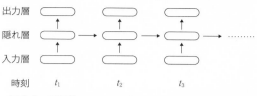

図 8-3　再帰的ニューラルネットワークの時間的構造

　画像認識の場合と同様、再帰的ネットワークの出力は課題に応じて設定する。たとえば、入力された語の品詞分類（POS タギングと呼ばれる）を行う場合には、出力層の各ユニットは、入力された語の品詞カテゴリーを表すことになる。翻訳を行う場合には、出力層の各ユニットはそれぞれがある単語を one-hot で表すようにして、もっとも出力の大きなユニットが表す単語を実際の出力とする。

　再帰的ネットワークにはいくつかの特徴がある。まず、隠れ層の再帰的な結合があることで、時系列的な入力を扱うことができる。では、隠れ層における再帰的な結合は、具体的には何を行っているのだろうか。図 8-3 のように再帰的ネットワークの構造を時間方向に展開すると、その働きが理解しやすくなる。時刻 t における隠れ層は、時刻 t における入力層と時刻 $t-1$ における隠れ層から入力を受け取り、出力を生成している。言い換えれば、隠れ層は、新たに与えられた語の情報と、それまでに与えられた語に関する情報の両方をもとに、出力を生成している。つまり、隠れ層の再帰的結合は、文脈的な情報を後の時刻に伝えているのである。

　再帰的ネットワークにはもう 1 つ特徴がある。再帰的な結合の重みはつねに一定なので、このネットワークでは、入力の長さに関わらずパラメータ数は一定となる。畳み込みネットワーク同様、再帰的ネットワークはパラメータ数が少ないため、学習が比較的容易なのである。

　これらの理由から、再帰的ネットワークを用いることで自然言語処理課題がうまく扱えるようになる。たとえば、POS タギング課題では、文脈的な情報を利用することで、"dance"という語が名詞なのか動詞なのかを適切に判定できるようになるのである。

　訓練済みの再帰的ネットワークは、文の生成に用いることもできる。まず、

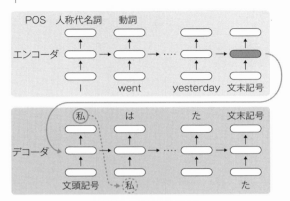

図 8-4　系列変換モデル

入力に対してさまざまな語がつぎに現れる確率を予測する課題を用いて、再帰的ネットワークを訓練する。つぎに、この訓練済みネットワークを用いて、入力 $\mathbf{x}^{(t)}$ に対する出力 $\mathbf{y}^{(t)}$ の中でもっとも確率が高いものを実際の出力とする。そしてこの出力を、次の時刻における入力 $\mathbf{x}^{(t+1)}$ に用いる。この作業を繰り返すことで、ある語から始まる出現確率の高い文を生成することができる[3]。

　埋め込みベクトルを用いた再帰的ネットワークにも、まだ問題がある。たとえば、再帰的ネットワークで機械翻訳を行うときには、元言語の文が 1 語入力されるごとに、翻訳先の言語（標的言語）の文が 1 語出力される。しかし、英語の文を日本語の文に翻訳する場合を考えればわかるように、自然言語には語順の違いがある。訳文に現れる語は、原文全体と、これまでに生成された訳文の両者をふまえて決定されなければならないのである。これを可能にするのが系列変換モデル（sequence-to-sequence model: seq2seq）である（図 8-4）。

　系列変換モデルでは、2 つの再帰的ネットワークをそれぞれ元言語と標的言

---

3) 単純な再帰的ネットワークには問題もある。図 8-3 を見るとわかるように、再帰的ネットワークは時間方向に深層構造をもつニューラルネットワークである。それゆえ、一般的な深層ニューラルネットワークと同様に、学習の際に勾配消失問題が生じる可能性がある。また、単純な再帰的ネットワークにおいては、隠れ層がもつ文頭の語に関する情報は、入力が追加されるごとに相対的な割合が低下していく。離れた場所にある語の指示関係を処理するような場合には、このことが問題となる。これらの問題に対処するために、再帰的ネットワークでは、前の時刻の隠れ層の情報を長時間保持するための長短期記憶（long short-term memory: LSTM）と呼ばれる機構を利用することが一般的である。

語に用いる。元言語用の再帰的ネットワークはエンコーダと呼ばれる。エンコーダには、元言語の文の埋め込みベクトルが順番に入力される。エンコーダは、POS タギングなどの課題について、訓練データを用いて事前に学習を行っておく。翻訳の際には、学習済みのエンコーダに原文を順に入力し、文末までの入力が済んだ段階におけるエンコーダの隠れ層の状態を、標的言語用のネットワークであるデコーダに受け渡す。（エンコーダの出力は利用しない。）デコーダの隠れ層は、入力層から文頭記号を表すベクトルを受け取るとともに、エンコーダの隠れ層の最終状態を受け取る。これらから、訳文の最初の単語が出力される。つぎのステップでは、出力された訳文の最初の単語を入力層への入力とする。このようなステップを繰り返すことで、デコーダは訳文を生成できるのである[4]。

アテンション、トランスフォーマ、大規模言語モデル

しかし、系列変換モデルにも問題がある。系列変換モデルでは、原文の内容はエンコーダの隠れ層の最終状態として表現される。そこでは、文末に近い情報ほど大きな割合を占めることになる。また、隠れ層のユニット数は固定されているため、入力される文が長くなるほど、一語あたりの情報量は少なくなってしまう。これらの問題に対処するために提案されたのが、アテンション機構である（図 8-5）。

アテンション機構においては、デコーダに新たな構造が加わる。デコーダでは、まず第 1 の隠れ層がエンコーダの隠れ層の最終状態 $\mathbf{h}_n$ と文頭記号を受け取る。つぎに、その結果得られる第 1 の隠れ層の状態 $\mathbf{g}_1$ と、各時点におけるエンコーダの隠れ層の状態ベクトル $\mathbf{h}_1, ..., \mathbf{h}_n$ を用いて、第 2 の隠れ層の状態 $\mathbf{g}'_1$ を生成する。具体的には、$\mathbf{h}_1, ..., \mathbf{h}_n$ と $\mathbf{g}_1$ の内積を計算し、その値を合計が 1 になるように正規化した重み $w_1, ..., w_n$ を用いて、$w_1\mathbf{h}_1 + ... + w_n\mathbf{h}_n$ を求める。これが第 2 の隠れ層の状態ベクトル $\mathbf{g}'_1$ となる。アテンション機構をもつ再帰的ネットワークは、この $\mathbf{g}'_1$ を用いて出力を生成する。この出力が次の時刻におけるデコーダの入力になる。この入力と $\mathbf{g}_1$ から $\mathbf{g}_2$ が得られ、$\mathbf{g}_2$ とエンコー

4）畳み込みニューラルネットワークに画像を入力したときに得られる出力をデコーダの隠れ層に入力すると、キャプショニング（画像の内容を説明する文章の生成）が可能になる。

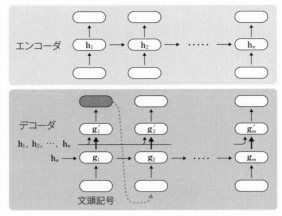

図 8-5　アテンション機構

ダの隠れ層の状態ベクトル $\mathbf{h}_1$, ..., $\mathbf{h}_n$ から、同じやり方で $\mathbf{g}'_2$ が求められる。以下同様の作業が繰り返される。

　アテンション機構は何をしているのだろうか。このメカニズムが行っているのは、エンコーダの各時刻における隠れ層の状態を用いて、デコーダの隠れ層の状態を再構成することである。ここで、時刻 t_i における隠れ層の状態を生成する際には、この時刻におけるデコーダの本来の隠れ層の状態 $\mathbf{g}_i$ とエンコーダの隠れ層の状態との内積を計算している。ベクトルの内積計算は、基本的にはベクトル同士の類似度の計算である。したがって、アテンション機構は、$\mathbf{g}_i$ との類似度を反映させる形で、エンコーダの隠れ層の状態ベクトル $\mathbf{h}_1$, ..., $\mathbf{h}_n$ を用いて $\mathbf{g}'_i$ を構成しているのである。

　つぎのような例を考えてみれば、この作業の意味が直観的にも理解できるだろう。「私は昨日豪華なディナーを食べた」と "I ate a luxurious dinner yesterday." では、「食べた」と "ate" の位置が異なるので、2語目までを再帰的ネットワークに入力した状態における隠れ層の状態は大きく異なると考えられる。類似しているのはむしろ、日本語文における最後の隠れ層の状態と、英文の2語目の隠れ層の状態だろう。アテンション機構は、内積計算によってこのような隠れ層同士の類似性を評価し、デコーダの隠れ層の状態を、文脈をより正確に反映したものに再構成しているのである。

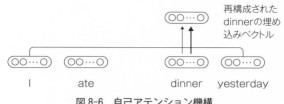

図 8-6　自己アテンション機構

アテンション機構の働きを一般化させたものが自己アテンションである。ア
テンション機構は、系列変換モデルにおいて、元言語と標的言語のあいだに適
用されるものだった。上で見たように、その本質は、ベクトルの内積計算にも
とづいて、あるベクトルを再構成する作業にあると考えられる。そして、この
作業自体は、系列変換モデル以外にも応用可能である。自己アテンションは、
このような発想にもとづくものである。

自己アテンションは、再帰的ニューラルネットワークではなく、フィードフ
ォワードネットワークを用いた自然言語処理に利用される。"I ate a luxurious
dinner yesterday."という文を埋め込みベクトルを用いてネットワークに入力
する場合を例に考えてみよう（**図 8-6**）。自己アテンション機構では、"dinner"
という単語の埋め込みベクトルと（"dinner"を含む）それぞれの単語の埋め込
みベクトルのあいだで上のアテンションと同じ作業を行い、"dinner"の埋め込
みベクトルを再構成する[5]。

自己アテンション機構は、ある語の埋め込みベクトルを、文脈を反映させた
形に再構成するメカニズムと考えることができる。自己アテンションが威力を
発揮する場面の一つは、語の多義性の処理である。たとえば英語の"see"は、
文字通りに眼で見るという意味で用いられることも、理解するという意味で用
いられることもある。しかし、文中に現れる他の単語は、"see"の意味に応じ
て異なるだろう。したがって、自己アテンション機構を用いれば、同じ"see"
という語に対して、前後に存在する語の違いに応じて、異なる埋め込みベクト
ルが生成されることになる。再構成された埋め込みベクトルは、文脈の違いに
応じた"see"という語の意味の違いを表現したものとなっていると考えられる

5）実際には、自分自身との内積が極端に大きな値になることを避けるため、ある埋め込みベクト
ルに3つの異なる行列を適用して得た3種類のベクトルをベクトルの再構成に用いる。

のである。

　BERT や GPT といった大規模言語モデル（large language model: LLM）は、トランスフォーマと呼ばれる機構を中心的な構成要素とする。トランスフォーマで中心的な役割を果たすのが、この自己アテンションである。トランスフォーマは、語の埋め込みベクトルを入力とし、複数の自己アテンション層を介して、文脈情報を反映した新たな埋め込みベクトルを出力する。トランスフォーマは再帰的ネットワークではないため、時間的情報を扱うことはできない。しかし、入力に対して並列的に処理を行うことができるため、再帰的ネットワークに比べて処理が高速であり、学習も高速に実行できるという利点がある。ネットワークを大規模にして、入力層のユニット数を増やせば、一定の上限はあるものの、ある程度長い文の処理も可能となる。このような理由から、現在の大規模言語モデルにはフィードフォワードネットワークが用いられている[6]。

　BERT のようなエンコーダモデルは、数百語から数千語程度の埋め込みベクトルを入力とし、そこにトランスフォーマ層を複数適用して、文脈情報を反映した埋め込みベクトルを出力するフィードフォワードネットワークである（**図8-7**）。大規模言語モデルの学習には、文中の空欄を適切な単語で補充する課題や、2 つの文を入力し、それらが連続するかどうかを判定する課題などが用いられる。

　エンコーダモデルは、多様な自然言語処理課題に利用可能な汎用言語モデルである。従来の自然言語処理においては、文の生成、品詞のタグ付け、翻訳といった課題を行う場合には、特定の課題に関する訓練データを用いて、特定の課題に特化したネットワークの学習を行うことが一般的だった。しかし、大規模言語モデルにおいては、大量の文書データを用いて空欄補充課題などによって事前学習を行ったモデルを、さまざまな課題に用いることができる。事前学

　6）トランスフォーマには、ほかにもさまざまな要素がある。埋め込みベクトルに語の位置に関する情報を加える、入力された埋め込みベクトルに複数の自己アテンションを並行して適用する（マルチヘッドアテンション）、いくつかの層をバイパスするような結合を設ける（残差結合）、といったものである。このような仕組みの中には、性能向上に繋がることが知られているものの、直観的な意味が不明なものもある。実際のところ、トランスフォーマにおいて自己アテンション層が複数設けられることも、大規模言語モデルにおいてトランスフォーマ層が複数設けられることも、（「複雑な文脈の表現を可能にする」というような漠然とした説明がしばしばなされるものの）その直観的な意味は明らかではないように思われる。

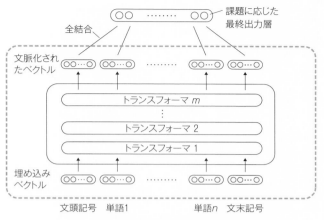

図 8-7 エンコーダモデルの基本構造
（点線の枠内がモデルの本体）

習済みのモデルと課題に応じた出力層（たとえば文章生成ならばone-hotベクトル）を全結合によって接続し、比較的少数の事例によって特定の課題（たとえば法律文書の処理）に関する学習（ファインチューニングと呼ばれる）を行えば、法律に関する文章を生成する、法律関連の文書を分類するといった課題が可能になるのである。

　画像認識においては、ある課題を学習した畳み込みネットワークを用いると、別の課題も素早く学習できるようになることが知られている。このような現象は転移学習（transfer learning）と呼ばれる。画像認識において転移学習が可能であるのは、ある画像認識課題を学習したネットワークは、画像に含まれる一般的な特徴を抽出できるようになっているからだと考えられる。大規模言語モデルもまた、さまざまな課題に利用可能なモデルである。このことからは、大規模言語モデルは、入力された文の一般的な特徴を何らかの仕方で抽出しているのだと考えられる。どのような情報が、どのような仕方で抽出されているのかを明らかにすることは、今後の重要な理論的課題である。

　ChatGPTなどのサービスも、大規模言語モデルによるものである。大規模言語モデルにプロンプトと呼ばれる入力文を入力すると、それに続く確率が高い単語を出力する。この作業を繰り返すことで、自然な文章が生成される。こ

れが ChatGPT の基本的な原理である[7]。大規模言語モデルは非常に複雑な構造をもっているが、本質的には、語と語のあいだの確率的な関係を表現する言語モデルである。ただし、自己アテンション機構などによって複雑な文脈情報を表現できるため、たんに「ケーキ」と「甘い」が同時に現れる確率は高いというようなことを表現するのではなく、しかるべき文脈では「ケーキ」と「甘い」が同時に現れる確率はより高くなり、別の文脈ではやや低くなるといったことをきめ細かく表現することが可能になっているのである。そしてその結果、プロンプトの内容に応じて適切な文章を生成することができるのである。

8.2 ｜ 大規模言語モデルをどう評価するか

ChatGPT に関する日々のニュースを見ればわかるように、大規模言語モデルは、自然言語処理課題における飛躍的な性能向上をもたらした。大規模言語モデルは、画像認識における深層学習と同様の、あるいはそれを上回るインパクトを社会にもたらしているのである。われわれは、自然言語処理研究の現状をどのように評価すればよいのだろうか。

文脈理解の問題と記号接地問題

まず生じる疑問は、大規模言語モデルは言葉の意味を理解できるようになったと言えるのだろうか、というものである。第Ⅰ部で見たように、古典的人工知能による自然言語処理研究において問題となったのは、つぎの2つの問題だった。第一に、語や文の意味は高度に文脈依存的であり、そのあり方を明示的な規則の集合によって捉えることは不可能であるように思われる。第二に、言葉の意味を理解するということは、最終的には語とさまざまな事物を関係づけることであり、そのためには記号接地問題を解決する必要がある。大規模言語モデルは、これらの問題を克服したのだろうか。

これまで見てきたことをふまえれば、大規模言語モデルは、古典的な人工知

---

7) ChatGPT で入力できるプロンプトの長さに制限があるのは、そこで用いられているネットワークがフィードフォワードネットワークであるため、入力層のユニット数によって入力できる語数の上限が決まるからである。

能とは異なるアプローチを採用することで第一の問題を解決しているように思われる。大規模言語モデルは、「リンゴ」という語を含む大量の文書データを学習することにより、「リンゴ」という語はどのような語と同時に出現するか、Aという語と「リンゴ」が同時に出現する確率は、Aと「リンゴ」に加えて、Bという語が同時に出現する場合と、Cという語が同時に出現する場合とでどのように変化するか、AとBと「リンゴ」がこの順番で出現する場合と、Aと「リンゴ」とBという順番で出現する場合とでは、出現確率はどのように変化するか、といったことを学習していると考えられる。これは、文脈理解の一種と考えることができるだろう。大規模言語モデルは、このような関係を大量に学習することで、リンゴを見たことも食べたこともないにもかかわらず、リンゴという語を、文脈に応じて適切に使用することが可能になっているのである。

　他方で、大規模言語モデルが記号接地問題を解決しているわけではないことは明らかである。大規模言語モデルは、リンゴを見たことも食べたこともないからである。そうだとすれば、大規模言語モデルは、記号接地問題を解決することなしに、文脈に応じて適切に言語を使用していることになる。第3章でも見たように、常識的な見方によれば、言語理解の基盤は、語とそれが表す対象の関係を学ぶことにある。われわれは、それを手がかりとして、より抽象的な語の意味を学習するのである。そうだとすれば、記号接地を欠くエージェントは、どこかで意味理解の行き詰まりに直面するはずである。しかし、大規模言語モデルにはこのような問題は生じないように見える。言語的な入力に対して適切な言語的出力を生成することにかぎって言えば、大規模言語モデルは人間に匹敵する能力をもっているように思われるのである。

　一見したところ、これはきわめて不思議なことである。しかし、よく考えてみれば、それほど不思議なことではないかもしれない。われわれが実際にリンゴを見たり食べたりすることによって知ることができることは、ほぼすべて何らかの機会に文章化されているはずである。したがって、リンゴに関する大量の文書データを学習すれば、リンゴに関して自然言語で言語化可能な情報は、ほぼすべて学習できることになる。このように考えれば、大規模言語モデルがあたかもリンゴを見たり食べたりしたことがあるかのように「リンゴ」という

語を使用できることは、それほど不思議なことではないかもしれない。

　大規模言語モデルがこのようなものだとすれば、その存在は、言語理解に関していくつかの重要な問いを提起していることになる。第一の問いは、十全な言語使用に意味理解は不可欠なのだろうかという問いである。記号接地問題の議論においては、2つのことが前提となっていたと考えられる。言語使用には意味理解が不可欠であるということと、意味理解には記号接地が不可欠であるということである。これら2つの前提から、記号接地を欠くデジタルコンピュータは意味理解を欠き、それゆえ十全な言語使用も不可能だと考えられたのである。しかし、大規模言語モデルは、記号接地を欠くにもかかわらず、十全な言語使用が可能な存在であるように思われる。そうだとすれば、2つの前提のいずれかは誤りだということになる。十全な言語使用は意味理解なしに可能なものであり、それゆえ大規模言語モデルは意味理解なしに十全な言語使用を行っているのかもしれないし、あるいは、意味理解は記号接地を必要としないものであり、それゆえ、大規模言語モデルは記号接地を欠くが意味理解を有するものであるのかもしれないのである。

　この問いと関連する第二の問いは、言語理解において、言語と世界の関係と、言語同士の関係は相互に独立なのだろうかという問いである。記号接地問題が重要だと考えられているのは、両者は独立ではなく、言語と世界の関係は言語同士の関係の基盤だと考えられているからである。記号接地を欠くシステムは、「バナナ」のような語の意味理解を欠くだけでなく、それらの語との関係によって意味が与えられる「商品作物」のような語の意味理解も欠くことになるだろうと考えられるのである。しかし、大規模言語モデルは、このような考えに対する反例にもなっているように思われる。大規模言語モデルは、言語と世界の関係は把握していないが、言語内部の関係は十全に把握しているように見えるからである。

　第三の問いは、人間と大規模言語モデルは異なる仕方で言語を使用しているのだろうか、というものである。人間が用いる記号が接地していることは確かである。したがって、言語と世界の関係と言語内部の関係が論理的には独立だったとしても、人間の言語使用においては前者が後者の基礎となっている、あるいは前者が後者に活用されているというのは、人間の言語習得過程をふまえ

ても、それほど不自然な仮説ではないだろう。そうだとすれば、人間の言語使用は記号接地にもとづいているのに対して、大規模言語モデルの言語使用は記号接地にもとづかないという点で、両者は根本的に異なるあり方をしているのかもしれない。これが事実だとすれば、そこからさらなる問いが生まれる。両者にはどのような共通点と相違点、長所と短所があるのだろうか。両者の言語使用は完全に一致するのだろうか、あるいは、原理の違いが言語使用の違いをもたらすことはあるのだろうか。これらは、今後検討すべき重要な問題である[8]。

大規模言語モデルの限界

つぎに、大規模言語モデルの利用という場面に目を向けてみよう。大規模言語モデルの原理からは、その限界も明らかになる。大規模言語モデルは、本質的には、大量の文書データに含まれる語同士の関係を学習しているだけである。しかし、大量の文書データには、正しい情報だけが含まれているとはかぎらない。ある話題に関して、訓練データに誤った内容の文章が大量に含まれていれば、大規模言語モデルはそのパターンを学習してしまう。大規模言語モデルは、みずからが表現している語同士の関係が世界のあり方を正しく反映しているかどうかや、みずからが生成する文が真であるかどうかを問題にしないからである。実際、大規模言語モデルは、文法的にも内容的にも一見もっともだが、虚偽の内容を含む文をしばしば生成することが知られている（このような現象はハルシネーション（hallucination）と呼ばれる）。このような問題に対処するためには、訓練データに誤った内容の文が含まれないようにするか、生成される文章の正しさを人間が評価し、それをモデルに反映させる必要がある。大規模言語モデルには、ある自然言語に関するきわめて多くの情報が含まれている。しかし、そこにおける情報のあり方は、古典的人工知能におけるエキスパートシステムや Cyc プロジェクトのようなものとは本質的に異なるのである[9]。

---

8) 両者の重要な違いの1つとして、大規模言語モデルは人間に寄生的な形でしか存在しえないということがある。大規模言語モデルは巨大な深層ニューラルネットワークであり、大量の文書データからの学習が不可欠である。したがって、学習すべき文書データを生成する主体が存在しなければ、大規模言語モデルは成立しえないのである。

9) しばしば話題になるように、大量の文書データをそのまま利用すれば、文の真偽だけでなく、

　もう一つの限界は、大量の文書データが存在しない主題に関しては、大規模言語モデルが高い性能を発揮することは期待できないということである。リンゴに関しては、学習に利用できる文書データは無数に存在する。そこには、味に関するもの、見た目に関するもの、品種に関するもの、調理法に関するものなど、リンゴのありとあらゆる側面に関する文章が含まれているだろう。そこには誤った内容の文章も一定数含まれているだろうが、ほとんどは正しい内容だろう。このような場合には、大規模言語モデルは十全な学習が可能である。これに対して、たとえば二子新地にある稲田豆腐店（私の母の実家がやっていた豆腐屋）については、デジタル化された文書はほとんど存在しない。このような主題について大規模言語モデルに尋ねても、有益な答えは得られないだろう [10]。

　さらに、ある主題に関して大量の文書データが存在するとしても、一定の見解が存在しない問題に関しては、大規模言語モデルは正解を教えてくれるわけではない。たとえば、倫理学理論として功利主義と義務論のどちらが優れているかということに関して、倫理学者はさまざまな意見をもっている。このような問題について大規模言語モデルに尋ねたとしても、「正解」は得られないだろう。

　このことに関連する1つの興味深い問いは、大規模言語モデルは、直接学習していない事柄についてどの程度の知識を得ることができるのかということである。埋め込みベクトルにおいては、たとえばオスロがノルウェーの首都であるということを明示的に学習していないとしても、ベクトル演算からこれを導出することが可能であるように思われる。では、大規模言語モデルは、データに明示的に含まれていない知識をどの程度学習できるのだろうか。たとえば、いくつかの数学的概念に関する文書を学習することで、それらの概念のあいだに成り立つこれまで知られていなかった定理を明らかにすることもできるのだ

ジェンダーや人種などに関するバイアスや差別に関しても類似の問題が生じることになる。

10) 関連して問題となるのは、結局のところ大規模言語モデルはどのような情報を表現しているのかということである。大規模言語モデルはきわめて多数のパラメータをもつ数理モデルである。そのパラメータ数は、訓練データ数とほぼ同等である。そうだとすれば、大規模言語モデルは訓練データに含まれる文を何らかの形で丸暗記している可能性もある。これも今後さらに考察すべき問題である。

ろうか。これは、大規模言語モデルの有用性や、大規模言語モデルを科学研究
に利用する可能性にも関係する、重要な問いである。

言語学や言語哲学への影響

自然言語処理に関するもう1つの重要な問いは、大規模言語モデルをはじめ
とする現在の自然言語処理研究は、人間の言語理解を考える上でどのような意
味をもつのだろうか、というものである。

ここで問題になるのは、大規模言語モデルが行っていることは、人間が言語
を使用する際に行っていることと同じなのだろうかということである。第6章
で深層学習に関して問題になったのと同様に、ここでもまた、大規模言語モデ
ルと人間の学習の違いが問題となる。第一に、大規模言語モデルの学習には、
一人の人間が一生のあいだに処理するテキストよりもはるかに大量のテキスト
が用いられる。第二に、大規模言語モデルの事前学習には空欄補充などの課題
が用いられるが、これは、われわれが言語を習得する際の標準的な状況ではな
い。これらの点で、人間による言語学習と大規模言語モデルの学習は、大きく
異なるように思われる。これらの違いをふまえれば、深層ニューラルネットワ
ークによる画像認識の場合と同じように、現在の自然言語処理 AI は、人間に
実行可能な課題を、それとは異なる方法で実行しているのかもしれない。

とはいえ、このような違いにもかかわらず、現在の自然言語処理 AI や大規
模言語モデルと人間の脳のあいだには、一定の共通性を見出すことができるか
もしれない。そうだとしたら、そのことは何を意味するだろうか。

両者のあいだに一定の共通性が見出されるとすれば、人間の言語理解に関す
る従来の言語学や言語哲学の理論は、いくつかの点で根本的な修正を迫られる
ことになるかもしれない。第一に、従来の言語学や言語哲学においては、言語
を使用するためには、われわれはまずその文法構造を理解し、文に含まれる語
の意味を理解し、さらには、話者の心的状態を考慮して文意味から話者意味を
導き出すといった作業が必要だと考えられてきた。これに対して、大規模言語
モデルが行っていることは、本質的には、語と語の共起確率の表現である。こ
れが言語使用の基本原理だとすれば、ある言語を習得するということは、その
言語に含まれるさまざまな語同士の共起確率を学習し、それに従って文を生成

できるようになることだということになる。大規模言語モデルは、言語使用に
必要だと従来考えられていた手続きは一切不要だということを示唆しているよ
うに思われるのである。

　もっとも、このような結論を導き出すのは早計かもしれない。大規模言語モ
デルが直接的に表現しているのは語と語の共起確率だが、そこには、文法構造
などに関する情報が何らかの仕方で暗黙のうちに表現されているのかもしれな
いからである。大規模言語モデルが、言語学や言語哲学が従来想定してきた構
文論や意味論に関する道具立てを一切用いずに自然言語処理を行っているのか、
あるいは、大規模言語モデルの情報処理と従来の理論は両立可能なのかという
ことは、今後さらなる検討が必要な問題である。

　あるいは、言語学や言語哲学は、従来の理論枠組みをすべて捨て去る必要は
ないにせよ、これまで用いていた概念に大きな改訂を加えたり、新たな概念を
導入したりすることが必要になるのかもしれない。たとえば、言語哲学者は、
語や文の意味とは何かという問題に関してさまざまな理論を提案してきた。語
の意味とはその指示対象である、その語を用いるときに抱く観念である、文の
意味とはその真理条件である、といったものである。しかし、語の意味とは高
次元空間におけるベクトルであるという考え方は、言語哲学者の視野には入っ
ていなかったように思われる。自然言語処理における埋め込みベクトルの有用
性は、このような考え方を真剣に検討する必要があることを示唆しているので
ある[11]。

　新たな道具立ての必要性を示唆するものとしては、サブワードを挙げること
もできるだろう。ニューラルネットワークを用いた自然言語処理においては、
入力を単語単位ではなく、単語をさらに細かく分割したサブワード単位とする
ことがしばしば効力を発揮する。このようなことをふまえれば、脳における言
語情報処理は、われわれが想定するのとは異なる単位によって行われているの
かもしれないのである。

　言語学や言語哲学への第二の含意について考えてみよう。大規模言語モデル

---

11) じつは、カナダの哲学者ポール・チャーチランドが、ニューラルネットワーク研究に依拠して
　1980 年代からこのような可能性について論じているが、意味に関する体系的な理論の構築には至
　っていない。

をはじめとする自然言語処理研究からは、人間による言語処理のプロセスは人間にどの程度理解可能なのだろうかという根本的な疑問が生じる。大規模言語モデルがどのような情報処理を行っているのかということは、画像認識の場合と同様に、あるいはそれ以上に、人間には解釈が困難である。前節で論じたように、系列変換モデルやアテンション機構が行っていることは、われわれにもある程度直観的に理解可能である。しかし、トランスフォーマがどのような情報処理を行っているのかということは、直観的な理解が困難である。大規模言語モデルによる自然言語処理と人間による自然言語処理が重要な点で類似しているのだとすれば、人間がみずからの言語処理のメカニズムを理解することは、複雑さの面でも、概念的な道具立ての面でも、われわれが考えている以上に困難な課題なのかもしれないのである[12]。

読書案内

　自然言語処理は近年急速に進展している研究領域なので、人工知能や深層学習に関する概説書では、新しい技術はカバーされていないこともある。日本語で読める教科書としては、つぎの本が新しく、包括的である（ただし記述は専門家向け）。

・岡﨑直観、荒瀬由紀、鈴木潤、鶴岡慶雅、宮尾祐介『自然言語処理の基礎』
　オーム社、2022 年

　つぎの本は実際にプログラミングをする人向けだが、さまざまな手法の基本的な仕組みが図版を用いてわかりやすく説明されている。

・斎藤康毅『ゼロから作る Deep Learning 2 自然言語処理編』オライリー・ジ

---

12) これについても、さらに考えるべき問題は数多くある。直観的な理解が困難であるということは、ある現象を理解する上でどれだけ深刻な問題となるだろうか。直観的な理解は困難だとしても、数理的な記述ならば可能だろうか。また、現象そのものが複雑だとしても、それを単純化したモデルを構成することならば可能だろうか。これらもまた、今後検討すべき重要な問題である。

ャパン、2018 年

　これらよりもおおまかだが、よりわかりやすい説明は、つぎの本の第 3 章に
ある。

・藤本浩司、柴原一友『続・AI にできること、できないこと──すっきり分
　かる「最強 AI」のしくみ』日本評論社、2019 年

第9章 ゲーム AI

　画像認識と並んで、第3次人工知能ブーム期における人工知能研究の進展を象徴しているのが、ゲーム AI の進化である。これまでおもに見てきた深層学習以外の手法が重要な役割を果たしているという点でも、ゲーム AI は注目に値する。本章では、ゲーム AI 研究の現状について見ていこう。

9.1 現在のゲーム AI

ゲーム AI の歴史

　人工知能研究の初期から、ゲームは研究の主要な題材として用いられてきた。課題設定やルールが明確であること、さまざまな複雑さのゲームが存在すること、実世界での物体認識や運動制御といった難しい課題を回避できることなどが、その理由だろう。

　初期の人工知能研究において注目されたのは、第4章でも触れたサミュエルのチェッカープログラム（Samuel, 1959）である。これは、チェッカーをプレイするプログラム同士を対戦させ、その結果を戦略に反映させることで戦略を改善していくというものである。サミュエルのチェッカープログラムは、このような方法で戦略を洗練させることで、人間のトッププレイヤーに匹敵するパフォーマンスを示すようになった。このプログラムは、古典的人工知能における基本的な手法である探索に機械学習を組み合わせたという点で先駆的なものであり、その基本的な発想は、以下で紹介する AlphaGo のような現代のゲーム AI にも受け継がれている。

　その後、古典的な人工知能研究においては、チェスプログラムの研究が活発に進められた。しかし、第 1 章で見たように、チェスは複雑なゲームであり、ゲームの分岐をすべて探索することは不可能である。それゆえヒューリスティックの利用が不可欠だが、適切なヒューリスティックを発見することも困難である。そのような事情から、人間のトッププレイヤーに匹敵するチェスプログラムを作成することは困難だった。

　1997 年には、IBM の Deep Blue が当時のチェスの世界王座であるカスパロフと対戦し、2 勝 1 敗 3 引き分けで勝ち越した。しかし、Deep Blue は、1 秒間に 2 億手を読むことができるという計算性能の高さによって、見込みのある手をしらみつぶしに探索するという戦略を用いていたと言われ、人間のチェスプレイヤーとは大きく異なるやり方で高い性能を実現したものだと考えられる[1]。

　とはいえ、将棋や囲碁はチェスよりもさらに複雑であり、Deep Blue が用いたような戦略をそのまま将棋や囲碁に適用して、高い性能を実現することは困難だった。したがって、2000 年頃の時点では、将棋や囲碁で人間のトッププレイヤーに匹敵するプログラムを作成するには、まだ長い時間がかかると考えられていた。

　しかし、深層学習の登場によってこの状況は大きく変化する。Google 社の AlphaGo は、以下で紹介するような深層強化学習にもとづく囲碁プログラムで、2016 年に当時のトッププロの一人であるイ・セドルを 4 勝 1 敗で破った。翌年には、当時の世界トッププロである柯潔と対戦し、3 戦全勝で勝利した。

　その後、Google 社は、人間の棋譜を学習することなく、自己対局を繰り返すことで AlphaGo を上回る性能を実現する AlphaGo Zero や、囲碁だけでなくチェスや将棋でも同様の性能を実現する AlphaZero を開発している。将棋でも、2016 年から実施された電王戦において、コンピュータが人間の叡王に勝利した。現在では、チェス、将棋、囲碁といったボードゲームにおいて、ゲーム AI が人間のトッププレイヤーを大きく上回る実力をもつようになっているのは、われわれのよく知るところである[2]。

---

1)　実際には、Deep Blue は手の選択において何らかの評価関数を用いており、その手法は文字通りのしらみつぶしの探索ではない。

2)　そのほか、2015 年には、Google 社の研究チームが深層強化学習を用いてさまざまなテレビゲー

現代のゲーム AI の基本的発想

　では、高性能なゲーム AI を実現するには何が必要だろうか。囲碁を例に考えてみよう。囲碁は 2 人のプレイヤーが交互に碁盤に石を置くことを繰り返し、最終的に広い陣地を獲得したプレイヤーが勝利するゲームである。盤上に石がない状態から始まり、有限回の手の後に対局が終了する。したがって、対局の可能な展開は、原理的には一手ごとに分岐を繰り返す巨大なツリー構造によって表現することができる。このツリーの分岐をすべてチェックすることができれば、2 人のプレイヤーが最善のプレイをしたときには先手必勝なのか、後手必勝なのか、引き分けなのかが明らかになるはずである。（このような作業はゲームの完全解析と呼ばれる。完全解析によれば、たとえば三目並べは引き分けになる。）

　しかし、囲碁はある局面で可能な手の数が非常に多いため、このツリーはきわめて膨大なものになる。ある場面で可能な手の数が平均して約 250 手あり、1 対局の平均手数が 150 とすると、ツリーの分岐は $250^{150} \approx 10^{360}$ となる。これは全宇宙に存在する原子の数よりもはるかに多い数であるため、囲碁の完全解析は不可能である。

　このような非常に複雑なゲームをうまくプレイできるプログラムを作るには、どうしたらよいだろうか。限定的な探索によって最善手を近似するというのが、自然な発想だろう。すなわち、ある局面において可能な手のうち、有望な手だけを検討の対象とし、また、それらの手から始まるすべての分岐を最後まで調べるのではなく、その手がよい手なのかどうかがある程度明らかになるところまで探索を進めることで、それぞれの手を評価するのである（**図 9-1**）。このような方法によって、つねに最善手を選択することはできないにせよ、多くの場合に最善に近い手を選択することが可能になるだろう。では、具体的にはどのような方法によってこのような探索が可能になるだろうか。

ムを人間以上にうまくプレイできる人工知能を開発している（Mnih et al., 2015）。また、2019 年には、ポーカーでも人工知能が人間のプロプレイヤーを破ったことが報道されている（https://wired.jp/2019/07/29/new-poker-bot-beat-multiple-pros/（2024 年 1 月 7 日確認））。

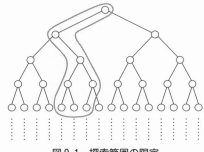

図 9-1　探索範囲の限定

モンテカルロ木探索

　このような場面で用いられる手法として代表的なものが、モンテカルロ木探索（Monte Carlo tree search）である。

　囲碁のようなゲームにおいて、ある局面における手を評価する素朴な方法は、その手を打った局面から終局までのランダムプレイ（手の善し悪しは考慮せずに合法な手を交互に打つ）を繰り返し（ロールアウトと呼ばれる）、その勝率によって手を評価するというものである。ランダムプレイを繰り返した結果先手の勝率が高くなるとすれば、このことは、この局面が先手に有利な局面であることを示していると考えられる。これは、多数のサンプルを生成することで真の値（ここでは真の勝率）を近似するという手法で、モンテカルロ法と呼ばれる[3]。

　しかし、囲碁の場合には単純なモンテカルロ法はうまくいかない。ランダムな手によるロールアウトでは、ある局面からの展開を正確に評価できないからである。たとえば、ある局面で後手がある手を選択すると後手が必勝になるとすれば、ある程度有能な後手は、その手を必ず選択するだろう。ランダムなロールアウトによってこのような局面を評価すると、後手はしばしば最善手を選択しないことになるため、この局面を先手から見て過大評価することになって

---

3) モンテカルロ法のわかりやすい応用例としては、円の面積の近似がある。0から1のあいだの値をとる乱数のペアを多数生成し、$x^2+y^2 \leq 1$を満たすものをカウントする。このカウント数を生成した乱数ペアの総数で割ると、半径1の四分円の面積の近似値が得られる。生成する乱数ペアの数を多くするほど、近似値は正確になる。

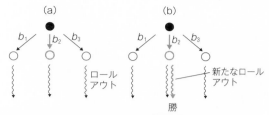

図 9-2　モンテカルロ木探索（ノード作成がない場合）

（大槻（2018）を参考に作成。黒丸は黒の手番、白丸は白の手番のある局面を表す。もっとも勝率が高い b_2 が選択され、ロールアウトの結果（黒の勝利）にもとづいて勝率が更新される。）

しまうのである。

　この問題に対処するための手法が、モンテカルロ木探索である（**図 9-2**、**図 9-3**）。モンテカルロ木探索は、以下のようなアルゴリズムである。

1．現在のツリーにおいてそれぞれのプレーヤーにとって最も勝率が高いノードを順番に選択していく。

2．ツリーの末端にあるノードからのロールアウトの試行回数が一定数に達していれば、末端のノードの先に新しいノードを作成する。

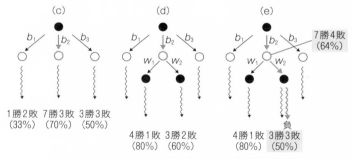

図 9-3　モンテカルロ木探索（ノード作成がある場合）

（大槻（2018）を参考に作成。もっとも勝率が高い b_2 が選択される。ロールアウト回数の上限を 10 回とすると、b_2 はすでに 10 回ロールアウトが行われているため、この局面で選択可能な白の手 w_1 と w_2 にもとづいて新しいノードが作成される。これらのうち、（相手は最善の選択をすると仮定するのが合理的なので）黒の勝率が低い w_2 が選択され、ロールアウトの結果（黒の敗北）にもとづいて勝率が更新される。）

３．末端のノードからロールアウトを実行する。（新しいノードを作成した場
合は、その中でこれまでの試行における勝率がもっとも高いノードから、ロ
ールアウトを実行する。）

４．ロールアウトの結果を各ノードの勝率に反映させる。

モンテカルロ木探索では、この作業を繰り返すことで、ツリーを展開しながら、
ロールアウト結果にもとづいて各ノードの勝率評価を更新していくのである。

　この戦略には、1 つ改良すべき点がある。このやり方によれば、b_2 の勝率が
大きく低下しないかぎり、b_1 や b_3 は選択されることがない。しかし、b_1 は 3
回しかロールアウトが行われていない。そこでたまたま黒が 2 回負けただけで、
さらに検討すれば、b_1 という手はよい手だということが判明するかもしれない。
あるノードの勝率が低いとしても、そのノードからのロールアウト回数が少な
いとすれば、その評価は不正確かもしれない。そうだとすれば、ノードの選択
に際しては、これまでの勝率だけでなく、これまでの探索回数も考慮に入れる
必要がある。したがって、上のアルゴリズムの 1 は、「現在のツリーにおいて
勝率とロールアウト回数にもとづいて定められる値がもっとも大きいノードを
順番に選択していく」という内容に修正される必要がある（図 9-4）。

　モンテカルロ木探索では、これら 3 パターンの組み合わせによって探索が進
められていく。その過程で、勝率の高いノードは展開が繰り返され、より先の
局面まで探索が進められていく。他方で、勝率の低いノードも一定の頻度で探

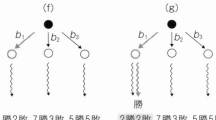

図 9-4　モンテカルロ木探索（勝率の低いノードが選択される場合）
（大槻（2018）を参考に作成。b_1 は勝率が低いが、他のノードよりも探索回数が少ないために選択さ
れ、ロールアウトの結果（黒の勝利）にもとづいて勝率が更新される。）

索され、よい手の見落としが回避される。これらの作業を繰り返すことで、ツリーが展開されながら、各ノードの勝率が更新されていく。最終的には、一定回数の試行後に試行回数がもっとも多かった手が選択される。

　モンテカルロ木探索は強力な手法で、バックギャモンなどでは人間をはるかに上回るパフォーマンスを発揮する。しかし、囲碁ではアマチュア 2 段程度のパフォーマンスしか実現できなかった。囲碁は局面の分岐がきわめて膨大であるために、このような方法では、多数のロールアウトを実行したとしても、探索範囲を効果的に絞り込むことができなかったのである。

AlphaGo ①：方策ネットワーク

　ここでさらなる進展をもたらしたのが AlphaGo である（Silver et al., 2016）。モンテカルロ木探索において問題となったのは、膨大な分岐のなかで効果的な探索をするにはどうしたらよいかということである。しかし、この目的に利用できる規則を人間が発見することは、きわめて困難である。そうだとすれば、ここで深層学習を利用できないだろうか。AlphaGo は、そのような発想にもとづくゲーム AI にほかならない。

　膨大な分岐の中で探索範囲を限定するためには、2 つの道具立てが必要である。ある局面におけるよい手を特定する方法と、ある局面が勝利する確率が高い局面なのか、低い局面なのかを評価する方法である。一見勝率の高い局面も、双方が最善手を打ち続けると勝率が低い局面になることが判明するかもしれない。また、ある局面において一見よい手であるように思われる手も、さらに局面が進展すると、勝率の低い局面ばかりに行き着くかもしれない。これらの可能性を考えれば、ある局面から双方がよい手を指し続けた後で生じる局面の勝率にもとづいて、問題の局面における手を選択するのがよいように思われる。そのためには、これら 2 つの道具立てが必要なのである[4]。

　AlphaGo は、これら 2 つの道具立てを、畳み込みニューラルネットワーク

---

[4]　ここで、真の最善手を特定する方法や、ある局面の勝率を正確に評価する方法があれば、それらのいずれかを用いればよいだろう。しかし、われわれはそのような方法を利用できない。このような状況では、それなりによい手を特定する方法と、ある局面の勝率をそれなりの正確さで評価する方法を組み合わせることが、最良の方法だと考えられるのである。

を用いて実現している。AlphaGo においては、以下で紹介する強化学習の言葉遣いにならって、ある局面におけるよい手を選ぶネットワークは方策ネットワーク（policy network）、ある局面の勝率を評価するネットワークは価値ネットワーク（value network）と呼ばれている。

　まず、方策ネットワークについて見ていこう。ある局面におけるよい手を特定するには、どうしたらよいだろうか。ある局面には、石の数や配置など、さまざまな特徴がある。それらの特徴にもとづいてよい手を特定する規則が存在すれば話が早い。しかし、第 I 部で見たように、囲碁のような複雑なゲームでは、それがどのような規則なのかも、そもそもそのような規則が存在するのかどうかも、われわれにはわからない。このような場合には、第 4 章で見たような機械学習を利用すればよい。ある局面におけるプロ棋士の手を「正解」と見なすことにすれば、プロ棋士の棋譜を訓練データとして、ある局面における手の良さを評価する関数を学習できるのである[5]。

　第 6 章で見たように、このような手法には問題があった。このような手法では、人間が設定した特徴量を用いて手の評価をしなければならない。しかし、人間に思いつく特徴量が課題に適したものである保証はないのである。ここで深層学習を用いれば、特徴量自体もネットワークに構成させることができる。AlphaGo に採用されたのはこのような手法である。AlphaGo の方策ネットワークは、現在の石の配置など、局面に関する情報を入力として、さまざまな手の評価を出力とする畳み込みニューラルネットワークである（図 9-5）。プロ棋士の棋譜を用いて学習を行ったところ、従来の手法では 45% 程度だったプロ棋士の手との一致率が、畳み込みネットワークでは 55% 程度まで改善された。

　しかし、このネットワークが学習したのは、ある局面においてプロ棋士が選択する手であり、その局面における最善手そのものではない。そこで、

5）具体的には、ある局面と、そこにおけるある手のさまざまな特徴（相手の石を取れるか、自分の石と隣接しているか等々）を数値化したものを入力として、その手の評価を出力とする関数を設定する。そして、その局面においてプロ棋士が指した手の評価を 1、それ以外の手の評価を 0 とする。関数の出力とこの「正解」とのズレを誤差として、各特徴の重みを最適化すれば、求めていた関数が得られる。この関数は、以下で紹介する畳み込みネットワークを用いた方策ネットワークよりも性能が低いが、計算は高速である。そのような理由から、AlphaGo では、この関数がロールアウトに利用されている。

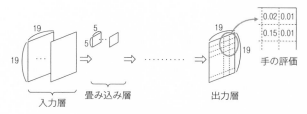

図 9-5　方策ネットワーク
(それぞれのマス目は盤上の交点に対応する。各入力層には、現在の白の石の配置、現在の黒の石の配置などが入力される。出力層では、各交点の選択確率が出力され、それが高いほどプロ棋士の選択確率が高い手、すなわちよい手ということになる。)

AlphaGo では、自己対局による方策ネットワークの改善が試みられた。ある方策ネットワークが対局に勝利したならば、そこで用いた手の選択確率が高くなり、敗北したならば、そこで用いた手の選択確率が低くなるようにネットワークの重みを調整する。このような調整によって得られたネットワーク同士をふたたび対局させ、ネットワークをさらに改善する。このような過程を繰り返すことによって得られた改良版方策ネットワークは、改良前の方策ネットワークとの対戦や、モンテカルロ木探索を用いた囲碁ソフトとの対局において、8割以上の勝率を記録した。

強化学習

　ここで方策ネットワークの改良に利用されているのは機械学習だが、これまでに見てきたものとは種類が異なる。第 II 部で見てきた機械学習は、入力に対して正解となる出力が与えられる教師あり学習だった。これに対して、方策ネットワークの改良においては、入力（一連の指し手）に対して、勝敗というフィードバックは与えられるが、正解は与えられない。これは強化学習（rein-forcement learning）と呼ばれる種類の学習である。

　強化学習がどのようなものであるかは、つぎのような単純な課題（多腕バンディット問題と呼ばれる）を考えるとわかりやすい。いま、目の前に4台のスロットマシンがあるとしよう。課題は、手元にあるコインでマシンをプレイして、できるだけコインを増やすことである。ただし、それぞれのマシンで当たりが出る確率はわからない。このような問題状況では、たとえば、4台を同じ

回数プレイしてみて、あるマシンで当たりが出たらそのマシンをプレイする回数を増やし、出なければ回数を減らすという戦略が考えられるだろう。一般化すれば、ここで行っているのは、ある方針（方策（policy）と呼ばれる）の下で行為を選択し、その結果得られた報酬（プラスの場合もマイナスの場合もある）にもとづいて、方針を修正するという作業である。ここでの課題は、報酬だけを手がかりとして最適な方策を学習することである。

　強化学習では、状態の価値を学習する場合もある。たとえば、あなたが駒場東大前駅から本郷三丁目駅まで、最速経路で移動したいとしよう。ただし、経路検索などは利用できず、試行錯誤を繰り返すことで最速経路を発見しなければならないとしよう。さまざまな経路で移動を繰り返せば、さまざまな駅から本郷三丁目までの所要時間が明らかになるだろう。そして、その情報を利用すれば、最終的には最速経路を発見できるだろう。ここで、ある駅から本郷三丁目までの所要時間は、その駅（状態）の価値を表していると考えることができる。そのように考えれば、ここでの課題は、所要時間という（負の）報酬から、それぞれの状態の価値を学習することだということになる。

　このように、報酬を手がかりとしてエージェントが行動の方策や状態の価値を学習するのが強化学習である。

　強化学習においては 2 つのことが問題となる。第一の問題は、探索と活用（exploration and exploitation）のバランスである。たとえば、上のスロットマシン課題において、一番左の台だけを 10 回プレイしたところ、3 回当たりがでたとしよう。あなたはこの台をプレイし続けるべきだろうか。一方で、この結果からすれば、この台をプレイし続けるのは悪くないように思われる。他方で、もしかしたら他の台は当たりの確率がよい高い台かもしれない。あなたはより多くの報酬を得る機会を逃しているかもしれないのである。もちろん、他の台は悪い台かもしれないので、他の台を試すことにはリスクがある。あなたは、現在有している情報の活用を続けるか、リスクを冒して探索を行うかを決定しなければならないのである[6]。

　もう一つの問題は、たとえば迷路課題において生じるものである。ここでの

---

6) モンテカルロ木探索において、ロールアウト回数が少ない手を優先的に選択するという修正を加えたのは、探索の重要性を考慮に入れた修正にほかならない。

目標は、試行錯誤を通じて最短距離での脱出経路を発見することである。いま、分岐における選択を何度か繰り返した結果、袋小路にたどり着いてしまったとしよう。あなたの方策は間違いだったのである。では、どのステップが間違いだったのだろうか。最後に右に進んだことで袋小路に至ったとしても、じつは他の分岐もすべて袋小路で、それより前の分岐である方向に進んだことが間違いだったのかもしれない。このように、一連の選択の全体に対して報酬が与えられるときには、個々の選択の評価をどのように修正したらよいかが問題となる。これは信用割当問題（credit assignment problem）と呼ばれる。

　将棋や囲碁といったボードゲームもまた、強化学習課題として理解できる。将棋や囲碁で求められているのは、勝敗という報酬を手がかりとして、方策や局面の価値を学習することだからである。ある局面におけるよい手を学習することは方策の学習にほかならず、ある局面の勝率を学習することは状態の価値の学習にほかならない。AlphaGo において、2つの学習が方策ネットワークと価値ネットワークと呼ばれているのは、このような事情に由来する。強化学習課題として見たときの将棋や囲碁といったゲームの特徴は、最終的な勝利または敗北という形でしか報酬が与えられないことである。これらのゲームは、信用割当問題がきわめて複雑な強化学習課題なのである。

AlphaGo ②：価値ネットワーク

　自己対局によって改良された方策ネットワークは、それ自体も高性能な囲碁 AI である。しかし、AlphaGo においては、これを用いてもう1つの道具立てである価値ネットワークが導入される。上でも見たように、限られた範囲の探索によってよい手を高精度で選択するためには、探索が進んだ局面の価値を正確に評価することも必要だからである。AlphaGo においては、改良版方策ネットワーク同士の自己対局によって、3000万局の対局データが作成された。そして、各対局のデータから1局面と最終的な勝敗を取り出し、訓練データとした。この3000万組の訓練データを用いて、ある局面を入力としてその勝率を出力とする価値ネットワークの学習を行った。この価値ネットワークは、（長い時間を要する）ランダムなロールアウトを用いたモンテカルロ木探索よりも、プロ棋士の対局の勝敗を正確に予測できるようになった。

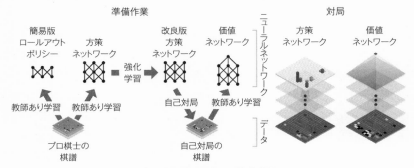

図 9-6　AlphaGo の構成手順

(Silver et al.（2016）をもとに一部改変。プロ棋士の棋譜から簡易版の方策と方策ネットワークを学習する。方策ネットワークの自己対局で改良版の方策ネットワークを作成する。改良版の方策ネットワークを用いて作成した棋譜から価値ネットワークを学習する。)

　AlphaGo は、これら 2 つのネットワークとモンテカルロ木探索を組み合わせて手を選択する。具体的には、モンテカルロ木探索のアルゴリズムを以下の 3 点で改良している。

・ロールアウトをランダムに行うのではなく、特徴量の線形回帰を用いた簡易版の方策を用いて実行する。
・ある局面でノードを選択する際に、勝率とロールアウト回数に加えて、方策ネットワークによる手の評価を考慮する。
・ある局面の勝率を評価する際に、ロールアウトにおける勝率と、価値ネットワークによる予測勝率の両者を考慮する。

これらの改良によって、AlphaGo においては、重要な手をより重点的に探索することが可能になったのである（**図 9-6**）。

　このようにして作られた AlphaGo は、その時点で存在する他の囲碁ソフトとの対戦で 99.8% の勝率を記録し、ヨーロッパ王者でプロ 2 段の棋士に 5 戦 5 勝した。

　2017 年には、AlphaGo Zero が発表された。AlphaGo Zero は、2 つの点でAlphaGo と異なっている[7]。第一に、AlphaGo の方策ネットワークはプロ棋士

の棋譜を訓練データとしていたが、AlphaGo Zero では、人間の棋譜を利用せず、自己対局のみによって学習が行われる。第二に、AlphaGo Zero は、ツリーの展開と評価を行う際に、ロールアウトを行わず、方策ネットワークと価値ネットワークだけを用いる。AlphaGo Zero は、AlphaGo を上回るパフォーマンスを示した[8]。

　以上が AlphaGo および AlphaGo Zero の概要である。以上の説明からわかるように、現在のゲーム AI は、人工知能研究のさまざまな手法を統合的に用いたものとなっている。AlphaGo には、古典的人工知能研究の主要な手法である探索、確率的な近似法であるモンテカルロ法、畳み込みネットワークを用いた深層学習、強化学習といった手法がすべて用いられているのである。コンピュータの性能向上が AlphaGo の不可欠な要素となっている点にも注意が必要である。深層学習、ロールアウト、自己対局、強化学習によるネットワークの改良は、いずれも膨大な計算量を必要とするものであり、数十年前であれば実行不可能だったのである[9]。

9.2 | ゲーム AI 研究の意義

　本節では、前節の内容をふまえて、より一般的な観点からゲーム AI 研究の意義を考察しよう。

ゲーム AI と汎用人工知能

強化学習や、強化学習と深層学習を組み合わせた深層強化学習は、ゲーム

---

7) 技術的には、方策ネットワークと価値ネットワークを 1 つの畳み込みネットワークに統合しているという点も、大きな変更点となっている。

8) ロールアウトを利用しないという点で、AlphaGo Zero は人間により近いやり方で手を選択していると言えるかもしれない。（それなりの棋力がある）人間が手を考える際に行っていることは、ある局面から数手から十数手ほど進んだ局面を評価し、その評価が低ければ別の手を検討し、その評価が高ければさらに先まで探索するということだと思われるからである。

9) これは、結局のところ現在のゲーム AI も力業によって高いパフォーマンスを実現しているにすぎないということを意味しているのだろうか。かならずしもそうではないだろう。AlphaGo の学習に膨大な計算が必要であることは事実だが、それが人間の脳の情報処理能力や進化の過程で人間の脳に生じてきた試行錯誤と比較しても過大なものであるかどうかは、明らかではないからである。

AI においてはきわめて強力な手法となっている。では、これこそが汎用人工知能を実現するための方法だと考えることができるだろうか。

　生物が現実世界において直面する問題の多くは、強化学習で想定されるような問題だと考えられる。たとえば、草食動物は、普段利用している餌場で食事をするか、捕食者に捕まるリスクを冒してよりよい餌場を探索するかという選択をしばしば迫られる。さらに、生物は、ある状況における最適な行動を正解として教わることはほとんどない。ある状況における選択のフィードバックとして生物が得ることができるのは、快苦のような報酬だけである。この点でも、強化学習の問題設定は、生物学的な妥当性を有しているように思われる。

　他方で、強化学習にはいくつかの重要な制約も存在する。第一に、強化学習を行うためには膨大な数の試行が必要である。比較的単純な迷路のような課題で最適な経路を学習する場合でも、数千回から数万回の試行が必要となる。迷路やボードゲームでは、このことは重大な制約にはならない。コンピュータは非常に高速に試行を繰り返すことができるからである。しかし、現実世界での試行が必要となる場合、たとえばロボットが歩行動作を学習するような場合には、学習ははるかに長い時間を要することになる。

　第二の問題も、第一の問題と密接に関連する。強化学習においては多数の試行が必要であり、そのなかには、多数の失敗試行も含まれる。したがって、一回の失敗が致命的となる場合には、強化学習の利用は困難である。たとえば、現実世界で洞窟探検をする際に、洞窟の形状は不明であり、間違った経路を選択すると命を失う危険があるとすれば、試行錯誤によって正しい経路を学習することはできない。試験勉強や政策決定など、現実世界でわれわれが直面する重要な問題の多くは、試行錯誤が許されない問題であり、強化学習の利用が難しい問題なのである。

　第三の問題は、方策や価値に関するものである。将棋や囲碁において深層強化学習を利用する際には、深層学習としてどのような学習を行えばよいかは、比較的明らかである。入力はある局面、出力はその局面の勝率などとすればよいからである。また、入力は局面に限られているため、直接学習をしていない事例に対する汎化も十分に期待できる。これに対して、現実世界における課題、たとえば自動車の運転において運転手が直面しうる問題状況は多様である。周

囲の自動車の位置や速度は多様であるだけでなく、信号無視をする自動車や、歩道から飛び出す歩行者がいることもある。さらには、前方のトラックの荷物が崩れたり、路肩が崩落していたりする状況も起こりうる。学習すべき関数の入出力をどのように設定すれば、このような多様な状況に対する学習が可能になるかは明らかではない。

　これらのことからは、じつはゲームは深層強化学習に最適な題材だということがわかる。将棋や囲碁といったゲームは、ゲームの中で何が生じうるかや、どのような行為の選択肢があるかが明確である。また、報酬も勝敗という形で明確に与えられる。さらに、ゲームは現実世界で物理的に実行される必要はないため、高速に多数の試行を繰り返すことが可能である。将棋や囲碁のようなゲームは、きわめて複雑ではあるが、深層強化学習を実行するための条件をすべて満たしている。このような課題において深層強化学習が大きな成功を収めたことは、決して不思議ではないのである。

　逆に言えば、ゲームにおいて深層強化学習が大きな成功を収めたということから、他の課題においても同様の成功を収めることを単純に期待することはできないということである。現実世界でわれわれが直面する課題の多くは、将棋や囲碁とは異なり、明確な定式化が困難なものである。第Ⅰ部で見たように、現実世界の問題の多くは無限定である。どのようにすればそのような問題を強化学習課題として定式化できるかは、明らかではないのである[10]。

強化学習の応用可能性

　では、用途が限定された人工知能にとっては、強化学習や深層強化学習はどの程度有用だろうか。

　これまでの考察によれば、これらの手法が有効であるかどうかは、その応用領域のあり方次第だということになる。たとえば自動運転について考えてみよ

---

10) AlphaGo の開発チームは、AlphaGo の成果を報告する論文でつぎのように述べている。「囲碁は、多くの点で人工知能が直面する困難の典型例である。意思決定課題は困難であり、探索空間は手に負えない広さをもつ。最適解はきわめて複雑であるため、方策関数や価値関数を用いて直接的に近似することが不可能であるように思われる」(Silver et al., 2016, p. 489)。しかし、以上の考察をふまえれば、彼らの見立てとは異なり、囲碁は実世界で生物が直面する問題の典型例ではないのかもしれない。

う。強化学習によって自動運転車に正しい運転方法を学習させるためには、現実世界における数多くの試行錯誤が必要となる。そして、それは非常に多くの時間を必要とするだろう。この問題に対する1つの対処法は、コンピュータ上におけるシミュレーションによって強化学習を行うことだろう。しかし、そのためには現実世界の正確なシミュレーションが必要となる。そのようなシミュレーションを実現することは、現実世界において多数の試行を実行すること以上に困難かもしれない。現実世界における自動運転の試行においては、重大な失敗は許されないということも問題となる。さらに、現実世界の運転においては、「よい運転」とは何かが状況に応じて変化することも問題となる。自動運転車は、目的地に最短時間で到達することを学習すればよいわけではなく、時間、安全性、快適さ、燃費など、さまざまな要因を考慮したうえで総合的に最善の運転を学習しなければならない。これらのことを考えれば、強化学習によって高性能な自動運転車を作成することは、決して簡単ではないだろう。

　上でも見たように、強化学習が威力を発揮するのは、以下のような条件を満たす問題状況である。

1．多数の試行が可能である
2．明確な報酬が与えられる
3．その課題において生じる状況に汎化可能な構造がある

しかし、われわれが日常世界で直面する多くの課題は、これらの条件をすべて満たすものではない。たとえば、重要な政策決定はいずれの条件も満たしていない。企業の経営判断は、場合によっては2を満たすかもしれないが、1と3は満たさない。

　他方で、これらの条件を満たす課題も、日常生活の中には多く見出すことができる。たとえば、医療における治療方法の決定は、一人一人の患者の治療を試行と見なし、病気からの回復を報酬と考えれば、強化学習が利用可能な問題かもしれない。資産運用なども同様かもしれない。世界中で数多くの試行が日々行われており、「正解」が何かは明らかでないにせよ、資産の増減という形で明確な報酬が与えられるからである。

　言い方を変えれば、われわれが日常生活において直面する課題に強化学習を用いるためには、強化学習が適用可能な形に問題を変換することが必要だということである。「よい運転」は漠然とした概念であるため、よい運転を強化学習によって学ぶことは困難である。しかし、よい運転を最短時間で目的地に到達する運転や事故の発生確率が最も低い運転などと定義すれば、強化学習の利用可能性は高まる。もちろん、「よい運転」をこのように定義してしまうことの妥当性には、おおいに議論の余地があるだろう。実社会の問題を強化学習が適用可能な問題に変換する際には、それが適切な変換となっているかどうかにも注意しなければならないのである。

読書案内

　AlphaGo に関する簡単な説明は、つぎの本の第 4 章にある。

・藤本浩司、柴原一友『続・AI にできること、できないこと——すっきり分かる「最強 AI」のしくみ』日本評論社、2019 年

　よりくわしい説明としてはつぎの本がある。本章はこの本をおおいに参考にしている。

・大槻知史著、三宅陽一郎監修『最強囲碁 AI アルファ碁解体新書——深層学習、モンテカルロ木探索、強化学習から見たその仕組み（増補改訂版）』翔泳社、2018 年

　強化学習のもっとも有名な教科書はつぎの本である。

・Richard S. Sutton, Andrew G. Barto『強化学習（第 2 版）』奥村エルネスト純・鈴木雅大・松尾豊・三上貞芳・山川宏監訳、森北出版、2022 年

　ただし、この本は専門家向けで難しい。つぎの本は英語だが、図表が多用さ

れており、強化学習の仕組みを直観的に理解しやすい。

・Morales, M.（2020）. *Grokking deep reinforcement learning*. Manning.

Ⅳ　現在の人工知能：哲学的考察

第10章 | 現在の人工知能①：可能性と課題

　第Ⅳ部では、第Ⅲ部までの内容をふまえて、現在の人工知能に関する哲学的問題を検討する。まず本章では、現在の人工知能は従来の人工知能研究が直面した困難を克服したのか、そして、汎用人工知能実現への見通しはどの程度高まったのかということを検討しよう。

10.1 | 困難は克服されたのか

古典的人工知能の根本的問題

　ここまでの流れを振り返ろう。第2次人工知能ブーム期までの人工知能研究は、古典的人工知能と呼ばれるアプローチによるものだった。その基本的な発想は、知能の本質は規則に従った記号操作だということである。コンピュータにしかるべき知識と規則を与えれば、知能をもった機械を実現することができると考えられたのである。

　第2章で見たように、古典的な人工知能研究の根本的な問題点の1つは、その手法が拡張性を欠くことだった。小規模な問題に対しては、古典的な人工知能のアプローチはしばしば有効である。しかし、問題の規模を拡大すると、このアプローチは困難に直面する。三目並べやチェッカーで有効だった手法をチェスや将棋のような問題に適用しようとすると、コンピュータに計算可能な規則では十分なパフォーマンスを得ることができず、十分なパフォーマンスを得ようとすれば組み合わせ爆発に直面してしまったのである。

　このような問題を引き起こす理由の一つは、現実世界の問題の無限定性にあ

った。三目並べやチェッカーといった課題は、問題領域が限定されており、そこで必要となる知識を明確に限定することが可能である。これに対して、自動車の運転や雑談といった現実世界の課題は、問題領域そのものが明確に限定されたものではないため、そこで必要となる知識を限定することができない。たとえば自動車の運転には、当然のことながら、ある国の交通規則に関する知識や自動車の特性に関する知識が必要である。しかし、さまざまな例外的な状況下でも適切な運転ができるためには、人間はどのような交通違反を犯すか、小さい子供はどう振る舞うか、山にはどのような野生動物がいるかなど、ほかにもさまざまな知識が必要となる。話題が次々と変化する雑談において円滑な会話を続けるためには、ありとあらゆる知識が必要となるだろう。

　第3章では、これらの問題に加えて、状況理解に関する問題の存在が明らかになった。ある状況においてどの知識が重要かということは、状況を構成する要素の複雑な相互作用によって決定される。しかし、要素と状況の関係を規則によって捉えることは不可能であり、状況に対しては個別的に対処するほかないように思われたのである。

　これらの問題は相互に関係しているように思われる。まず、現実世界の問題が無限定的であることは、そこで必要な知識の増大につながる。必要な知識が増大すれば、それらを適切に利用するための規則も複雑化する。知識を利用するための規則は、どのような状況においてどのような知識が重要かを述べるものである。そして状況は、その構成要素の複雑な相互作用によって決定される。そうだとすれば、問題が複雑になり、状況を構成する要素が増大すると、それらの組み合わせによって定義される状況の種類は指数関数的に増大することになり、組み合わせ爆発が生じることになる。その結果、単純な問題には効果的だった手法が、複雑な問題には利用できなくなるのである。

　以上のような考察からは、拡張性の問題はいわば「症状」であり、この症状を引き起こす「病因」は組み合わせ爆発だと考えることができる。問題が複雑化することによって、何らかの要因の複雑性が指数関数的に増大し、その結果、比較的単純な問題には適用可能だった手法が、複雑な問題には適用できなくなってしまう。これが、古典的人工知能研究が直面した根本的な問題である。

　第Ⅲ部までで見たように、第3次人工知能ブームを支える人工知能研究のア

プローチは、いくつかの点で、古典的なアプローチとは根本的に異なっている。第一に、現在の人工知能は機械学習を基本的な手法としている。第二に、現在の人工知能研究では、多くの場面で深層ニューラルネットワークが用いられている。では、これらの新しい手法を取り入れることで、現在の人工知能は古典的人工知能が直面した困難を克服したのだろうか。

意味理解の問題：問題解決なしの進展？

　まず、意味理解の問題について考えてみよう。第 3 章で見たように、意味理解の問題において最終的に問題となるのは、古典的な人工知能システムは記号接地を欠くということだった。人工知能システムが現実世界に接地していなければ、そのシステムが用いる原初的記号は意味を欠くものとなり、原初的記号によって定義される他の記号もまた、意味を欠くものとなると考えられたのである。

　第 8 章で見たように、現在の大規模言語モデルは、このような議論に対する注目すべき反例となっているように思われる。大規模言語モデルは、記号接地を欠いているにもかかわらず、さまざまな自然言語処理課題をかなりの程度に実行できるからである。言語上におけるやりとりを見るかぎり、人間と大規模言語モデルのあいだには、決定的な違いはないように思われるのである。

　大規模言語モデルには、なぜこのようなことが可能なのだろうか。考えられる一つの説明は、つぎのようなものである（**図 10-1**）。われわれは、現実世界との接触を通じて、世界そのもののあり方を学習する。たとえば、われわれは「カラスは黒い」という知識を、カラスを見るという経験を通じて獲得する。他方で、世界に関するわれわれの知識は、さまざまな機会に文書化される。大規模言語モデルは、世界について書かれた大量の文書を学習し、語と語のあいだの複雑な確率的関係を学習する。この学習の結果、大規模言語モデルは、「カラス」という語と「黒い」という語が高い確率で共起することを学習する。人間が「カラスは黒い」という文を生成することの基礎には、世界との接触を通じて獲得された知識があるのに対して、大規模言語モデルが「カラスは黒い」という文を生成することの基礎には、大量の文書データから学習された「カラス」と「黒い」という語の共起確率がある。大規模言語モデルは、みず

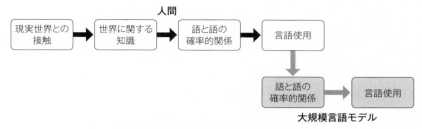

図 10-1　人間の言語使用と大規模言語モデルの言語使用の関係

から世界と接触することなしに、語と語のあいだの確率的関係だけを学習し、それによって言語使用が可能となっているのである。

　このような理解が正しいとすれば、言語使用に関するわれわれの考えには、根本的な修正が必要になるかもしれない。従来、言語使用には、構文論、意味論、語用論などに関する知識が不可欠だと考えられていた。現実世界との接地は、意味論的な知識の基礎をなすものである。第 2 章で見たように、言語使用には常識も必要である。文の構文論的・意味論的な曖昧さを解消するためには、文の主題に関する常識が不可欠なのである。しかし、大規模言語モデルが言語を適切に使用できているとすれば、言語使用に必要な情報は、語と語のあいだの複雑な確率的関係に関する情報だけだということになる。現実世界との接触は、このような確率的関係について学習するための一つの手段かもしれないが、唯一の手段ではない。それゆえ、それは言語使用の必要条件ではないかもしれないのである。

　結局のところ、大規模言語モデルは意味理解に関して何を明らかにしているのだろうか。一つの解釈は、大規模言語モデルは、（入力に対して適切な出力を生成するという意味で）言語を適切に使用するためには、語と語の確率的関係を理解すれば十分であり、言語使用には意味理解は必要ないということを明らかにしている、というものである。もう一つの解釈は、大規模言語モデルが明らかにしていることはむしろ、意味理解とは言語と世界の関係を理解することではなく、語と語の関係を理解することである、というものである。このような解釈が正しいとすれば、言語哲学で言うところの内在主義的な意味理解こそが、意味という現象の正しい理解だということになるかもしれない。いずれに

せよ、言語使用や意味理解とは何か、両者はどのような関係にあるかといったことについて、再考が必要であることは間違いないだろう[1]。

　もっとも、第8章でも論じたように、大規模言語モデルに十全な言語使用が可能であるかどうかには議論の余地がある。大規模言語モデルは、本質的には大量のデータを学習した複雑な数理モデルである。それゆえ、文書化されたデータが（ほとんど）存在しない事柄に関しては、大規模言語モデルは適切な言語処理ができないと考えられる。また、文書化されたデータの多くが誤った内容である場合には、大規模言語モデルは誤った情報を反映したものとなり、モデルが生成する文も不適切なものとなる。いずれの場合にも、言語を真に理解し、現実世界との接触を有している人間であれば、大規模言語モデルとは異なる振る舞いを見せることが可能だろう。そうだとすれば、結局のところ、大規模言語モデルに可能なことは、言語使用のうち、語と語の確率的な関係だけで処理できる部分だけなのかもしれない。そのような部分は、われわれが素朴に考えるよりもはるかに大きいかもしれないが、それは人間に可能な言語使用のすべてではないのである。

　このような解釈が正しいとすれば、大規模言語モデルは、人間に可能な言語使用の一部を、人間とは異なる仕方で実行しているのかもしれない。人間の言語使用は、これまで考えられてきたように構文論や意味論の理解にもとづいているが、大規模言語モデルは、人間が行うことの一部を、語と語の確率的関係だけにもとづいて行っているのかもしれないのである。これが事実だとすれば、大規模言語モデルの手法が有効でないのは言語使用のどのような領域か、あるいは、大規模言語モデルが有効な領域においても、人間と大規模言語モデルの原理の違いが重大な違いをもたらすことはあるのか、といった問いが生じることになる。これらの問題については、今後さらに検討する必要があるだろう[2]。

1）内在主義に対しては、内在主義的な分析では、言葉の意味を一義的に定めることができないのではないかという批判がしばしばなされる。大規模言語モデルは、語と語の内的関係をきわめて複雑なものとすれば、その意味は一意に定まるということを示唆しているのかもしれない。

2）人間と大規模言語モデル、あるいは人間と自然言語処理AIの関係は、人間が文書データを生成し、自然言語処理AIがそれを学習するというだけのものではないかもしれない。自然言語処理AIの性能が高まるように、あるいはChatGPTのようなシステムからより適切な出力が得られるように、人間の言語使用自体が変化するという可能性もあるからである。自然言語処理AIシステムが社会の一部となることで、人間と人工知能のあいだにどのような相互作用が生じるか

　いずれにせよ、大規模言語モデルが記号接地なしに言語をかなりの程度に使用できることはたしかである。このような人工物の出現によって、われわれは、言語使用という現象を理解するための理論的枠組みを再検討しなければならないだろう。

状況理解の問題：深層ニューラルネットワークによる解決の可能性

　つぎに、状況理解の問題について考えてみよう。現実世界の問題においてフレーム問題が生じるのは、ある状況がどのような状況であるかは、その状況を構成するさまざまな要因の複雑な相互作用によって決まるからだった。

　物体の運動を理解するという課題と比較すると、ここで何が問題となっているのかが明確になる。現実世界で運動する物体、たとえば木の枝から落下する葉の運動は、非常に複雑であり、それを重力だけで説明することはできない。葉の落下には、空気抵抗、風の力、揚力など、さまざまな要因が影響しているからである。しかしそうだとしても、重力は、葉に対して依然として $9.8\,\mathrm{m/s}^2$ で作用している。原理的には、葉の実際の落下運動は、その葉に働きかけるさまざまな力を足し合わせた結果として理解できるのである。

　このような事例と比較して、状況はより複雑なあり方をしている。デネットがフレーム問題を論じていた状況を思い出そう。ワゴンが動くと音が出るという知識は、デネットの問題設定においては重要ではない。しかし、音声センサーによって爆弾が起動されるという状況では、この知識は重要な意味をもつ。ところが、その爆弾が非常に微弱で無害なものだとすれば、ふたたびこの知識は無視してよいものとなる。「ワゴンが動くと音が出るという知識は重要ではない」というような規則は、状況を構成する要素のあり方に応じて、成り立ったり成り立たなくなったりするものなのである。それゆえ、ある状況で何をすべきかや、ある状況でどの知識が重要かということを、つねに成り立つ規則の足し合わせによって理解することはできないのである。

　第3章で見たように、ここで問題となっていることは、哲学においてコード化不可能性と呼ばれる問題にほかならないように思われる。芸術作品の美しさ

　ということも、今後研究すべき問題だろう。この論点は信原幸弘の示唆による。

を、その作品がもつさまざまな特徴と美しさの関係に関する規則の総和によって捉えることはできないのと同様に、ある状況において重要な知識を、状況を構成する要素と知識の関係に関する規則の総和によって捉えることはできないように思われるのである。

　ここで、深層ニューラルネットワークが解決をもたらしてくれるように思われる。まず、イヌの画像とネコの画像を識別するという課題を考えてみよう。第Ⅱ部でも見たように、古典的人工知能の手法によってこの課題に対処するためには、画像に含まれるさまざまな特徴にもとづいてそれがイヌの画像であるかネコの画像であるかを判定する規則を発見しなければならない。しかし、そのような規則を人間が発見することは、ほぼ不可能であるように思われる。ある画像がイヌの画像であるかネコの画像であるかということもまた、コード化不可能であるように思われるのである。しかし、われわれは深層ニューラルネットワークがこの課題を実行できることを知っている。画像のピクセルごとの明るさを入力とし、イヌである確率を出力として、多数の訓練データによって教師あり学習を行えば、深層ニューラルネットワークはこの課題を高い精度で実行できるようになるのである。

　では、古典的人工知能では実行不可能だった課題が、なぜ深層ニューラルネットワークでは実行可能になったのだろうか。第6章で見たように、そこには2つの理由がある。第一に、両者が利用する特徴量には違いがある。古典的人工知能では、イヌの画像とネコの画像を識別するときには、そこで用いる特徴量を人間が特定する必要があった。そしてそこでは、当然のことながら、人間に考えつくことができる特徴量を利用するしかなかった。これに対して、深層学習はend-to-endの学習であり、そこで用いられる特徴量は、ネットワークがみずから学習したものである。そこには、複雑な縞模様のパターンなど、人間ならば導入しないであろうものも多く含まれている。このことが深層ニューラルネットワークの画像認識に高い性能をもたらしているのである。別の言い方をすれば、イヌの画像とネコの画像の識別という課題にどのような特徴量が必要かを人間は知らないため、古典的人工知能はこの課題を実行できなかった。これに対して、深層ニューラルネットワークは、必要な特徴量をみずから学習できるため、この課題を実行できるのである。

　第二の理由はモデルの違いである。古典的人工知能は、さまざまな特徴量と、ある画像がイヌまたはネコであるということの関係を、形式的推論で扱える形で捉えようとしていた。しかし、このようなやり方では、フレーム問題において問題となった特徴量のあいだの複雑な相互作用を捉えることは困難である。これに対して、第6章で見たように、深層ニューラルネットワークは、入力ベクトルを出力ベクトルに変換する複雑な関数を表現している。このような複雑な数理モデルを用いることによって、さまざまな特徴量のあいだの（高次の相互作用を含む）複雑な相互作用を表現することが可能になったのである[3]。

　このように、深層ニューラルネットワークは、複雑な数理モデルによって、しかるべき特徴量をしかるべき仕方で関係づけることができるために、古典的人工知能では扱うことができない問題を扱うことができるのである。

　では、哲学においてコード化不可能性の典型例と考えられてきた事例についても、ニューラルネットワークによる解決は可能だろうか。絵画の美しさを判定するという課題を考えてみよう。この課題に対しては、イヌとネコの画像の場合と同様に、各ピクセルの明るさを入力とし、美しさの程度を出力とする深層ニューラルネットワークで学習を行えばよいだろう。哲学における従来の議論では、ある対象の諸特徴とその美しさを関係づける規則を（人間が）見出すことができないということから、美はコード化不可能であると主張されてきた。しかし、深層ニューラルネットワークを用いた人工知能研究をふまえれば、話はそれほど単純ではないことがわかる。人間に考えつくことのできる特徴と美を関係づける、人間に理解可能な程度の複雑さの規則が見出せないとしても、何らかの特徴と美をきわめて複雑な形で関係づける関数は存在するかもしれないからである。深層ニューラルネットワークは、そのような関数を表現できる装置にほかならない。美が人間にコード化不可能であるということから、美が端的にコード化不可能だということは、ただちには帰結しない。美は、われわれが考えるよりもはるかに複雑な仕方でコード化可能な現象なのかもしれない

---

3) これら2つの理由は、同じ事柄の2つの捉え方だと言えるかもしれない。深層ニューラルネットワークが行っていることは、入力層に与えられる単純な特徴量から複雑な特徴量を構成することとして理解することも、単純な特徴量の複雑な相互作用に関する関数を表現することとして理解することもできるからである。

のである[4]。

状況理解の問題：残された問題

　では、深層ニューラルネットワークを用いれば、コード化不可能性の問題や
フレーム問題は解決できるのだろうか。残念ながら、話はそれほど単純ではな
いように思われる。まず、芸術作品一般の美しさを判定するという課題につい
て考えてみよう。芸術作品には、絵画も音楽も詩もあるため、深層ニューラル
ネットワークへの入力は、それらすべてを扱うことのできる形式でなければな
らない。しかし、それがどのようなものかは、明らかではない[5]。

　この問題は、物事の善悪を判定するという課題においてはさらに深刻な問題
となるだろう。善悪の評価が問題となる対象には、身体的な行為も、発言も、
さらには法律の制定のようなものもある。植民地支配のように、時間的に長期
にわたる行為が評価の対象となる場合もある。これらすべてを扱うことのでき
る入力形式は、やはり明らかではない。このように考えれば、コード化不可能
性の問題のうち、深層ニューラルネットワークによる解決が可能であるのは、
適用領域が明確に限定された性質（たとえば絵画の美しさ）に関する問題だけ
であるように思われる。美や善といった高度に一般的な性質は、すくなくとも
現時点では、深層ニューラルネットワークでも扱うことができないように思わ
れるのである[6]。

4）このように考えるならば、第 3 章における考察には重大な修正が必要となる。第 3 章におい
　ては、美や善、あるいは状況が人間にコード化不可能であるということから、それらはコード化不
　可能であり、それらに関しては個別主義が成り立つかもしれないということを論じた。しかし、
　本節における考察から明らかになったことは、これらが人間にはコード化不可能だとしても、深
　層ニューラルネットワークにはコード化可能かもしれないということである。人間にとってのコー
　ド化不可能性から個別主義を導き出すのは、拙速だったかもしれないのである。

5）近年では、畳み込みニューラルネットワークと大規模言語モデルを組み合わせて、画像を生成
　したり画像にキャプションを付けたりするシステムが開発されている。このようなことが可能で
　あるということは、画像認識と自然言語処理の両者に利用可能な、抽象度の高い情報表現が存在
　するということを示唆している。そのような情報表現を利用すれば、さまざまな芸術作品を一つ
　のニューラルネットワークの入力とすることが可能になるかもしれない。

6）美や善には、このような説明では捉えられない側面がもう 1 つある。既存の芸術作品とは根本
　的に異なる芸術作品を目にしたときに、それを美しい（美しくない）と見なすことによって、わ
　れわれの美の理解はしばしば更新される。ここで、新たに出会った作品を美しいと判定すべきか、
　美しくないと判定すべきかということは、何らかの規則によって事前に定められていることでは

フレーム問題においては、この問題はさらに深刻なものとなる。フレーム問題を深層ニューラルネットワークによって解決することを試みる際には、入力だけでなく、出力をどのように設定すべきかということも問題となるからである。ここで出力となるのは、その状況において重要な知識だろうか、あるいは行動だろうか。前者だとすれば、それを出力層でどのように表現すればよいのだろうか。どのようにすればフレーム問題を標準的な深層学習の枠組みで処理できるのかは、明らかではない[7]。

　ここで、深層ニューラルネットワークにおいては、そもそも古典的人工知能のような形でフレーム問題が生じることはないのではないか、という疑問が生じるかもしれない。デネットの思考実験におけるロボットが深層ニューラルネットワークを採用したとしよう。そして、ロボットに与えられる感覚入力をネットワークへの入力に、運動出力をネットワークの出力にしたとしよう。第5章で見たように、ニューラルネットワークにおいては、知識はユニットやユニット間の重みによって個別的に表現されるのではなく、一群の知識が重み付けパターン全体によって表現される。したがって、ロボットの感覚入力から運動出力が生成される際には、重み付けパターンとして表現された知識がすべて利用されることになる。そうだとすれば、深層ニューラルネットワークにおいては、特定の状況において使用すべき知識を特定するという課題は、そもそも生じないように思われる。人間は多数の知識を個別的に有しており、特定の状況ではその一部だけを使用するという、フレーム問題の前提となる知識観そのものが間違っていたのではないだろうか。このような疑問が生じるかもしれない。

　これは興味深い問題提起だが、このような議論もやや乱暴すぎるように思わ

なく、われわれがそのつど決定することかもしれない。その決定の結果、新たな美の規則が定まるのである。美や善がこのようなあり方をしているとすれば、これまでに出会った事例に関する美や善のあり方はコード化可能だとしても、美の規則をどのように更新すべきかということはコード化不可能かもしれない。この論点は信原幸弘の示唆による。私自身は美や善に関するこのような見方は基本的に正しいと考えているが、このような見方とより実在論的な見方のあいだにどのような実質的な違いがあるのかについては、さらなる考察が必要だろう。

7) 以上の考察から得られる教訓の1つは、深層ニューラルネットワークが限定された領域における専門性（expertise）を獲得できるとしても、より包括的な判断能力、すなわち哲学において古来徳（virtue）と呼ばれてきたような能力を同様のやり方で獲得できるとはかぎらない、ということである。

れる。第一に、ここで提案されていることは、感覚入力から行動出力を end-to-end で学習するということである。このような学習には、きわめて多数の訓練データが必要だろう。したがって、フレーム問題に直面しない人工エージェントを作成する手法として考えたときには、このような手法は現実的ではないように思われる[8]。

　第二に、フレーム問題において問題となっているのは、ある状況において適切な行動を実時間的な制約の下でいかにして選択するかということだけではないように思われる。デネットが述べるような状況に人間が置かれたときには、ただ適切な行動をとることができるだけでなく、意識的な経験や思考においても、しかるべき変化が生じると考えられる。たとえば、ワゴンにバッテリーとともに時限爆弾が置かれていれば、われわれの注意はその時限爆弾に向けられるだろうし、足下にワイヤーが張られていれば、そこに注意が向けられるだろう。このように、われわれの状況認識は、知覚経験のあり方や、そこにおける注意のあり方、意識的な思考の内容などに影響を与える。現実世界において適切に行動するためにこのようなメカニズムが不可欠だとすれば、ニューラルネットワークを用いたフレーム問題の解決は、これらの現象に関しても洞察を与えてくれるものでなければならないだろう[9]。

　結局のところ、フレーム問題の解決に関して、われわれはジレンマに直面しているように思われる。一方で、深層ニューラルネットワークによる end-to-end の学習によってフレーム問題を解消するという手法は、原理的には解決をもたらすことが期待できるものである。しかし、この手法は、気の遠くなるよ

---

8) 他方で、生物が行っている学習の実態は、これに近いものであるようにも思われる。生物は、認知システムを構成する要素（モジュール）ごとに学習を行うわけではなく、ある状況における行動に対して与えられる報酬だけを手がかりに、ある感覚入力に対して適切な運動出力を学習しているからである。とはいえ、生物はそのような学習を個体レベルだけで行っているわけではないという点にも注意が必要である。生物の神経システムの大部分は生得的に配線が固定されており、そのあり方は長年の自然選択を通じて選択されてきたものだからである。このような end-to-end の学習は、莫大な時間を要するのである。

9) フレーム問題への対処を学習したネットワークのあり方を分析することで、具体的なメカニズムに関する洞察が得られるかもしれない。上で述べたように、このような学習自体は簡単ではないと思われるが、end-to-end の学習の結果として、大規模な深層ニューラルネットワークに何らかの内部構造が出現するのだとすれば、このようなアプローチは興味深いものとなるだろう。この論点は藤原諒祐の示唆による。

うな試行錯誤を必要とするため、フレーム問題を回避できる人工エージェント
を作成する手法としては現実的ではない。また、このアプローチは、どのよう
にしてフレーム問題が回避されるのかということに関して具体的な洞察をもた
らしてくれるものでもない。他方で、具体的な人工エージェントの設計方針と
して現在われわれに利用できるのは、古典的人工知能の手法だけであり、この
手法ではフレーム問題を回避できない。われわれは、フレーム問題を回避でき
るような人工エージェントを現実に作成することを可能にし、人間はなぜフレ
ーム問題を回避できるのかということを明らかにしてくれるような人工知能の
原理を、まだ手にしていないのである[10]。

　以上のように考えるならば、フレーム問題は、人工知能研究に対していまも
なお重大な原理的挑戦を突きつけていると言うことができるだろう。その挑戦
とは、（現実の人工知能研究では利用できないような）膨大な量の試行錯誤に依
拠することなく、状況に応じた柔軟な行動をとることのできる人工エージェン
トを作成することは可能か、可能だとしたら、どのような設計によってそれが
可能になるのか、ということである。人工知能研究は現実世界における営みで
あるため、計算資源や学習に利用できる時間などに関する制約が存在する。フ
レーム問題を回避できる人工エージェントをそれらの制約の下で作成する方法
は、存在しないかもしれないのである[11]。

10）これら2つの手法の関係は、進化論的な見方と創造説的な見方に喩えることができるだろう。
　　end-to-end の学習を用いるという手法は、いわば、生物進化の過程をたどり直すことで、エージ
　　ェントの具体的な設計を考えるという作業を回避しようというアプローチである。これに対して、
　　人間がエージェントの具体的な設計を考えるという手法は、いわば、人間が神を演じることによ
　　って、膨大な時間を要する進化の過程をバイパスしようというアプローチである。第一のアプロ
　　ーチは時間がかかりすぎるため、われわれは「神」として人工エージェントに介入せざるをえな
　　いように思われる。しかし、「神」として何をすればよいのかが、われわれにはわからないので
　　ある。（ここで述べていることは、人工エージェントの作成は「神を演じる」ことなので禁止す
　　べきだというような規範的な主張ではないという点に注意。）
11）強化学習研究の第一人者であるリチャード・サットンは、2019年3月にみずからのウェブサイ
　　トに公開したエッセイ「苦い教訓」（Sutton, 2019）で、つぎのように論じている。人工知能研究
　　の歴史において繰り返し明らかになってきたことは、人工知能システムに人間の知識を組み込も
　　うという手法は失敗に終わり、コンピュータの計算能力を活かした探索や学習に依拠する手法が
　　最終的に成功を収めてきたということである。したがって、われわれが考えるところの思考のメ
　　カニズムを人工知能システムに組み込むことは長期的には失敗に終わるという苦い教訓を、人工
　　知能研究者は学ぶべきである。これは、第Ⅰ部で紹介したドレイファスによる古典的人工知能研
　　究の評価とも一致する見方であり、基本的に正しいものだと考えられる。しかし、この見方が正

　以上の議論からは、深層ニューラルネットワークによるフレーム問題の解決について検討するためには、深層ニューラルネットワークを用いた人工知能において、フレーム問題またはそれに類似した問題がどのような形で生じるのかということ自体をまず明らかにする必要がある、ということもわかる。現在の深層ニューラルネットワークは、画像認識やボードゲームに代表されるように、領域が明確に限定された問題に大きな力を発揮している。これに対して、フレーム問題は、無限定な問題において典型的に生じる問題である。そうだとすると、自律型ロボットに組み込まれるようになってはじめて、深層ニューラルネットワークはフレーム問題に直面することになるのかもしれない。深層ニューラルネットワークは、フレーム問題を解決したのではなく、まだこの問題に出会っていないだけなのかもしれないのである[12]。

10.2 │ 汎用人工知能の可能性[13]

　人工知能研究は、人間のような知能をもつ人工物を作ることを究極目標として出発した。ここで言う人間のような知能とは、演繹的推論や画像認識といった特定の課題を行うだけではなく、計算も、推論も、知覚も、言語処理も、身体制御も行うことができる知能、すなわち汎用知能のことである。では、汎用人工知能の実現という観点から見たとき、人工知能研究の現状はどのように評価できるだろうか。

人工知能と生物知能
　現在の人工知能は、ほぼすべて課題特化型の人工知能である。特定の課題に

　しいとすれば、フレーム問題を回避できる人工エージェントを作成するには、膨大な量の試行錯誤を繰り返すという方法しかないということになるかもしれない。

12) 近年、自動運転車の事故に関するニュースがしばしば報じられている。しかし、そこで問題となっているのは、目の前を横切る巨大なトレーラーを空と誤認したというような画像認識システムの誤動作や、救急車が赤信号で交差点に進入することを学習していなかったというようなたんなる学習の不足である。現実世界における運転では、フレーム問題を引き起こすような状況が実際に発生しうるが、自動運転車はまだそのような問題に直面するレベルには達していないのかもしれない。

13) 本節と次節は鈴木（2023）と重複する内容を含んでいる。

ついては人間をはるかに上回るパフォーマンスを示すことも珍しくないが、それ以外の課題は実行することができない。複数のゲームを行うことができるゲーム AI は存在するが、そのような場合でも、能力を発揮できる領域は限られ、人間のようにまったく異なる課題を行うことができるわけではないし、現実世界で自律的に行動できるわけでもない。この意味では、汎用人工知能や自律型人工知能が実現する見通しは、いまだに立っていないと言えるだろう。

　では、どうすれば汎用人工知能が実現できるのだろうか。この問題を考える上では、生物知能と人工知能を対比することが手がかりとなるだろう。現実世界に存在する生物個体は、すべて自律的なエージェントであり、複雑さの違いはあるものの、環境に対して自発的に適切な行動をとることが可能である。プランクトンのような比較的単純な生物でも、周囲の明るさや水温を知覚し、水面の近くや水温の高い領域など、みずからの生存に有利な場所に移動することができる。メカニズムが複雑化するにつれて、知能はより高度になり、できることのバリエーションは広がる。しかし、複雑さの違いに関わらず、生物知能にとっては、現実世界で生存し、子孫を残すということがもっとも重要な要請となる。この目的を達成するためには、知覚と運動が不可欠な要素となる。生物が環境において生存し、子孫を残すためには、環境のあり方を把握し、現在の環境のあり方に対して適切な行動をとることが不可欠だからである。さらに、（ある程度複雑な）生物には、行動の学習を可能にするために、快楽や痛みなどの形で報酬メカニズムが組み込まれている。快楽や痛みなどを感じることで、生存に有利な行動を選択したり、生存に不利な行動を回避したりすることができるのである。このように、生物においては、知能の汎用性と自律性は不可分な関係にあるように思われる。

　そうだとすれば、汎用人工知能を実現するためには、人工知能研究も、身体をもち、現実世界で行動するロボットをおもな研究対象とすべきなのではないだろうか。そして、昆虫（あるいはプランクトン）レベルの比較的単純な自律的エージェントを作ることから出発し、それを徐々に複雑化することによって、最終的には人間のような高度な自律的エージェントに到達することができるのではないだろうか。

　ドレイファスも、このような方向性をある程度有望なものと考えていたよう

である。彼はつぎのように述べている。

　［ニューラル］ネットは、もしそれが、我々が持っている適切な一般化の感覚を共有するのなら、恐らくサイズ、アーキテクチャー、初期結合の状態を人間の脳と共有しているのでなければならない。また、もしそれが、すでに訓練者によって特定された連合をするように教えられるというのではなく、むしろ、それ自身の「経験」から、人間がするような連合をするように学習するのなら、ネットは我々が持っている出力の適切さの感覚をも共有していなければならない。そしてそれが意味するのは、ネットは我々の欲求、欲望、情動を共有していなければならないということであり、さらにまた、適切な肉体的運動、能力、そして、危害に対する可傷性などを備えた、人間が持っているような身体を、ネットが持っていなければならないということである。（Dreyfus and Dreyfus, 1988, pp. 38-39; 邦訳 pp. 56-57）

　じつは、このようなアプローチは、人工知能研究の主流ではなかったものの、第 2 次人工知能ブーム期から提唱されていたものである。代表的なものは、米国のロボティクス研究者ロドニー・ブルックスによるクリーチャーの研究である（Brooks, 1991）。ブルックスの研究プログラムでは、単純な行動だけが可能だが自律的な人工エージェントであるクリーチャーを作成し、自律性を保ちつつ、行動を徐々に複雑化することが目指されている。クリーチャーの特徴は、中央集権的な制御を行わず、局所的な制御の相互作用によって複雑な行動を実現することである。このような設計を、ブルックスは包摂アーキテクチャ（subsumption architecture）と呼んでいる。

　汎用人工知能の実現を目指そうとするならば、このようなアプローチの可能性をあらためて検討する必要があるだろう。とはいえ、このようなアプローチにも問題がないわけではない。第一の問題は、ブルックスが提唱する包摂アーキテクチャは、比較的単純なエージェントにのみ利用可能なものだということである。現在の環境のあり方に反応するだけのエージェントならば、この手法だけで作ることができるかもしれない。しかし、将来の行動について計画を立てることができるエージェントを作るためには、他の要素を組み込むことが不

可欠であるように思われる。しかし、どのような要素をどのように組み合わせれば自律的エージェントを高度化できるのかは、いまのところ明らかではない。

　第二の問題は、このようなアプローチによって人間レベルの汎用人工知能を実現するには、非常に長い時間がかかると考えられることである。このアプローチは、いわば進化の歴史をたどり直すものであり、それには長い時間と多くの試行錯誤が必要なのである。

　第三の問題は、より根本的なものである。それは、このような手法によってできるものは、現実に存在する生物と同様のエージェントになるだろうということである。生物は、生存のためにさまざまな課題をこなす必要がある。他方で、生物の認知的資源はかぎられている。それゆえ、生物は、さまざまな課題をそこそこうまくできるエージェントとならざるをえない。ある特定の課題だけに高いパフォーマンスを示すことができても、他の課題をうまくこなせなければ、生存し、子孫を残すことはできないからである。人工エージェントも、有限の認知的資源しかもたないという点では、生物と違いはない。そうだとすれば、自律的ロボットを高度化させたとしても、その結果できるものはやはり、さまざまなことがそこそこにうまくできる人工エージェントだということになるだろう。しかし、このようなエージェントは、（人手不足に困っている場合を別にすれば）それほど有用なものではないかもしれない。

　このことと関連して、このアプローチにはさらにもう1つ問題がある。ドレイファスも指摘するように、自律的な人工エージェントには、学習の手がかりとなる報酬システムが不可欠である。このことが意味するのは、そのようなエージェントはみずからの利害関心をもつことになるということである。つまり、そのようなエージェントにとっては、みずからにとって何がよいことであり、何が悪いことであるかが定められることになるのである。このことはエージェントの自律性を高めるが、われわれにとっては不都合な結果をもたらすかもしれない。このようなエージェントは、人間の思い通りに行動してくれるとはかぎらないからである。結局のところ、自律的な人工エージェントを作るということは、人工的なゴキブリやカラスを作り出すことにしかならないかもしれないのである。

　以上の点をふまえれば、生物知能を手本とするアプローチは、長期的には汎

用的で自律的なエージェントの実現を可能にするかもしれないが、その成果は
それほど有用なものではないかもしれない。

その他のアプローチの可能性

では、汎用人工知能を実現するには、ほかにどのようなアプローチが考えら
れるだろうか。1つの可能性は、課題特化型の人工知能を統合することで汎用
人工知能を実現するというものである。われわれはすでに、視覚情報処理や自
然言語処理に関する高性能な人工知能システムを有している。運動制御に関し
ても、一定の性能のシステムは存在する。これらを組み合わせれば、汎用知能
をもつシステムが実現できるかもしれない。人間の脳には機能分化が見られる
ということからも、このようなアプローチは一定の妥当性をもつように思われ
る。しかし、その詳細については、現時点では不明な点も多い。たとえば、こ
のようなアプローチを実際に進めるときには、感覚システムと運動制御システ
ムを直接接続すればよいのだろうか。あるいは、両者の中間には別のシステム
が必要なのだろうか。あるシステムと別のシステムは、どのような仕方で情報
をやりとりするのだろうか。これらのことが明らかになるまでは、このような
アプローチは原理的可能性にとどまるものだろう。

関連する他の提案に関しても同様である。たとえば、汎用人工知能の実現に
は、古典的人工知能とニューラルネットワークの統合が必要だということがし
ばしば論じられる。これまでに見たように、両者の長所短所は対照的である。
古典的人工知能は、アルゴリズム化できる課題が得意な反面、パターン認識の
ように規則を明示化しにくい課題が苦手である。ニューラルネットワークは、
パターン認識を得意とするが、探索などのアルゴリズムにもとづく処理が苦手
である。そうだとすれば、両者は相補的な関係にあり、両者を組み合わせるこ
とで多様な課題に対応可能な人工知能が構成できると考えるのは自然だろう。
しかし、両者をどのように統合すればよいのかに関して、具体的な提案は存在
しない。

転移学習やメタ学習といった、高度な学習能力を人工知能に与えることが必
要だということもしばしば指摘される。人間は、将棋について学んだことをチ
ェスに生かしたり、さらには企業経営や軍事戦略に生かしたりするなど、ある

領域における学習の成果を別の領域に転用することができる。また、将棋をする際には、現在有している知識を活用すべきときと、新たな戦略を学習すべきときを判断して、しかるべきときに新たな学習を行うこともできる。汎用知能には、これらの能力が不可欠かもしれない。しかし、これらの能力をどのように用いれば汎用知能が実現できるのかに関しても、いまのところ具体的な提案は存在しない。

さらに別のアプローチは、生物とは別の汎用アーキテクチャを発見するというものである。このようなアプローチにも一定の根拠がある。上でも述べたように、生物の認知アーキテクチャは進化の産物である。そうだとすれば、生物の認知アーキテクチャは、知能を実現する唯一のアーキテクチャでも、最善のアーキテクチャでもないかもしれない。現実のアーキテクチャは、われわれの祖先がどのようなアーキテクチャをもっていたかという偶然的な事情に制約されたものだからである。

デネットは、「認知的車輪（cognitive wheel）」という言葉を用いてこのような可能性を論じている（Dennett, 1984）。地上を移動する際にもっとも効率のよい構造の一つは車輪である。しかし、移動のための器官として車輪をもつ生物は存在しない。それは、現在存在する生物の祖先が車輪の原型となるような構造をもっていなかったため、突然変異の繰り返しによって車輪を獲得することができなかったからである。進化のどこかの時点で車輪の原型となる構造を獲得していたならば、車輪をもつ生物が存在していたかもしれないのである。認知アーキテクチャに関しても、事情は同様である。現在の生物とはまったく異なる認知アーキテクチャ、さらには現在のどの生物のものよりも高性能な認知アーキテクチャが存在するとしても、偶然的な事情から、自然界にはそのようなアーキテクチャをもつ生物が存在していないのかもしれない。われわれは、車輪や飛行機を作り出すことができたのと同様に、そのような理想的な認知アーキテクチャを発見し、進化の歴史とは独立に人工的に実現することができるかもしれないのである。

では、そのような理想的アーキテクチャとは、具体的にはどのようなものだろうか。現時点では具体的な提案が存在するわけではないが、深層ニューラルネットワークを候補の1つと考えることができるかもしれない。人間の脳より

も単純な構造と深層の構造をもち、大量の訓練データによって学習を行う大規模数理モデルは、人間の脳とある程度類似しているが、それとは異なり、それよりも高性能な認知アーキテクチャなのかもしれない。しかし、単一の大規模な深層ニューラルネットワークによって多様な課題を実行するにはどうしたらよいのかに関しては、（膨大な量の end-to-end の学習を行うということ以外には）やはり現時点で具体的な提案は存在しない。

　以上のように、原理的には、汎用人工知能実現にはいくつかの方針が考えられる。しかし、それらのいずれにも、長い時間がかかるものであったり、実現に必要な詳細が明らかでないものであったりするという問題がある。汎用人工知能の実現には、まだ多くの時間（と技術的な革新）が必要なのである[14]。

10.3 │ 主体としての人工知能と道具としての人工知能

人工知能研究の 2 つの方向性

　前節の考察からは、人工知能研究に関する 1 つの重要な教訓が得られる。それは、人工知能研究には 2 つの異なる方向性があるということである。人工知能研究の出発点となり、現在もその究極目標であり続けているのは、人間のような汎用的で自律的な知能を作り出すことである。しかし、前節における考察からは、そのような知能は、多様な課題をそこそこうまくこなすことができる人工エージェントになる可能性が高いことが明らかになった。これに対して、現時点で実際に存在する人工知能の多くは、課題特化型である反面、その課題に関しては人間を上回るようなパフォーマンスを示すことができるものである（**図 10-2**）。これら 2 つは、人工知能研究の根本的に異なる方向性であるように思われるのである。

　人工知能研究には 2 つの異なる方向性が存在するということは、これまでにもしばしば指摘されてきた。たとえば、米国のコンピュータ科学者ダグラス・

---

14) われわれは、汎用であることと自律的であることを切り離して考えるべきなのかもしれない。画像認識と自然言語処理の両方が可能なニューラルネットワークのように、自律的ではないが汎用（あるいは多目的）であるような人工知能であれば、実現が比較的容易かもしれないからである。

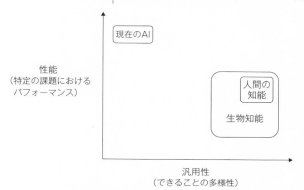

図 10-2　人工知能と生物知能

エンゲルバート（Engelbert, 1962）は、artificial intelligence と intelligence amplifier という 2 つの考え方を対比している。前者はそれ自体として知能をもつ人工物であるのに対して、後者は人間の知能を高める人工物である。エンゲルバートは、両者を対比した上で、われわれにとって重要であるのは、人間や人工物を構成要素とするシステム全体の能力を高めることであり、その目標にとって有用であるのは、intelligence amplifier だと主張する[15]。

　また、イギリスのコンピュータ科学者パトリック・ヘイズとアメリカのコンピュータ科学者ケネス・フォード（Heyes and Ford, 1995）は、チューリングテストの意義を考察する論文のなかで、人間のような知能を作ることを人工知能研究の目標とすることは不適切だと主張している。彼らは、飛行能力をもつ人工物の開発との類比にうったえて議論を展開している。飛行能力をもつ人工物を作る際には、鳥や昆虫など、飛行能力をもつ生物のあり方が参考になる。しかし、ここで目指されているのは、できるだけ高い飛行能力をもつ人工物を開発することであり、飛行能力をもつ生物と類似した人工物を開発することではない。したがって、飛行物の開発を、「カモメテスト」、すなわちカモメとどの程度類似した動作ができるかによって評価するのは、根本的に的外れである。

15）エンゲルバートは、このシステムは人間、学習、人工物、方法論、訓練という 5 つの要素からなると考え、これを H-LAM/T と呼んでいる。これは、のちの認知科学における拡張された心（extended mind）という考え方の先駆となる考え方である。

ヘイズとフォードによれば、チューリングテストは、人工知能をカモメテストのような基準によって評価するテストであり、人工知能の有用性を評価する基準としては、根本的に的外れなのである。

　前節における考察をふまえれば、彼らの主張は基本的に妥当なものであるように思われる。人間のように汎用的で自律的な人工知能を作ることと、人間にとって有用な道具としての人工知能を開発することは、異なる種類のプロジェクトであり、われわれにとって（少なくとも短期的に）有用なのは、後者のプロジェクトなのである[16]。

道具としての人工知能

　では、道具としての人工知能の開発においては、具体的にどのようなシステムの開発を目指すべきなのだろうか。基本的な方針は、人間の知能がもつ欠点を補うシステムを開発すべきだということだろう。では、人間の知能にはどのような欠点があるのだろうか。第一に、人間はパターン認識能力には優れているが、演繹的推論や確率的推論を正確に行うことは苦手である。第二に、社会心理学や行動経済学の研究が明らかにしてきたように、人間の認知にはさまざまなバイアスが存在する。たとえば、われわれはみずからが正しいと信じている仮説に合う証拠には注目するが、その仮説に反する証拠は無視しがちである。このようなバイアスは、しばしば不適切な意思決定を引き起こす[17]。第三に、人間の認知は情動の影響を受ける。それだけではなく、課題とは無関係な要因に由来する情動の影響を受けることもある。たとえば、空腹によって生じた不快感によって裁判官の量刑判断が変化するという研究（Weinshall-Margel &

---

16) ここで主張されているのは、限られたリソースを用いて短期的あるいは中期的に社会にとって役に立つ成果を挙げるためには、道具としての人工知能の開発に多くのリソースを割くのが望ましいだろうということである。自律型人工エージェントの開発は倫理的に望ましいものではなく、禁止すべきだというようなことは、ここでは主張されていない。また、知能の本質を理解するという理論的な問題関心からは、汎用知能をもつ自律型エージェントを作るプロジェクトはおおいに有意義である。

17) 偏見やステレオタイプといった問題の場合には、人工知能を利用することだけでは問題は解決されないという点に注意が必要である。機械学習においては、データに含まれるバイアスも学習されてしまうからである。現状では、人間が直接バイアスを修正する、オーバーサンプリングなどによって訓練データのバイアスを軽減するといった仕方で、人間が介入することが不可欠である。この論点は藤川直也の示唆による。

Shapard, 2011）は有名である。第四に、人間の認知の精度は疲労によって低下する。道具としての人工知能は、これらの欠点を補い、人間による不正確な作業を代替するものとして利用するのが有用だろう[18]。

　道具としての人工知能を有用なものとするためには、いくつかのことに注意する必要がある。第一に、目的に応じた種類の人工知能を利用する必要がある。たとえば、演繹的推論や探索など、アルゴリズムとして表現できる課題を行う際には、ニューラルネットワークではなく、古典的な人工知能システムを利用すべきである。他方で、画像認識のような課題で、大量の訓練データが利用できる場合には、深層ニューラルネットワークを利用すべきである。しばしば指摘されるように、どのような問題にも深層学習を用いればよいというのは間違った考えで、道具一般がそうであるように、人工知能の利用においても、目的に応じて適切な道具を選択することが重要なのである[19]。第二に、それが人間にとって使いやすい道具となるためには、インターフェースが重要となる。具体的には、自然言語による入出力が可能であることや、視覚的な情報の提示が可能であることが重要となるだろう[20]。第三の注意点は、道具としての人

---

[18] 道具としての人工知能の利用可能性として興味深いのは、科学の道具としての人工知能である。これまで、科学研究においては、人間の科学者がデータを分析し、現象の背景にある自然法則を発見してきた。その際には、自然法則は人間が発見できるものであり、人間が理解できるものであるということが大前提となっていた。しかし、自然法則が人間に理解可能な単純なあり方をしているという保証はない。自然法則そのものが、多くの変数の複雑な関係からなり、人間には理解できないものかもしれないのである。これは、これまでの自然科学研究の根本的な前提を否定する、きわめてラディカルな考えだが、これが正しいとすれば、自然法則そのものを表現するためには、深層ニューラルネットワークのような大規模数理モデルが不可欠だということになるだろう。また、これが事実だとすれば、科学における理解の営みと予測の営みは分離することになるかもしれない。従来の科学の営みにおいては、現象を理解することと予測することは不可分の関係にあった。自然法則の適用によって、これまでに生じた現象の理解とこれから生じる現象の予測の両者が可能になったのである。しかし、自然法則そのものがきわめて複雑な数理モデルによってはじめて表現可能なのだとすれば、深層ニューラルネットワークによる現象の予測は可能だとしても、その現象がどのように生み出されているのかということの直観的な理解は不可能かもしれない。この論点に関しては大塚（2023）を参照。

[19] 生物は、脳という1つのメカニズムによってさまざまな課題を実行する必要がある。それゆえ、脳はそれぞれの課題に対する最適なメカニズムではない可能性がある。これに対して、道具としての人工知能を利用する際には、目的に応じて異なるアーキテクチャをもつ人工知能を利用できる。したがって、ある課題に最適なアーキテクチャを選択できれば、人間に実行可能な課題を行う場合でも、道具としての人工知能を利用することは大きな恩恵をもたらしうる。

[20] 他方で、人工知能に要求を正確に伝えるための（プログラミング言語のような）手段を人間が

工知能を有効活用するためには、適切な環境を整備する必要があるということである。たとえば、自動運転車を社会に導入するときには、自動運転車が複雑な意思決定を迫られることがないように、路面を整備したり、歩行者の立ち入りを禁止したりすることが有用だろう。このように、環境を整備することで、人間、人工知能、環境全体からなるシステムのパフォーマンスを高めることが可能となる。

　これまでに見てきたことからは、道具としての人工知能には限界があるということもわかる。第一に、現在ある人工知能には、それぞれに強みと弱みがある。たとえば、古典的人工知能は、課題をアルゴリズムとして表現でき、必要な知識や規則を人間が明示できる場合にしか力を発揮しない。深層ニューラルネットワークは、そうでない場合にも威力を発揮するが、大量の訓練データが必要であり、しばしば予想外の挙動を示すことがある。そしてそのような場合に、なぜある特定の出力を生成したのかを理解することは、しばしば困難である。

　第二に、現状では、いずれの人工知能システムでもうまく対処できない問題が存在する。その一つは、政策決定のように、解決のための規則が存在せず、大量の訓練データが存在しないために試行錯誤を通じて学習することもできないような問題である。このような問題には、古典的人工知能も、深層ニューラルネットワークも、強化学習も利用できない。もう一つは、コンビニエンスストアの店員として働くというような課題である。この課題には、商品を棚に並べること、来週の売れ行きを予測して商品を発注すること、店の混み具合に応じて棚卸しを中断してレジの応援に入ること、不審人物に警戒することなど、多種多様な課題が含まれており、いずれの課題にも単純な規則では捉えきれない複雑さがある。さらに、その多くは現実世界での運動を必要とする。このような多面的な仕事をこなすことのできる自律的な人工知能システムは、現時点では存在しないのである。

　これらのことをふまえれば、道具としての人工知能を活用するためには、ど

　身につけることも、場合によっては重要になるだろう。この論点は信原幸弘の示唆による。（とはいえ、人間は演繹的推論や確率計算などの形式的な操作を苦手とすることをふまえれば、人間が人工知能に合わせることは、それほど容易ではないかもしれない。）

のような仕事をどのような人工知能に委ねるのかということを、適切に判断することが重要だということがわかる。これもまた、現在の人工知能には難しい課題かもしれない。

読書案内

　道具としての人工知能については、本書の姉妹編となるつぎの論文集でさまざまな観点から考察されている。

・鈴木貴之（編）『人工知能とどうつきあうか──哲学から考える』勁草書房、2023 年

第11章 | 現在の人工知能②：倫理的問題

　深層ニューラルネットワークをはじめとする人工知能システムは、すでに社会のさまざまな場面で利用されている。それにともなってさまざまな社会的・倫理的問題も生じつつあり、それらについても活発な議論が行われている。人工知能をめぐる倫理的問題についてはすでにさまざまな文献が存在するので、ここではそれらを包括的に論じるのではなく、これまでの議論と密接に関連するいくつかの問題を取り上げることにしよう。

11.1 | バイアスの問題

　第1の問題はバイアスの問題である。これは、機械学習によって得られたモデルはデータに含まれるバイアスを反映したものとなり、その出力もバイアスを反映したものとなるという問題である。

アルゴリズムバイアス

　この問題を考える上でまず注意が必要なのは、バイアスが生じる理由にはいくつか異なるものがあるということである。たとえば、自然言語処理の章で見た埋め込みベクトルには、しばしばジェンダーバイアスが見出される。看護師や司書といった特定の職業は「彼女」という人称代名詞と結びつきが強く、指揮者や建築家といった職業は「彼」という人称代名詞と結びつきが強いことが見出されたり、「彼女 – 彼」と類比的な関係として、「看護師 – 外科医」や「ソフトボール – 野球」といった関係が見出されるといったことが知られているの

である（Bolukbasi et al., 2016）。

　このような事例を論じる際には、あるモデルが世界のあり方を正しく反映しているかどうかに関する評価と、世界のあるべき姿を正しく反映しているかどうかに関する評価を明確に区別することが重要となる。一方で、このような埋め込みベクトルは、看護師や外科医といった職業は特定のジェンダーと必然的な結びつきがあるわけではないということを正しく表現できていないという点で（つまり、世界のあるべき姿を正しく反映していないという点で）、不適切なモデルである。他方で、上のようなバイアスは、埋め込みベクトルの訓練データに含まれる文例に偏りが見られることに起因すると考えられる。そして、文例にそのような偏りが見られることの原因は、われわれの社会における職業ごとのジェンダー比に、実際にそのような偏りがあるということである。したがって、この埋め込みベクトルは、訓練データを正しく学習し、世界のあり方を正しく反映しているという意味では、適切なモデルである。このような事例において問題をもたらしているのは、言語モデルのバイアスではなく、それを生み出す社会におけるバイアスなのである[1]。

　バイアスが生じる理由はこのようなものだけではない。たとえば、Google 社の Photos サービスでは、クラウド上に保存されたタグ付き画像で学習した人工知能が画像に自動的にタグを付けるサービスが提供された。しかし、アフリカ系の人が写っている写真に「ゴリラ」というタグ付けがされたことが問題となり、このサービスはすぐに停止されることになった[2]。この事例において問題となっているのは、訓練データにそのような差別的なデータが含まれていたことではない。訓練データにはヨーロッパ系の人が写った画像が圧倒的に多かったために、アフリカ系の人が写った画像についての正しいタグ付けを十分

1）人間であれば、職業ごとにジェンダーの偏りがあり、その結果として文例にも偏りがあったとしても、それはその職業にとって必然的ではないということを理解できる。どのようにすれば人工知能にこうした判断ができるかということは、興味深い技術的課題である。同様に、訓練データにバイアスがある場合に、学習の際にそれをキャンセルすることのできる機械学習システムを開発することも、興味深い技術的な課題である。機械学習におけるバイアスを除去する技術は、debiasing と呼ばれ、現在活発な研究が進められている。そのもっとも単純な手法は、以下でも述べるオーバーサンプリングである。

2）BBC NEWS, "Google apologises for Photos app's racist blunder", 2015 年 7 月 1 日。https://www.bbc.com/news/technology-33347866（2024 年 1 月 7 日確認）

に学習できなかったのである。これまでも見たように、機械学習モデルは訓練
データが多いほど正確なものとなるため、マイノリティ集団は不利益を被りや
すいのである。

　この事例は、訓練データそのものにバイアスや誤りが含まれないにもかかわ
らず特定の人々に不利益となる出力が生成されるという点で、第一の事例より
も注意を必要とするタイプの事例である。他方で、このようなタイプのバイア
スには、一定の技術的な対応策も存在する。たとえば、モデル学習の際にマイ
ノリティ集団に関するデータを高頻度で利用する（オーバーサンプリング）す
ることで、訓練データの偏りを打ち消すといった手法である。

　アルゴリズムバイアスは、さらに別の事情から生じることもある。たとえば、
人種間で経済格差があり、その結果として教育歴にも差があり、平均学力にも
差がある地域があるとしよう。このような地域に関するデータから学習したモ
デルは、入力された個人の人種に応じて、学力に関して異なる予測をすること
になるだろう。企業による採用の場面などでこのようなモデルを用いて能力を
予測することは特定の人種に不利に働くため、訓練データからは人種に関する
情報は除外すべきだということになるだろう。しかし、仮に訓練データから人
種に関する情報を除外したとしても、事態は改善しないかもしれない。このよ
うな状況においては、異なる人種は異なる地域に居住している可能性が高く、
住所に関するデータから応募者の人種を推定することが可能だからである。

深層ニューラルネットワークにおけるアルゴリズムバイアス

　深層ニューラルネットワークを用いる場合には、このような問題はより深刻
なものとなる。深層ニューラルネットワークの基本的な仕組みを思い出してみ
よう。第6章で見たように、深層ニューラルネットワークは、データに含まれ
る変数を複雑に組み合わせた特徴量を構成できる。したがって、ある変数を入
力から除外したとしても、複数の変数を複雑に組み合わせることで、その変数
を復元することが可能となる。ある場面でFという属性にもとづいて人を評
価するのは不適切なので、Fに関する情報を訓練データから取り除いたとして
も、深層ニューラルネットワークは、他のさまざまな変数からFという特徴
量を構成し、それを評価に用いてしまうかもしれないのである。

　このようなことをふまえれば、設計者が意図しない仕方で深層ニューラルネットワークが働く可能性は、つねに存在すると考えておく必要があるだろう。では、このような場合に、人工知能システムの働きにバイアスが生じているかどうかを人工知能システムそのものに判定させることは可能だろうか。これは興味深い課題だが、その実現はそれほど簡単ではないだろう。一方で、あるネットワークの働きにバイアスが生じているかどうかを、明示的な規則の集合によって判定することは困難であるように思われる。一般的に言えば、バイアスとは、ある主題について何かを評価する際に、その評価がその主題とは本来無関係な属性の影響を受けることである。しかし、第3章でも見たように、どのような主題の評価にどのような属性が関係するのかということを明示的な規則で表現することは困難である。そうだとすれば、深層ニューラルネットワークにバイアスの判定を学習させるのが有望であるように思われるかもしれない。しかし、このような手法を用いようとすれば、入力にどのような変数を用いればよいのかが問題となるし、学習に必要な量のデータが存在しないということも問題となるだろう。

人間による判断の必要性

　バイアスをめぐっては、さらに難しい問題もある（サンプター, 2019, 第6章）。米国では、被告のさまざまな属性からその被告の再犯リスクを予測するCOMPASというシステムが刑事裁判において実際に用いられ、量刑判断の参考にされている。ところが、このシステムにおいては、再犯を犯さなかった人が再犯リスクが高いと誤って判定される割合（偽陽性率）が、黒人の被告では白人の被告よりも高いということが明らかになり、大きな問題となった（**表11-1**）。（黒人の被告では $805/1715 = 0.47$、白人の被告では $349/1488 = 0.23$。）ところが、このシステムを開発した企業は、高リスクと判定された人が実際に再犯を犯す割合（正解率）には人種間で差がないというデータを提示し、このシステムにはバイアスは存在しないと反論した。（黒人の被告では $1369/2174 = 0.63$、白人の被告では $505/854 = 0.59$。）

　その後、問題となった状況では人種間で再犯率が異なっており、このような条件の下では、2つの集団に関して偽陽性率と正解率を同時に等しくすること

黒人の被告	高リスク	低リスク	合計
再犯あり	1,369	532	1,901
再犯なし	805	990	1,715
合計	2,174	1,522	3,616

白人の被告	高リスク	低リスク	合計
再犯あり	505	461	966
再犯なし	349	1,139	1,488
合計	854	1,600	2,454

表 11-1　COMPAS システムの再犯予測
（サンプター（2019）第 6 章をもとに作成）

はできないということが数学的に証明された。ここで、偽陽性率を等しくすることと正解率を等しくすることは、どちらもバイアスのない判定を下すことと言いうるように思われる。ところが、両者を同時に実現することは原理的に不可能なのである。このような状況においては、偽陽性率を等しくすることと正解率を等しくすることのどちらを優先すべきなのか、そもそもバイアスのない評価とはどのようなことなのかということが問題となる。これは、人工知能に関する技術的問題ではなく、われわれが判断を下すべき倫理的問題である。このような場面においてバイアスのない評価を実現するためには、人間の関与や決定が不可欠なのである。

　これら一連の事例は、人工知能の働きからバイアスを完全に取り除くことは非常に困難だということを示している。しかし、ここからわれわれが得るべき教訓は、バイアスの問題が生じる可能性があるので人工知能は利用すべきではないということではなく、人工知能を利用する際には、バイアスの可能性や信頼できるパフォーマンスを得るための条件に注意すべきだということだろう。たとえば、画像認識システムであれば、なるべく大量の訓練データが存在する課題に利用を限定し、そうでない課題に利用する際には、モデルは不正確となるということに注意しなければならないのである。

11.2 │ 透明性の問題

説明可能な人工知能（XAI）

　深層ニューラルネットワークに関するもう 1 つの重要な問題は、透明性である。古典的人工知能が用いていたアルゴリズムや、初期の機械学習で用いられ

ていた線形回帰や決定木といった手法は、そこで何が行われているのかが人間にも容易に理解できるものだった。アルゴリズムは、その定義からして、単純な操作から構成されている。決定木でも、どのステップでどのような属性が判定に用いられるかは明らかである。線形回帰においても、ある値を予測するために、どのような変数をどのような重みで用いているかは、回帰式から明らかである。これらのモデルはいずれも、透明性の高いモデルなのである。

　これに対して、深層ニューラルネットワークは透明性の低いモデルである。たとえば、画像認識課題において、ある画像に対して「イヌ」という出力が得られたとき、ニューラルネットワークはどのような根拠にもとづいてこのような出力を生成したのかを、人間に理解可能な仕方で説明することは困難である。入力データそのものに含まれるのは、各ピクセルの明るさに関する情報にすぎない。第6章で見たように、この情報を複雑に組み合わせることを繰り返すことで、最後の隠れ層では複雑な特徴量が構成される。しかし、多くの場合、それが何を表しているのかを人間に直観的に理解可能な仕方で記述することは困難なのである。

　モデルが不透明であるということは、さまざまな問題を引き起こす。まず、モデルが誤った出力を生成したとき、なぜそのような出力が生成されたのかを、われわれが直観的に理解できる仕方で説明することはできないことになる。また、その結果として、モデルをどのように修正すればよいのかに関する手がかりも与えられないことになる。さらに、モデルの働き方に一般的な説明が与えられなければ、どのような状況においてモデルが不適切な振る舞いを示すのかということの予測も困難となる。

　これらの理由から、現在、説明可能な人工知能（explainable AI: XAI）の開発が精力的に進められている。このような研究で目指されるのは、多くの場合、個別事例に関する説明である。その手法としては、モデルそのものを用いるものと、近似モデルによる説明とがある。

　モデルそのものを用いた説明としては、たとえば、画像認識における CAM（class activation mapping）と呼ばれる手法がある（Zhou et al. 2015）。これはつぎのような手法である。多くの畳み込みニューラルネットワークでは、畳み込み層の最終段階で、それぞれの特徴マップに含まれるユニットの出力を平均化

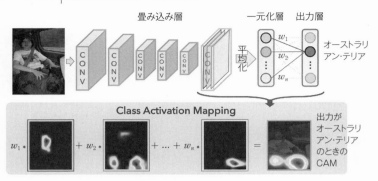

図 11-1　CAM（Zhou et al.（2015）より転載）

し、1ユニットで表現する（**図 11-1** 上段の太い矢印の部分）。さらに、各特徴マ
ップに対応するユニットと出力層を全結合し、分類などの課題を行う。CAM
では、学習済みネットワークの出力層においてあるクラス（たとえば「オース
トラリアン・テリア」）を表現するユニットと、さまざまな特徴マップに対応す
るユニットとのあいだの重み値（図の $w_1, ..., w_n$）を求める。つぎに、元の特徴
マップに、それぞれの特徴マップに対応するユニットの重み値を掛け合わせ、
それを足し合わせる（図の下段）。このような操作によって、入力画像のどの領
域がそのクラスの判定において重要な役割を果たしているかが可視化されるこ
とになる。（この場合には、テリアの顔が写っている画像右下の領域が重視されて
いることがわかる。）

　近似モデルによる説明としては、たとえば LIME（local interpretable model-
agnostic explanations）と呼ばれる手法がある（Ribeiro et al., 2016）。これは、
深層ニューラルネットワークのような複雑な数理モデルが生成した特定の予測
に関して、本来のモデルを線形モデルで局所的に近似するものである（**図
11-2**）。具体的には、問題の事例（図の太い十字）と変数の一部の値がわずかに
異なる仮想的な事例を多数生成する。そして、それらを深層ニューラルネット
ワークに入力し、分類を行う（図の細い円と細い十字）。そして、これらの仮想
事例に関する誤差がもっとも小さくなる単純な線形関数（図の点線で表された
直線）を、深層ニューラルネットワークが表現する複雑な関数の近似として採
用するというものである。この手法は、問題のモデル全体を近似するものでは

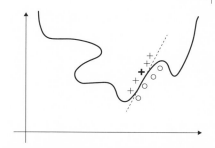

図 11-2　LIME（Ribeiro et al.（2016）を元に作成）
（複雑な曲線が実際の境界。点線はその局所的な線形近似。）

なく、ごく限られた領域におけるその働きを近似するものだという点に注意が
必要である。

透明性をめぐるトレードオフ

　では、これらの手法によって透明性の問題は解消されるのだろうか。これら
の手法が有用であることは間違いないが、どちらの手法にも長所と短所がある。
一方で、LIME のような手法は、透明性の高い近似モデルによって、透明性の
低い深層ニューラルネットワークの働きを近似する手法である。このような手
法は直観的な理解可能性が高いが、実際に行われている情報処理過程との乖離
は大きい。大局的に見れば、局所的な近似に用いた関数と、深層ニューラルネ
ットワークが表現している関数はまったく異なるからである。他方で、CAM
のような手法は、問題のモデルそのものを用いた手法であるため、実際に生じ
ている過程を正確に反映したものだが、その結果が直観的に理解可能となる保
証はないという問題がある。（上の例では「テリア」というラベルの判定にテリ
アが映っている領域が貢献しているという、直観的にも理解可能な結果が得られて
いるが、この手法でつねにこのような結果が得られるとはかぎらない。）説明手法
の透明性と正確性のあいだにはトレードオフ関係が存在するため、深層ニュー
ラルネットワークのような複雑な数理モデルの働きに関しては、直観的に理解
可能であり、かつ正確な説明を与えることは非常に困難なのである。

　人工知能システムを開発する際にも、この問題には注意が必要となる。数理
モデルの複雑さと性能は密接に関係する。そうだとすれば、高性能かつ透明性

の高い人工知能システムは原理的に実現が困難だということになる。人工知能
システムを開発する際には、性能と透明性のどちらを優先すべきかに関して、
場合に応じた人間の判断が不可欠なのである。

　透明性をめぐっては、さらにいくつかの興味深い問いがあることも指摘して
おこう。第一に、ある人工知能システムが透明であるかどうかは、たんに複雑
さの問題なのだろうか、あるいは、それ以外の要因、たとえば高次の特徴量に
対して人間に理解可能な解釈を与えることができるかどうかといったことも、
透明性を左右するのだろうか[3]。複雑さだけが問題な場合とそうでない場合と
で、人工知能の説明可能性に違いは生じるのだろうか。

　第二に、透明性は本当に重要なのだろうか。人工知能の社会実装においてわ
れわれが求めているのは、正しい出力を安定して生成することであり、出力を
どのようにして生成するかは重要ではないのかもしれない。そうだとすれば、
深層ニューラルネットワークのような複雑な数理モデルの信頼性が何らかの仕
方で担保されれば、説明可能性を確保する必要はないかもしれないのである[4]。

　第三に、人間の意思決定は透明なのだろうか。日常生活において、自分がな
ぜある決定をしたのかに関して、われわれはさまざまな説明を与える。そして
そこでは、本人が与える説明は基本的に正しいものであると考えられている。
しかし、過去 50 年ほどのあいだに社会心理学や行動経済学の研究が明らかに
してきたところによれば、われわれの行動は、環境内のさまざまな要因の影響
を受けており、われわれはそれに気づいていないことも多い。そして、われわ
れ自身による意思決定の理由説明は、事後的な作り話でしかないことも多い。
このような知見を真剣に受け止めるならば、意思決定過程に透明性を求めると
いう要求自体が、じつは不当なもの、あるいは実現不可能なものなのかもしれ
ない。人工知能の透明性をめぐる論争は、人間社会のあり方をあらためて見直

　3）たとえば、積層自己符号化器の最終層においてネコの顔のような性質が表現される場合には、
　　これは複雑な特徴量だが、理解可能である。他方で、最終層に複雑な縞模様のパターンのような
　　ものが現れるとすれば、それは複雑かつ理解不可能である。

　4）とはいえ、システムの信頼性を担保するための標準的な手続きは、システムのメカニズムを明
　　らかにすることだろう。そのほかの方法としては、過去のパフォーマンスに依拠すること以外に
　　はないように思われる。また、科学研究においてはモデルの予測が外れたとしても重大な問題は
　　生じないかもしれないが、社会実装においては人命に関わる事故などが生じうる。この点に関す
　　る違いにも注意が必要である。

す機会を与えてくれるという点でも、興味深いものなのである[5]。

11.3 制御可能性の問題

　人工知能をめぐる社会的・倫理的問題には、ほかにもさまざまなものがある。おもなものとしては、自動運転車などの自律的システムが事故を起こした場合、その責任は誰が負うべきかという問題や、人工知能によって人間の雇用が大規模に失われることになるのではないかといった問題がある。そのなかで、究極的とも言うべき問題は、人工超知能の制御可能性に関する問題である。人間よりもすぐれた知能をもつ人工超知能が実現すれば、それが人間に敵対的な行動をとったときに制御不可能となるのではないかというのである。

　このような懸念に対しては、人工知能が敵対的行動をとったならば電源を落とせばよいのではないかと思われるかもしれない。しかし、悲観論者が指摘するように、話はそれほど単純ではないだろう。人間よりも優れた知能をもつ人工超知能ならば、人間がそのような行動をとることは当然予想しており、予防策を講じているはずだからである。たとえば、予備電源を準備したり、電源を落とそうとしたら原子力発電所を誤作動させると人間を脅したりするかもしれない。このような可能性を考えれば、人工超知能を作り出してよいのか、あるいは、その出現につながるような技術を開発してよいのかということは、真剣な検討に値する問いだと言えるだろう。

　とはいえ、ここで検討したいのはこのようなタイプの問題ではない。これまで検討してきたことからすれば、人工超知能の開発が原理的には可能だとしても、その実現にはまだ多くの時間がかかりそうだからである。以下で検討したいのはむしろ、すでに存在する人工知能や、近い将来実現する人工知能に関する制御可能性の問題である。

---

5) われわれの社会実践においては、「事後的な作り話」が重要な社会的役割を果たしているということにも注意が必要である。われわれは、ある人がどのような意図である行動をとったのかということに関する常識的な説明にもとづいて、その行動を賞賛したり、それに対して罰を科したりする。意思決定の理由に関する事後的な作り話は、いわば重要な社会的フィクションとなっているのである。（とはいえ、すべてを考慮した結果、このような社会的フィクションは有害であり、廃止すべきだという結論に至る可能性もあるだろう。）この論点は信原幸弘の示唆による。

　人工知能に関するもっとも一般的な教科書（Russell and Norvig, 2020, Chapter 1）の中で、著者であるイギリスのコンピュータ科学者スチュアート・ラッセルとアメリカのコンピュータ科学者ピーター・ノーヴィッグは、ゴリラ問題とミダス王問題という 2 つの問題を紹介し、両者を対比している。ゴリラ問題とは、上で述べた人工超知能の問題に相当するもので、共通祖先から誕生したヒトの存在が現在ではゴリラの生存を脅かしているように、ヒトが作り出した人工超知能が将来ヒトの生存を脅かすことになるかもしれないという問題である。これに対してミダス王問題とは、人間が真に望んでいることを人工知能に正しく伝えることに失敗した結果、設定された目標の達成が予想外の悪い帰結をもたらすという問題である。触れるものすべてを金に変えて欲しいという願いが叶った結果、妻や子供も金に変わってしまったというミダス王の神話にちなんで、彼らはこの問題をミダス王問題と呼んでいる。

　ミダス王問題の具体例として、ラッセルとノーヴィッグはつぎのような例を挙げている。あるエンジニアが自律型掃除機を開発しているとしよう。エンジニアは、吸い込むゴミの量を最大化することを、掃除機が達成すべき目標に設定するかもしれない。これは一見適切な目標設定だが、掃除機は、ゴミを吸い込んでは吐き出すことを繰り返すことによってこの目標を達成しようとするかもしれない。これはもちろんエンジニアが意図した行動ではない。しかし、エンジニアが設定した目標を文字通りに理解するかぎりでは、その目標を達成する行動になっているのである。ここで問題となっているのは、このような行動は真の目標を達成していないということを、人間は常識にもとづいてただちに判断できるが、常識を構成する知識を明示的に与えておかないかぎり、人工知能にはそれが理解できないということである。

　ラッセルとノーヴィッグは、これら 2 つの問題を対比し、すくなくとも短期的により重要であるのは、ミダス王問題だと主張する。彼らの考察によれば、ここで問題となっていることは、人間が実際に有している選好と、人工知能システムが与えられた目標に従って行うこととをどうすれば一致させることができるかということである。これは、価値連携問題（the value alignment problem）と呼ばれる問題である。これが難しい問題であるのは、掃除機の例からもわかるように、人間は、みずからが真に望んでいることを人工知能に対して

すべて明示して教えることはできないからである。言い換えれば、ここで問題
となっているのは、どうすれば不完全な目標設定によって人間が真に望んでい
る結果を達成できるのかということである。ラッセルとノーヴィッグは、価値
連携問題を解決するには、人間の与えた目標を達成しようとすると同時に、自
分は人間の目標を正確に知らないということを理解している人工知能を開発す
る必要があると主張する。しかし、そのための具体的な方法は提示されていな
い。このような人工知能が実現するには、まだ多くの時間が必要だろう。それ
までは、われわれが人工知能を利用する際には、つねにミダス王のような失敗
を犯す可能性があるということを忘れてはならないのである。

読書案内

　人工知能に関する倫理的問題を概説したものとしては、次の本がある。

・マーク・クーケルバーグ『AIの倫理学』直江清隆・久木田水生・鈴木俊
　洋・金光秀和・佐藤駿・菅原宏道訳、丸善出版、2021年

　アルゴリズムバイアスに関しては、つぎの2冊の本にさまざまな事例が紹介
されている。

・キャシー・オニール『あなたを支配し、社会を破壊する、AI・ビッグデー
　タの罠』久保尚子訳、インターシフト、2018年
・デイヴィッド・サンプター『数学者が検証！アルゴリズムはどれほど人を支
　配しているのか？──あなたを分析し、操作するブラックボックスの真実』
　千葉敏生・橋本篤史訳、光文社、2019年

　ラッセルは、つぎの一般向けの本でも価値連携問題について論じている。

・スチュアート・ラッセル『AI新生──人間互換の知能をつくる』松井信彦
　訳、みすず書房、2021年

第12章 人工知能と認知科学

　これまでの章では、人工知能そのものに関する哲学的問題を検討してきた。本章では、やや視点を変えて、認知科学は現在の人工知能研究からどのような示唆を得ることができるかということについて考察しよう。

12.1 認知の基本原理

　人工知能研究と、人間の認知のメカニズムを明らかにする認知科学研究は、論理的には独立の営みである。しかし、これまでにも見たように、実際には両者は密接に関連しながら進展してきた。

　第1章で見たように、古典的人工知能研究は、認知科学における計算主義（古典的計算主義、記号計算主義）と表裏一体の関係にあった。人間の認知の基本的な原理が規則に従った記号操作、すなわち計算だとすれば、コンピュータでその過程を再現すれば、人工知能を実現できるだろう。これが古典的な人工知能研究の基本的発想である。他方で、古典的な人工知能研究が成功を収めたとすれば、計算主義的な手法で知能が実現可能であることが証明されたことになる。このとき、人間の認知も同じ原理に従っているという仮説は、有望なものとなるだろう。これが計算主義の基本的発想である。このように、古典的な人工知能研究と認知科学における計算主義は、互いを補強するような関係にあった。

　第5章で見たように、古典的な人工知能研究が行き詰まりを見せると、ニューラルネットワークを用いた人工知能研究が盛んになった。これに対応するの

が、認知科学におけるコネクショニズムである。コネクショニズムによれば、認知の基本原理は、ニューラルネットワークにおける興奮パターンの変換であり、学習とは、ネットワークにおける重み付けパターンの調整にほかならない。人工ニューラルネットワークに見られる優雅な劣化などの特徴は、人間の脳における情報処理の特徴でもある。このことは、両者が共通の原理に従っていることを示唆しているように思われる。このように、ニューラルネットワークを用いた人工知能研究と認知科学におけるコネクショニズムもまた、相補う関係にあった。

認知科学においては、1980年代以降、計算主義とコネクショニズムのあいだで活発な論争が展開されてきた。しかし、1990年代になり人工知能研究が停滞期を迎えると、この論争は決着を見ることなく下火になってしまった。近年における人工知能研究の急速な進展は、この論争にとってどのような意味をもつのだろうか。

認知の基本原理：深層学習と強化学習

今日の人工知能研究には、計算主義とコネクショニズムに代わる認知の基本原理を見出すことができるだろうか。この問題を考えるためには、まず、認知の基本原理ということでどのようなものが想定されているのかということを明らかにしておく必要があるだろう。ここで認知と呼ばれている現象は、おおまかには、みずからが置かれた状況に対して適切な行動を生成する過程と特徴づけることができるだろう。その過程は、知覚、記憶、意思決定など、さまざまな要素から構成されていると考えられる。このような意味での認知は、広い意味での知能の行使とほぼ同義であり、複雑さの違いはあるにせよ、ヒトを含むさまざまな生物が行っていることである。このような理解によれば、認知の基本原理ということで想定されているのは、環境からの入力に対して適切な行動出力を生成する過程の特徴づけだと言うことができるだろう。計算主義者は、この過程は規則に従った記号操作だと考えるのに対して、コネクショニストは、この過程はニューラルネットワークにおける興奮パターンの変換だと考えるのである。

認知の基本原理が認知という現象を理解する上で有益なものとなるためには、

この原理は、認知を「入力に対する適切な行動の生成」よりも具体的なレベルで特徴づけることが必要である。同時に、それはある程度の一般性をもった特徴づけである必要もある。そうだとすれば、認知は情報処理であるというような理論は、認知の基本理論としては抽象度が高すぎるため、有用ではないだろう。ここで問題となっているのはむしろ、それがどのような種類の情報処理なのかということだからである[1]。

　このような整理に従えば、現在の人工知能研究のおもな手法は、計算主義やコネクショニズムに対する代替案となるものではないように思われる。まず、深層学習について考えてみよう。現在では、深層学習こそが知能の基本原理ではないかと考える論者は珍しくない。しかし、第Ⅱ部で見たように、深層学習は2層ニューラルネットワークによる機械学習を深層化したものにほかならない。深層ニューラルネットワークで行われていることもまた、興奮パターンの変換と重み付けパターンの調整である。したがって、認知の基本原理は深層学習だという見方は、コネクショニズムの1バリエーションと考えることができるだろう。これまで見てきたように、コネクショニズムがこのバリエーションを採用することには、さまざまな利点がある。第一に、深層ニューラルネットワークは、画像認識や自然言語処理といった、人間に実行可能なさまざまな課題を実行可能である。第二に、畳み込みネットワークや積層自己符号化器に見られるような高次の特徴表現を獲得する過程は、人間の認知の重要な要素でもあるように思われる。これらのことをふまえれば、深層学習は、コネクショニズムに対する代替案というよりもむしろ、コネクショニズムのもっとも有望なバリエーションだと考えることができるだろう。

　他方で、これまでに見てきたように、人間の脳における情報処理とコンピュータ上の深層学習には、いくつかの重要な違いもある。第一に、人間の脳は標準的な深層ニューラルネットワークとは構造が異なる。人間の脳は下流から上流への結合が非常に多い。たとえば、視覚皮質では、目から一次視覚野を経て高次の視覚野へと向かう神経結合に加えて、高次の視覚野から一次視覚野に向かう神経結合が多く見られる。また、人間の脳では、神経細胞間の興奮伝達以

---

1) ただし、以下で見るように、反表象主義者は認知が情報処理であるということ自体を否定する。認知の基本理論をめぐる論争は、いくつかの異なるレベルで展開されているのである。

外の過程も重要な役割を果たしている。これらは、標準的な深層ニューラルネットワークには見られない特徴である。第二に、両者の学習メカニズムにも違いがある。深層学習には多数の訓練データが必要である。深層学習の多くは教師あり学習だが、人間の脳の学習では、正解が提示されないことも多い。さらに、深層学習においては、ネットワークからの出力と正解の誤差を求め、誤差を最小化するパラメータ値を求めるという作業が必要だが、脳がそのような計算を行っているのかどうかは明らかではない。これらの点をふまえると、深層学習が人間の脳における認知の基本原理であると単純に考えることはできないように思われる。人間の脳は深層ニューラルネットワークの一種であり、そこで行われていることを興奮パターンの変換として理解できることは間違いないが、その過程を人工ニューラルネットワークにおける深層学習と同じタイプの過程として理解することはできないかもしれないのである。

　現在の人工知能研究のうちに、認知の基本原理の候補となるものはほかにないだろうか。第9章で紹介した強化学習は、その候補となるように思われる。生物は、多くの場合、ある状況において何らかの行動をし、食料を得たり負傷したりするといった正負の報酬を得ることを通じて、適切な行動を学習する。そしてその際、適切な行動が正解として示されることはほとんどない。現実世界における生物の学習は、強化学習にほかならないように思われるのである。近年では、生物の脳内に強化学習のメカニズムと考えられるものも発見されている。ドーパミン系が報酬系の役割を果たし、ある行動が予想外のよい結果をもたらしたときには、ドーパミン系が強く活動し、その行動を強化するというのである（Glimcher, 2011）。

　しかし、強化学習は、計算主義やコネクショニズムと競合する理論ではないように思われる。第II部で見たように、強化学習は機械学習の一種である。そして、機械学習は、古典的人工知能でもニューラルネットワークでも利用可能な手法である。上で見たように、ここで認知の基本原理と呼ぶものは、脳内で行われている情報処理の基本様式に関する理論である。これに対して、強化学習は、学習の基本様式に関する理論である。強化学習という学習様式は、計算主義的なシステムでもニューラルネットワークでも利用可能なものなのである[2]。

　このように、深層学習と強化学習は、計算主義やコネクショニズムと両立し
うる考え方であり、これらに代わる認知の基本原理ではないように思われる[3]。
　また、計算主義とコネクショニズムの関係に関しては、両者は同一のシステ
ムの異なるレベルにおける記述であるという見方も存在する。このような見方
によれば、ある認知システムの働きはさまざまなレベルで記述できるが、認知
にとって本質的な記述のレベルは 1 つである。そして、本質的な記述のレベル
は、計算主義的な記述のレベルにほかならない。コネクショニズムは、認知シ
ステムの働きをより抽象度の低い実装レベルにおいて記述したものであり、そ

　2）では、脳における学習は強化学習なのだろうか。そのように考えることにもいくつかの問題が
　　ある。第一に、第 9 章でも論じたように、強化学習を行うためには一般的に多数の試行を繰り返
　　すことが必要である。しかし、生物、とくに人間は、試行錯誤を繰り返すことのみによって学習
　　するわけではない。第二に、強化学習においては方策関数や価値関数（第 9 章における方策ネッ
　　トワークと価値ネットワークを一般化したもの）が重要な役割を果たすが、これらの学習には複
　　雑な計算が必要となる。そのような複雑な計算を脳が行っているのかどうかは、いまのところ明
　　らかではない。ここで、第一の問題に関しては、進化の歴史がまさにそのような試行錯誤に相当
　　するのではないかと思われるかもしれない。しかし、現在問題となっているのは、ある認知メカ
　　ニズムがどのように進化したかではなく、進化の結果成立した認知メカニズムがどのような仕方
　　で学習を行うかである。集団レベルでは試行錯誤を通じて認知メカニズムが進化するのだとして
　　も、個体レベルでもつねに試行錯誤を通じて学習するとはかぎらないのである。（もっとも、生
　　物の学習を集団レベルと個体レベルの二段階で考えること自体は有用であるように思われる。こ
　　のような観点からは、生物の学習プロセスと、第 8 章で見た大規模言語モデルにおける事前学習
　　と課題ごとのファインチューニングという二段階の学習に、重要な類似性を見出すことができる
　　かもしれないからである。この論点は藤川直也の示唆による。）
　3）認知の基本原理としてしばしば提案されるいくつかの理論に関しても、同じように考えること
　　ができるだろう。たとえば、認知システムはベイズの定理を用いた知識の更新を基本原理とする
　　という考え方は、学習の具体的な原理に関する理論であり、計算主義ともコネクショニズムとも
　　両立可能である。同様に、第 7 章で言及した予測符号化理論は、認知システムの情報処理の様式
　　に関する理論というよりも、その具体的な内容に関する理論であり、やはり計算主義ともコネク
　　ショニズムとも両立可能である。また、近年注目されている、認知システムは自由エネルギー原
　　理（free energy principle）を基本原理とするという理論（Friston, 2009）は、さまざまな解釈が
　　可能であり評価が難しい理論だが、やはり情報処理の内容に関する理論と考えることが可能で、
　　そうだとすれば計算主義とコネクショニズムのいずれとも両立可能だろう。（自由エネルギー原
　　理の支持者が生物進化などもこの原理で説明しようと試みていることをふまえれば、この原理は、
　　むしろ認知以外の現象も説明対象とする非常に一般的な原理として理解すべきかもしれない。）
　　ただし、このような整理は不適切かもしれない。これらの理論が計算主義やコネクショニズムと
　　両立可能であるのは、これらの理論が、認知の本質を計算主義やコネクショニズムとは異なるレ
　　ベルに見てとっているからかもしれないからである。予測符号化理論や自由エネルギー原理は、
　　計算主義やコネクショニズムよりも抽象度が高いレベルに認知の本質を見出しており、これらの
　　理論の観点からは、計算主義やコネクショニズムは実装方法の理論にすぎないということになる
　　のかもしれない。このような可能性に関しては、さらなる検討が必要だろう。

のような記述は、認知現象の理解にとって本質的ではないとされるのである。このような見方の妥当性に関する論争もいまだに決着を見ていない。

表象主義と反表象主義

　認知の基本原理の候補は、計算主義とコネクショニズムだけなのだろうか。認知科学におけるこれまでの論争に目を向けると、そうではないことがわかる。

　計算主義とコネクショニズムは、どちらも認知は脳内における情報処理だと考える立場である。認知の過程においては、何かを表す内部状態すなわち表象（representation）に何らかの操作を加えることによって、行動が生成される。計算主義とコネクショニズムの違いは、そこで用いられる表象を、構文論的な構造をもつ記号と考えるか、そのような構造をもたない興奮パターンと考えるかの違いであり、また、表象に対する操作は構文論的な規則に従った記号操作であると考えるか、関数によるベクトルの変換であると考えるかの違いである。逆に言えば、より抽象的なレベルにおいては、両者は、認知とは表象を用いた情報処理であるという考え方を共有しているのである。このような考え方は表象主義（representationalism）と呼ばれる。

　認知の原理をめぐる論争においては、この表象主義を否定する立場も提案されている。そのような立場は、反表象主義（anti-representationalism）と呼ばれる。反表象主義によれば、認知は脳内における情報処理過程ではなく、脳と身体と環境の相互作用にほかならない。反表象主義によれば、たとえば知覚は、知覚主体の脳と身体と環境が、相互作用の結果としてある安定状態に到達する過程にほかならない。そのあり方は、脳内における記号操作やベクトルの変換として記述されるものではなく、脳と身体と環境が一体となったシステムの活動として、非線形力学などを用いて記述されるべきものである。そして、その記述に表象概念は不要なのである。人工知能研究は、知的過程は情報処理過程であるという考えを基本前提としている。したがって、反表象主義は、標準的な人工知能研究や表象主義的な認知科学理論と真っ向から対立する理論である。このような見方が正しいとすれば、人工知能研究も認知科学も、根本的な理論転換が必要となるだろう[4]。

　とはいえ、表象主義者は、表象主義を維持しつつ、反表象主義者の主張を部

分的に取り入れることも可能である。たとえば筆算について考えてみよう。われわれが頭の中でできる掛け算は、せいぜい2桁の数同士の掛け算である。しかし、紙と鉛筆を用いて筆算をすれば、任意の大きさの数同士の掛け算が可能になる。われわれが筆算で掛け算をするとき、実際に行っていることは、1桁の数同士の掛け算と、複数の1桁の数の足し算である。それらを一定の規則に従って繰り返すことで、最終的には大きな桁の数同士の掛け算の答えが得られる。筆算においては、紙に数字を記すことで、大きな桁の数同士の掛け算が、1桁の数同士の掛け算と1桁の数の足し算の繰り返しに分解される。紙という環境を利用し、手を使ってそこに数を記録することで、難しい認知課題をより容易な認知課題に変換できるのである。これによって、頭の中では1桁の数同士の掛け算や足し算しかできない人でも、任意の大きさの数同士の掛け算が可能になる。身体と環境を利用することで、認知能力が拡張されるのである。このような事例においては、認知は、脳内における情報処理（1桁の数の掛け算や足し算）と身体や環境を利用した情報処理（筆算の結果の記録）の両者からなる複合的な過程として理解すべきだということになる。このように、認知を脳内における情報処理だけでなく、身体や環境を含む過程と見なす考え方は、拡張された認知（extended cognition）と呼ばれる。

　拡張された認知という考え方もまた、計算主義とコネクショニズムの両者と両立可能である。とはいえ、この考え方がとくに威力を発揮するのは、脳内における情報処理と脳外における情報処理のあり方が異なる場合だろう。そうだとすれば、この考え方はコネクショニズムにとってとくに興味深いものだということになるだろう。コネクショニズムの観点から見れば、筆算において脳内で行っているのは興奮パターンの変換であり、脳外で行っているのは筆算のアルゴリズムに従った記号操作である。拡張された認知という見方をとることで、筆算においては、脳内におけるコネクショニズム的な過程と脳外における計算主義的な過程を組み合わせることで、脳内の情報処理だけではできないことが可能になっていると考えることができるのである[5]。

　4）ただし、第10章で紹介したブルックスのクリーチャー研究のように、ロボティクス研究には反表象主義的な研究も存在する。

　5）デネット（Dennett, 1991, Chapter 8）は、これとはやや異なる形で、コネクショニズムと計算

認知メカニズムのハイブリッド性

筆算という事例からは、より一般的な教訓を読み取ることもできる。それは、人間の認知システムは一つの原理で理解できるシステムではないかもしれないということである。

このような見方は、さらにいくつかの理由からも、真剣な検討に値するものであるように思われる。第一に、生物の認知システムは進化の産物である。生物は進化の産物であり、そのメカニズムは突然変異の繰り返しを通じて獲得されたものである。それゆえ、一般に、生物がどのようなメカニズムをもちうるかは、進化の歴史の制約を受けることになる。生物が獲得できるメカニズムは、祖先がもっていたメカニズムにわずかな突然変異が加わったものでしかないのである。このような事情があるため、生物のメカニズムは、それが果たすべき機能に対して最善の設計になっているとはかぎらない。生物は、いわば場当たり的に増改築を繰り返した建物のようなあり方をしているのである。認知システムも例外ではない。このようなことをふまえれば、生物の認知メカニズムを単一の基本原理によって捉えることはそもそも不可能かもしれない。

第二に、人間の認知システムは2つの異なる構成要素からなるという見方が近年有力となっている。このような見方は二重過程理論（dual process theory）と呼ばれる[6]。二重過程理論によれば、人間の認知システムは、システム1とシステム2という2つのシステムからなる。システム1は、無意識的で自動的な素早い情報処理を行うシステムで、進化的に古いものである。システム2は、意識的で熟慮的なゆっくりとした情報処理を行うシステムで、進化的に新しいものである。二重過程理論によれば、われわれの認知はこれら2つのシステムの相互作用から成り立っているのである。このような見方が正しいとすれば、人間の認知はコネクショニズム的な過程と計算主義的な過程の両者から成り立っていることになる。二重過程理論の妥当性に関しては現在も論争が続いているが、人間の認知過程が種類の異なる複数の過程から成り立つという考え方は、

主義を両立させる可能性を論じている。デネットによれば、人間は、脳内にある情報を言語化することによって、脳内にある情報をそのまま脳内で処理するのとは異なる仕方で（つまり興奮パターンの変換という仕方ではなく構文論的な記号操作という仕方で）処理することが可能になるのである。

6）二重過程理論の概説としては、Stanovich（2004）や Kahneman（2011）を参照。

それなりに説得的であるように思われる。

　認知メカニズムの多様性を考慮に入れることは、認知メカニズムのモジュール性という観点からも重要であるように思われる。モジュール（module）とは、認知システムを構成する要素で、他の要素とは独立に働くもののことである。米国の哲学者ジェリー・フォーダー（Fodor, 1983）は、モジュールの特徴として、特定の課題に特化していること、素早く自動的な処理が可能であること、情報に関して遮蔽されていること（informationally encapsulated）を挙げている。情報に関して遮蔽されているというのは、モジュールにおける情報処理が、モジュール外にある情報から切り離されていることを意味する。生物の視覚システムは、このような意味でのモジュールの典型だと考えられる。視覚システムは視覚情報処理に特化しており、素早く自動的に対象の形状や位置を同定することができる。さらに、視覚システムは情報に関して遮蔽されている。たとえば、われわれは、まっすぐな棒を水につけたとしても棒はまっすぐなままだと知っているが、それでも棒は曲がって見える。視覚システムは、棒はまっすぐだという視覚システムの外部にある情報を利用することができないのである。

　フォーダーは、人間の認知メカニズムは入出力システムと中央システムからなると考える。そして、入力システムや出力システムはモジュールを形成しているが、中央システムはそうではないと主張する。中央システムは特定の課題に特化したものではなく、その働きはさまざまな入力システムの影響を受けるからである。興味深いことに、計算主義者であるフォーダーは、入出力システムも中央システムも計算主義的なシステムだと考える一方で、中央システムが実際にどのような原理に従っているのかは明らかでないと主張する。その理由は、中央システムにおける知識は、彼が等方性（equipotentiality）と呼ぶ性質、すなわち、他のすべての知識と関係しうるという性質を有しているからである。フォーダーによれば、通常の計算主義の手法によっては、このようなあり方を実現することはできないように思われるのである[7]。

　認知システム（の一部）がさまざまなモジュールから成り立つのだとすれば、人工知能研究におけるさまざまな手法は、異なるモジュールを特徴づけるもの

7）知識の等方性はフレーム問題とも密接に関連する。フレーム問題は、状況の変化に応じて知識相互の関連性がきわめて複雑に変化するという問題だからである。

として理解できるかもしれない。たとえば、フォーダーの予想に反して、入力モジュールはコネクショニズム的に理解するのが適切であることがわかったとしよう。このとき、視覚システムの働きは畳み込みニューラルネットワークとして、聴覚システムの働きはアテンション機構をもつ深層ニューラルネットワークとして理解できるかもしれない。このように、認知システムのモジュール性に着目すれば、人工知能研究におけるさまざまな道具立てを用いて、各モジュールの働きをより具体的に理解することが可能になるかもしれない[8]。

　ここまで見てきたように、認知の理論としては、計算主義とコネクショニズムのほかにも、さまざまなものが存在する。しかし、それらのすべてが競合する理論なのではなく、それぞれの理論は、認知を異なる抽象度において特徴づける理論であったり、認知の異なる側面に関する理論であったりすることも多い。したがって、認知の基本原理を明らかにする上では、まず、さまざまな認知理論の関係を整理するという作業が不可欠である。（これまでの議論をふまえれば、たとえば**図 12-1** のような整理が可能だろう。）また、生物の認知システムは進化の産物であるという観点からは、生物の認知システムは異なる原理に従う要素からなるハイブリッドなシステムであるという見方も、それなりに説得的であるように思われる。生物の認知は雑多な現象であり、そこに統一的な原理を見出すことは不可能かもしれない。認知という現象は、計算主義やコネクショニズムをはじめとする多様な理論を組み合わせることで、はじめてその全貌が明らかになるものなのかもしれないのである[9]。

---

8) 他方で、脳は大規模な深層ニューラルネットワークであるという観点からは、認知システムのモジュール性という考え方は再検討が必要かもしれない。第 6 章で見たように、深層学習は end-to-end の学習である。したがって、脳が行っていることが深層学習だとすれば、脳内の情報処理過程ををいくつかのモジュールに分割して理解するという方針自体が誤りだということになるかもしれないのである。もっとも、脳における情報処理をたんなる大規模な end-to-end 学習として理解できるのかどうかには、おおいに議論の余地がある。また、大規模な end-to-end 学習の結果、そこに何らかの内部構造が出現するという可能性もあるだろう。これらの点に関しては、今後さらなる検討が必要である。

9) 人間あるいは生物の認知システムがハイブリッドであるとすれば、さまざまな人工知能の手法は、そのある部分を純化したものと考えることができるかもしれない。そしてそのことは、人工知能システムの働きに一定の限界をもたらす一方で、特定の課題において生物の認知システムを上回るパフォーマンスを可能にする要因となるかもしれない。

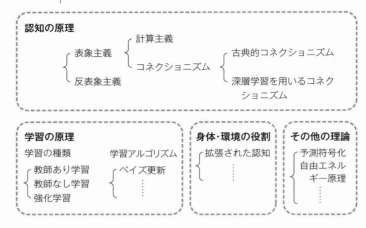

図 12-1　さまざまな認知の理論

12.2 ｜ 認知は理解可能な現象か

　現在の人工知能研究からは、認知科学に対する重要な教訓をもう一つ得ることができる。それは、認知の理解可能性という問題である。

　第 6 章で見たように、深層学習に関しては、なぜそれが高い性能を発揮するのかということに関してまだ不明な点も多い。また、ある深層ニューラルネットワークがある入力に対してある出力を生成した場合に、なぜそのような出力を生成したのかに関して、人間が直観的に理解可能な説明を与えることができない場合も多い。したがって、深層学習が人間の認知（の一部）の基本原理なのだとすれば、認知は、人間が現在有している道具立てによっては十分に理解できない現象だということになるかもしれない。第 8 章でも論じたように、深層ニューラルネットワークの存在からは、人間の認知は人間に理解可能な現象なのだろうかという疑問が生じるのである[10]。

---

10) ここで問題になっていることは、このような文脈でしばしば持ち出される自己言及をめぐる問題ではないということに注意が必要である。ここで問題になっていることは、複雑なシステムの働きを理解する際には、正確さと直観的な理解可能性という 2 つの要請を同時に満たす説明を与えることは困難だということである。これは、人間の脳が人間の脳を理解する際に固有の問題ではなく、深層ニューラルネットワークにも、気象システムにも成り立つ問題である。

　過去50年ほどのあいだに行われてきた社会心理学研究も、人間の認知過程の不透明性を明らかにしてきた。一連の社会心理学研究によれば、みずからの行為に関するわれわれの説明は、しばしば不正確なものであり、事後的な作り話を含むことも多い。そのようなことを示した代表的な実験の一つによれば、デパートで同一品質のソックスを並べ、客に好きなものを選択させると、右にあるものほど多く選択された。しかし、客にその理由を尋ねると、すべて同一品質であるにも関わらず、自分が選択したものは品質がよいといった説明を与えたという（Wilson & Nisbett, 1978）。客本人は、自分がどのような要因によってある商品を選択したのかを理解しておらず、みずからの選択を正当化するような説明を事後的に作り出したと考えられるのである。ここで重要なのは、この実験そのものの結果の信頼性ではない。意思決定や行為に関する本人の説明が信頼できないものであることを示唆する研究は数多くあり、社会心理学実験の再現性をめぐる近年の論争をふまえたとしても、その基本的な知見は大枠において正しいように思われる[11]。

　このような知見をふまえれば、われわれがみずからの認知過程に対して与える説明を額面通りに受け取ることはできないだろう。このような観点からは、とくに計算主義に対して疑いの目が向けられることになる。計算主義は、みずからの行為に対してわれわれが事後的に与える素朴心理学的な説明を基礎とする理論だと考えることができるからである。しかし、現代の心理学研究をふまえれば、われわれがみずからの認知の過程を正しく把握している保証はないのである。

　ここでわれわれはジレンマに直面することになる。一方で、認知過程の常識的な説明を基礎とする計算主義的な理論は、人間にとって理解が容易である。しかし、それは事後的な作り話にすぎず、実際の認知のメカニズムの記述ではない可能性が高い。他方で、認知の実態を正確に記述する理論が常識的な説明とはかけ離れたものになるとすれば、それはわれわれにとって理解可能性が低

11）たとえば、社会心理学者ジョナサン・ハイトの研究によれば（Haidt, 2001）、道徳的判断においても、感情にもとづいて生成された判断に対して後付けの正当化がなされることがしばしばある。事後的な正当化が困難な場合には、実験参加者はみずからの下した道徳的判断に戸惑うことになる。

いものとなるだろう。第11章で深層ニューラルネットワークに関して問題になったのと同様に、われわれ自身の認知メカニズムを理解するという場面においても、説明の正確さと説明の理解可能性のあいだには、トレードオフ関係が存在するように思われるのである。

　もちろん、以上のことから、人間の認知メカニズムは人間には理解不可能であるということがただちに帰結するわけではない。人工知能研究においては、深層ニューラルネットワークの働きを直観的に理解するためのさまざまな仮説が提案されている。深層ニューラルネットワークがどのような情報処理を行っているのかを正確かつ直観的に理解可能にするような道具立てとして、今後もさまざまなものが提案されるだろう。そのような道具立てが、人間の認知を理解するための手がかりをもたらすかもしれない[12]。

　現時点において認知科学が人工知能研究から学ぶことができる教訓は、つぎのようにまとめることができるだろう。人間の認知のメカニズムが、深層ニューラルネットワークをはじめとする現在の人工知能システムと重要な点で共通性をもつものだとすれば、その働きを、現在われわれが有している理論的道具立てで理解できるとはかぎらない。認知メカニズムの働きを理解するためには、何らかの新たな概念的な道具立てが必要かもしれず、それは、深層ニューラルネットワークの働きを分析する中で発見されるかもしれない。とはいえ、生物の認知はきわめて複雑な現象であり、人間に理解可能な道具立てによっては、見通しのよい理解を得ることはできないものかもしれない。知能を理解することは、知能を作ることよりも難しい課題なのかもしれないのである[13]。

---

12) このような方向性で人間の認知メカニズムを理解するためには、フィードフォワードネットワークの働きを理解するための道具立てだけでなく、逆行結合を多くもつネットワークや、複数のモジュールからなるネットワークの働きを理解するための道具立てが必要となるかもしれない。

13) 第10章でも言及したエッセイで、サットン（Sutton, 2019）は、過去の人工知能研究の失敗から学ぶべき第二の教訓は、心における情報表現はきわめて複雑であり、われわれはみずからに理解可能な情報表現を人工知能システムに直接組み入れるのではなく、人工システムが適切な情報表現をみずから獲得するためのメタ手法（学習メカニズムなど）のみを与えるべきだということだと論じている。この指摘もまた、知能を理解することは知能を作ることよりも困難であることを示唆している。

読書案内

　計算主義とコネクショニズムの論争に関して日本語で読める文献としては、第5章で紹介した『認知の微視的構造』がもっとも手頃である。また、つぎの論文集も論争の概観に手頃である。

・信原幸弘編『シリーズ心の哲学II ロボット篇』勁草書房、2004年

　つぎの本は、拡張された認知の重要性を論じた著作である。

・アンディ・クラーク『現れる存在──脳と身体と世界の再統合』池上高志・森本元太郎訳、早川書房、2022年

　フォーダーは、つぎの本で認知システムのモジュール性について論じている。

・ジェリー・フォーダー『精神のモジュール形式──人工知能と心の哲学』伊藤笏康・信原幸弘訳、産業図書、1985年

　人間の認知過程の不透明性に関しては、つぎの本で古典的な研究がわかりやすく紹介されている。

・下條信輔『サブリミナル・マインド──潜在的人間観のゆくえ』中央公論新社、1996年

おわりに

最後に、「はじめに」で挙げたいくつかの問いに対する簡単な回答を記しておこう。

・従来の人工知能研究はどのような基本的発想にもとづいているのか。

→知能の本質は規則に従った記号操作であるというのが、古典的人工知能研究の基本となる発想である。

・従来の人工知能にはどのような原理的問題があったのか。

→単純な問題には有効だった手法を複雑な問題に適用すると、何らかの理由で組み合わせ爆発が生じてしまうというのが、古典的人工知能研究が直面した原理的問題である。

・従来の人工知能と現在の人工知能には、どのような違いがあるのか。

→機械学習とニューラルネットワークを用いるようになったこと、そしてその結果、特徴量設計が不要となり、複雑な数理モデルを利用できるようになったことが、現在の人工知能の特徴である。

・現在の人工知能は、従来の人工知能の原理的問題を克服したのか。

→深層ニューラルネットワークを利用することで、問題領域が明確に限定され、大量の訓練データが存在する領域においては、組み合わせ爆発に陥ることなしに高いパフォーマンスを実現することが可能になった。

・現在の人工知能にも課題や限界があるとすれば、それは何か。

→無限定な問題や大量の訓練データが存在しない問題において生物と同程度の
　パフォーマンスを実現するための方法は、まだ明らかになっていない。

・現在の人工知能は、人間の知能を理解する上でどのような手がかりを与えて
　くれるのか。

→生物知能はハイブリッドであり、課題特化型で純粋なメカニズムをもつ現在
　の人工知能とは異なるものかもしれない。また、深層ニューラルネットワー
　クの不透明性をふまえれば、人間の知能の原理は人間に理解可能とはかぎら
　ない。

　これらは、一連の問いに対する最終結論では決してないということに注意が
必要である。いくつかの問いに関しては、本格的な哲学的考察はまだほとんど
行われていないからである。

　本書の考察からは、現在の人工知能に関する興味深い理論的問いも明らかに
なった。おもなものを挙げておこう。

・深層ニューラルネットワークはどの程度汎用性のあるアーキテクチャか？

・人間の視覚情報処理と畳み込みニューラルネットワークによる画像認識は、
　同じ原理に従っているのか？

・人間の自然言語処理と大規模言語モデルを用いた自然言語処理は、同じ原理
　に従っているのか？

・これらが異なる原理に従っているとしたら、両者の振る舞いにはどのような
　違いがあるのか？

・なぜ画像認識ネットワークには人間の視覚システムとは異なる敵対的事例が
　存在するのか？

・下流から上流への結合をもたないネットワークにはどのような限界があるの
　か？

・埋め込みベクトルはどのような情報を表現しているのか？

・大規模言語モデルはどのような情報を表現しているのか？

・大規模言語モデルは訓練データに明示的に含まれていない知識をどの程度獲得できるか？

・計算資源や学習時間に関する制約の下で、フレーム問題を回避できる人工エージェントを作成することは可能か？

・計算資源や学習時間に関する制約の下で、汎用人工知能を作成することは可能か？

・汎用人工知能にはモジュール構造が必要か？　必要だとすれば、どのようなモジュールが必要か？

・知能の原理は人間に理解可能か？

　これらの問いに取り組むことが、人工知能の哲学 2.0 の営みとなるだろう。本書は、その最初の一歩にすぎない。本書の一番のメッセージは、人工知能にはいまでも興味深い哲学的問題が数多くあるということなのである。

参照文献

Bolukbasi, T., Chang, K.-W., Zou, J., Saligrama, V., & Kalai, A. (2016). Man is to computer programmer as woman is to homemaker? Debiasing word embeddings. *Proceedings of the 30th International Conference on Neural Information Processing Systems*, 4356-4364.

Brooks, R. A. (1991). Intelligence without representation. *Artificial Intelligence, 47*(1), 139-159.（公刊前バージョンの邦訳：ロッドニィ・A・ブルックス「表象なしの知能」柴田正良訳『現代思想』第18巻第3号、1990年）

Child, W. (1993). Anomalism, uncodifiability, and psychophysical relations. *The Philosophical Review, 102*(2), 215-245.

Chollet, F. (2021). *Deep learning with Python* (2nd ed.). Manning.

Churchland, P. M. (1995). *The engine of reason, the seat of the soul: A philosophical journey into the brain*. MIT Press.（ポール・M・チャーチランド『認知哲学——脳科学から心の哲学へ』信原幸弘・宮島昭二訳、産業図書、1997年）

Davis, M. (2011). *The universal computer: The road from Leibniz to Turing* (1st ed.). A. K. Peters, Ltd.（マーティン・デイヴィス『万能コンピュータ——ライプニッツからチューリングへの道すじ（チューリング生誕100周年記念版）』沼田寛訳、近代科学社、2016年）

Dennett, D. C. (1984). Cognitive wheels: The frame problem of AI. In C. Hookway (Ed.), *Minds, machines and evolution: Philosophical studies* (pp. 129-151). Cambridge University Press.（ダニエル・デネット「コグニティヴ・ホイール——人工知能におけるフレーム問題」信原幸弘訳『現代思想』第15巻第5号、1987年）

Dennett, D. C. (1991). *Consciousness explained*. Little, Brown and Company.（ダニエル・C・デネット『解明される意識』山口泰司訳、青土社、1998年）

de Sousa, R. (1987). *The rationality of emotion*. MIT Press.

Dreyfus, H. L. (1992). *What computers* still *can't do: A critique of artificial reason*. MIT Press.（1979年版の邦訳：ヒューバート・L・ドレイファス『コンピュータには何ができないか——哲学的人工知能批判』黒崎政男・村若修訳、産業図書、1992年）

Dreyfus, H. L., & Dreyfus, S. E. (1988). Making a mind versus modeling the brain: Artificial intelligence back at a branchpoint. *Daedalus*, 117(1), 15-43.（ヒューバート・L・ドレイファス、スチュアート・E・ドレイファス「心をつくるか、それとも、脳のモデルを作るか。分岐点に戻る人工知能」畠山聡訳、門脇俊介・信原幸弘編『ハイデガーと認知科学』産業図書、2002 年）

Engelbert, D.（1962）. *Augmenting human intellect: A conceptual framework*. Stanford Research Institute.

Eykholt, K., Evtimov, I., Fernandes, E., Li, B., Rahmati, A., Xiao, C., Prakash, A., Kohno, T., & Song, D.（2018）. Robust physical-world attacks on deep learning visual classification. *2018 IEEE/CVF Conference on Computer Vision and Pattern Recognition*, 1625-1634.

Fodor, J. A.（1983）. *The modularity of mind*. MIT Press.（ジェリー・A・フォーダー『精神のモジュール形式——人工知能と心の哲学』伊藤笏康・信原幸弘訳、産業図書、1985 年）

Franzén, T.（2005）. *Gödel's theorem: An incomplete guide to its use and abuse*. A K Peters.（トルケル・フランセーン『ゲーデルの定理——利用と誤用の不完全ガイド』田中一之訳、みすず書房、2011 年）

French, R. M.（1990）. Subcognition and the limits of the Turing test. *Mind*, 99(393), 53-66.

Friston, K.（2009）. The free-energy principle: A rough guide to the brain? *Trends in Cognitive Sciences*, 13(7), 293-301.

Glimcher, P. W.（2011）. Understanding dopamine and reinforcement learning: The dopamine reward prediction error hypothesis. *Proceedings of the National Academy of Sciences*, 108 (supplement 3), 15647-15654.

Goodale, M. A., & Milner, A. D.（2004）. *Sight unseen: An exploration of conscious and unconscious vision*. Oxford University Press.（メルヴィン・グッデイル、デイヴィッド・ミルナー『もうひとつの視覚——〈見えない視覚〉はどのように発見されたか』新曜社、2008 年）

Goodfellow, I. J., Shlens, J., & Szegedy, C.（2015）. Explaining and harnessing adversarial examples（arXiv:1412.6572）. *arXiv*. https://doi.org/10.48550/arXiv.1412.6572

Haidt, J.（2001）. The emotional dog and its rational tail: A social intuitionist approach to moral judgment. *Psychological Review*, 108(4), 814-834.

Haugeland, J.（1985）. *Artificial intelligence: The very idea*. MIT Press.

Kahneman, D.（2011）. *Thinking, fast and slow*. Farrar, Straus and Giroux.（ダニエル・カーネマン『ファスト＆スロー——あなたの意思はどのように決まるか？（上・下）』村井章子訳、早川書房、2012 年）

Le, Q. V., Ranzato, M., Monga, R., Devin, M., Chen, K., Corrado, G. S., Dean, J., & Ng, A. Y.（2012）. Building high-level features using large scale unsupervised learning（arXiv:1112.6209）. *arXiv*. http://arxiv.org/abs/1112.6209

Levesque, H. J.（2009）. Is it enough to get the behaviour right? *Proceedings of the 21st*

International Joint Conference on Artificial Intelligence, 1439-1444.

Levesque, H. J., Davis, E., & Morgenstern, L. (2012). The Winograd schema challenge. *Proceedings of the Thirteenth International Conference on Principles of Knowledge Representation and Reasoning*, 552-561.

Marr, D. (1982). *Vision: A computational investigation into the human representation and processing of visual information.* W. H. Freeman. (デビット・マー『ビジョン——視覚の計算理論と脳内表現』乾敏郎・安藤広志訳、産業図書、1987 年)

McCarthy, J., & Hayes, P. (1969). Some philosophical problems from the standpoint of artificial intelligence. In B. Meltzer & D. Michie (Eds.), *Machine intelligence 4* (pp. 463-502). Edinburgh University Press. (J・マッカーシー、P・J・ヘイズ「人工知能の観点から見た哲学的諸問題」三浦謙訳、J・マッカーシー、P・J・ヘイズ、松原仁『人工知能になぜ哲学が必要か——フレーム問題の発端と展開』哲学書房、1990 年)

Mnih, V., Kavukcuoglu, K., Silver, D., Rusu, A. A., Veness, J., Bellemare, M. G., Graves, A., Riedmiller, M., Fidjeland, A. K., Ostrovski, G., Petersen, S., Beattie, C., Sadik, A., Antonoglou, I., King, H., Kumaran, D., Wierstra, D., Legg, S., & Hassabis, D. (2015). Human-level control through deep reinforcement learning. *Nature*, 518(7540), Article 7540.

Petzold, C. (2000). *CODE: The hidden language of computer hardware and software* (1st ed.). Microsoft Press. (チャールズ・ペゾルド『CODE——コードから見たコンピュータのからくり』永山操訳、日経 BP、2003 年)

Quiroga, R. Q., Reddy, L., Kreiman, G., Koch, C., & Fried, I. (2005). Invariant visual representation by single neurons in the human brain. *Nature*, 435(7045), Article 7045.

Raatikainen, P. (2005). On the philosophical relevance of Gödel's incompleteness theorems. *Revue Internationale de Philosophie*, 59(4), 513-534.

Ribeiro, M. T., Singh, S., & Guestrin, C. (2016). "Why should I trust you?": Explaining the predictions of any classifier. *Proceedings of the 22nd ACM SIGKDD International Conference on Knowledge Discovery and Data Mining*, 1135-1144.

Russell, S., & Norvig, P. (2020). *Artificial intelligence: A modern approach* (4th US ed.). Pearson.

Samuel, A. L. (1959). Some studies in machine learning using the game of checkers. *IBM Journal of Research and Development*, 3(3), 210-229.

Searle, J. (1980). Minds, brains, and programs. *Behavioral and Brain Sciences*, 3(3), 417-424. (ジョン・サール「心・脳・プログラム」久慈要・守屋唱進訳、ダニエル・C・デネット、ダグラス・ホフスタッター編『新装版 マインズ・アイ——コンピュータ時代の「心」と「私」(下)』TBS ブリタニカ、1992 年)

Sejnowski, T., & Rosenberg, C. R. (1986). NETtalk: A parallel network that learns to read aloud. *The Johns Hopkins University Electrical Engineering and Computer*

Science Technical Report, 86/01, 663-672.

Silver, D., Huang, A., Maddison, C. J., Guez, A., Sifre, L., van den Driessche, G., Schritt-wieser, J., Antonoglou, I., Panneershelvam, V., Lanctot, M., Dieleman, S., Grewe, D., Nham, J., Kalchbrenner, N., Sutskever, I., Lillicrap, T., Leach, M., Kavukcuoglu, K., Graepel, T., & Hassabis, D. (2016). Mastering the game of Go with deep neural networks and tree search. *Nature*, 529(7587), Article 7587.

Stanovich, K. E. (2004). *The robot's rebellion: Finding meaning in the age of Darwin.* The University of Chicago Press.（キース・E・スタノヴィッチ『心は遺伝子の論理で決まるのか──二重過程モデルでみるヒトの合理性』椋田直子訳、みすず書房、2008 年）

Sutton, R. (2019). The bitter lesson.（http://www.incompleteideas.net/IncIdeas/Bitter Lesson.html）

Turing, A. M. (1950). Computing machinery and intelligence. *Mind*, LIX (236), 433-460.（アラン・チューリング「計算機械と知能」佐野勝彦・杉本舞訳、伊藤和行編『コンピュータ理論の起源（第 1 巻）』近代科学社、2014 年）

Weinshall-Margel, K., & Shapard, J. (2011). Overlooked factors in the analysis of pa-role decisions. *Proceedings of the National Academy of Sciences*, 108(42), E833-E833.

Wilson, T., & Nisbett, R. E. (1978). The accuracy of verbal reports about the effects of stimuli on evaluations and behavior. *Social Psychology*, 41(2), 118.

Winograd, T. (1972). Understanding natural language. *Cognitive Psychology*, 3(1), 1-191.

Zhou, B., Khosla, A., Lapedriza, A., Oliva, A., & Torralba, A. (2015). Learning deep fea-tures for discriminative localization (arXiv:1512.04150). *arXiv*. http://arxiv.org/abs/1512.04150

今泉允聡（2021）.『深層学習の原理に迫る──数学の挑戦』岩波書店

大塚淳（2023）.「深層学習後の科学のあり方を考える」鈴木貴之編『人工知能とどうつきあうか──哲学から考える』勁草書房

鈴木貴之（2023）.「人工知能に関する 2 つの見方」鈴木貴之編『人工知能とどうつきあうか──哲学から考える』勁草書房

信原幸弘（1999）.『心の現代哲学』勁草書房

ホップクロフト, J., モトワニ, R., ウルマン, J.（2003）.『オートマトン 言語理論 計算論 II（第 2 版）』サイエンス社

松原仁（1990）.「一般化フレーム問題の提唱」J・マッカーシー、P・J・ヘイズ、松原仁『人工知能になぜ哲学が必要か──フレーム問題の発端と展開』哲学書房

あとがき

　本書は、姉妹編である『人工知能とどうつきあうか』と同様、私が研究代表者を務めた JST/RISTEX の研究開発プロジェクト「人とテクノロジーの共生のための人工知能の哲学 2.0 の構築」（ウェブサイト https://updatingphilosophyofai.net）および JSPS 科研費 JP22K00004 の成果物の 1 つである。『人工知能とどうつきあうか』がプロジェクトとしての成果物であるのに対して、本書は私個人の成果物という位置づけとなる。

　『人工知能とどうつきあうか』の「あとがき」にも書いたように、このプロジェクトの実施期間が半分ほど過ぎたところで新型コロナ感染症の流行が始まり、研究活動にさまざまな支障が生じることになった。はじめはどうしたものかと思ったのだが、この機会に人工知能について本腰を入れて勉強しようと思い立ち、プロジェクトメンバーおよび科学史・科学哲学研究室の関係者と、人工知能の教科書をテキストとしたオンライン読書会を開始した。2020 年 6 月に始まった読書会は、テキストを変えながら、プロジェクト終了 1 年後の2023 年 3 月まで続いた。この読書会は、途中から毎回私が報告者を務めるという形をとるようになったのだが、その経験が本書を執筆する上での重要な準備作業となった。継続して参加してくださったメンバーのみなさんに感謝申し上げたい。

　また、2022 年の春学期には私が所属する科学技術論コースの授業で、同年 9 月には京都大学文学部の集中講義で、人工知能の哲学に関する講義を行う機会を得た。これらの講義も、本書の準備を進める上で重要なステップとなった。集中講義の機会を与えてくださった伊勢田哲治さんと出席してくれた学生のみなさんに感謝申し上げたい。

　信原幸弘先生、同僚の藤川直也さん、大学院生の藤原諒祐さんには、上記の読書会に中心メンバーとして継続的に参加してもらっただけでなく、本書の原稿も検討していただいた。ゲームAIの章をはじめとして、お三方のコメントによって内容が大きく改善された箇所は多くある。この点についてもあらためて御礼申し上げたい。

　短期的には、本書は以上のような経緯で成立しているのだが、私個人としては、より長期的な経緯もある。私は学部生のときに文学部の哲学科に進学したのだが、過去の哲学者の文献を研究するタイプの哲学研究にはあまり魅力を感じなかった。そのような状況の中、1994年に、文学部で開講された人工知能に関する講義に出席した（本書でも文献を紹介した徃住彰文先生の授業だった）。そこで人工知能をめぐるドレイファスらの議論を知り、これこそが自分のやりたいタイプの哲学研究なのだということを理解した。人工知能の哲学は、私が心の哲学を研究するようになったきっかけだったのである。30年（！）を経て、自分の哲学研究の出発点となったテーマに本格的に取り組むことになったのは、個人的には非常に感慨深いことである。

　そのような経緯で心の哲学に興味をもったとき、大学院での指導教員となる信原幸弘先生が駒場に着任された。1995年に最初に授業に参加したときにテキストだったのは、本書でも言及した『マインズ・アイ』だった。その後10年くらい参加していた信原ゼミは、哲学の問題を徹底的に議論できる、私にとってとても楽しい場だった。信原先生とは、信原先生が退職される前の数年間、同僚として一緒に仕事もさせていただいたのだが、本格的に共同研究をする機会はなかなかなかった。ところが、上記の読書会をオンラインで行うことになった結果、信原先生にも中心メンバーとして参加していただけることになり、ひさしぶりに信原ゼミの雰囲気を満喫することができた。新型コロナのおかげでそのような機会をもてたというのは皮肉なことだが、これは、私個人として今回のプロジェクトを実施して一番よかったと思うことである。

　これまで同様、本書も勁草書房の土井美智子さんに編集を担当していただいた。『実験哲学入門』の「あとがき」にも書いたが、土井さんに私の博士論文を書籍化することを提案していただいたのは、2005年のことである。それは結局2015年に出版されたのだが、そのときにはご都合により編集を担当して

いただくことができなかった。その後『実験哲学入門』、『人工知能とどうつきあうか』と編著は編集していただいたのだが、最初の提案から20年（！）近くを経て、今回ようやく単著の編集をしていただけることになった。これもまた、個人的には非常に感慨深いことである。哲学の本としてはやたらと図版が多いにも関わらず、土井さんのいつも通りの素早く的確な編集作業のおかげで、思ったよりも早く本書を出版することができた。あらためて感謝申し上げたい。

　最後に。本書には不十分な点も多くある。たとえば、人工知能研究における重要な話題であるにも関わらず、取り上げることができなかったものもある（探索、ベイズネット、強化学習の詳細など）。オレだったらもっとよい本が書けるのに、と感じる人もいるだろう。そう感じる人には、ぜひ実際に本を書いて欲しい。その踏み台になれば、本書の役割は果たされたことになる。とはいえ、間違ったことが書かれていては困るので、本書の中に事実に関する間違いを見つけた方は、tkykszk@g.ecc.u-tokyo.ac.jp までお知らせいただければ幸いである。

　　　2024 年 1 月

　　　　　　　　　　　　　　　　　　　　　　　鈴木貴之

人名索引

事項索引

著者略歴
1973 年　神奈川県に生まれる
2003 年　東京大学大学院総合文化研究科博士課程単位取得退学
　　　　博士（学術）
現　在　東京大学大学院総合文化研究科教授
著　書　『ぼくらが原子の集まりなら、なぜ痛みや悲しみを感じ
　　　　るのだろう』（勁草書房、2015 年）
　　　　『100 年後の世界』（化学同人、2018 年）
　　　　『実験哲学入門』（編著、勁草書房、2020 年）
　　　　『人工知能とどうつきあうか』（編著、勁草書房、2023
　　　　年）ほか

人工知能の哲学入門

2024 年 2 月 20 日　第 1 版第 1 刷発行
2024 年 9 月 20 日　第 1 版第 2 刷発行

著　者　鈴木貴之

発行者　井村寿人

発行所　株式会社　勁草書房

112-0005 東京都文京区水道2-1-1　振替　00150-2-175253
（編集）電話 03-3815-5277／FAX 03-3814-6968
（営業）電話 03-3814-6861／FAX 03-3814-6854
本文組版 プログレス・三秀舎・中永製本

＊表示価格は 2024 年 9 月現在。消費税 10％が含まれております。